ADGD47

PLANIFICACIÓN Y CONTROL DE PROYECTOS CON MICROSOFT PROJECT

ADGD47

PLANIFICACIÓN Y CONTROL DE PROYECTOS CON MICROSOFT PROJECT

Antonio Colmenar Santos

David Borge Díez

Francisco Javier Cruz Castañón

Manuel Castro Gil

La ley prohíbe
fotocopiar este libro

ADGD47 - PLANIFICACIÓN Y CONTROL DE PROYECTOS CON MICROSOFT PROJECT
© Antonio Colmenar Santos, David Borge Díez, Francisco Javier Cruz Castañón, Manuel Castro Gil
© De la edición: Ra-Ma 2025

Editado por:
RA-MA Editorial
Calle Jarama, 3A, Polígono Industrial Igarsa
28860 PARACUELLOS DE JARAMA, Madrid
Teléfono: 91 658 42 80
Fax: 91 662 81 39
Correo electrónico: editorial@ra-ma.com
Internet: www.ra-ma.es y www.ra-ma.com
ISBN: 979-13-8764-281-5
Depósito legal: M-5579-2025
Maquetación: Antonio García Tomé
Diseño de portada: Antonio García Tomé
Filmación e impresión: Safekat
Impreso en España en febrero de 2025

A nuestros alumnos,
por su ayuda y por lo que hemos aprendido de ellos.

Los autores.

ÍNDICE

AUTORES... 13

PRESENTACIÓN Y OBJETIVOS.. 17

CAPÍTULO 1. MICROSOFT PROJECT 2013 21
  1.1 FAMILIA DE PRODUCTOS PROJECT 2013....................................... 22
  1.2 CARACTERÍSTICAS RELEVANTES 30
  1.3 CARACTERÍSTICAS ADICIONALES DE PROJECT 2013 34

CAPÍTULO 2. INSTALACIÓN DE MICROSOFT PROJECT 2013........... 41
  2.1 MODALIDADES DE INSTALACIÓN. EJECUCIÓN DEL PROGRAMA DE
     INSTALACIÓN 41
  2.2 REQUISITOS MÍNIMOS DEL SISTEMA 45

CAPÍTULO 3. INTRODUCCIÓN A LA GESTIÓN DE LOS PROYECTOS............ 51
  3.1 ¿QUÉ ES UN PROYECTO?.. 51
    3.1.1 Fijación de los objetivos del proyecto.. 52
    3.1.2 Evaluar un proyecto y definir un objetivo..................................... 52
    3.1.3 Descripción de la función del director de proyecto....................... 52
  3.2 DESARROLLO DE LAS PARTES DE UN PROYECTO 53
    3.2.1 Definición de las tareas del proyecto 53
    3.2.2 Identificación de los hitos del proyecto... 54
    3.2.3 Evaluación de los recursos del proyecto 54
    3.2.4 Refinamiento del plan del proyecto 55
  3.3 CÓMO PUEDE AYUDAR EL PROGRAMA... 55
    3.3.1 Identificación de las fases del proyecto... 55
  3.4 USO DE HERRAMIENTAS DE GESTIÓN DE PROYECTOS 56

3.4.1 Uso del Diagrama de Gantt 57
3.4.2 Uso del Diagrama de Red (PERT) 57
3.4.3 Conocimiento de las tareas críticas 58

CAPÍTULO 4. COMIENZO DE UN PROYECTO PASO A PASO 59
4.1 REALIZACIÓN DE TAREAS EN EL ORDEN Y MOMENTO ADECUADOS 59
4.1.1 El poder de la vinculación 59
4.1.2 Determinar la mejor secuencia para las tareas 61
4.1.3 ¿Cuál es la vinculación entre tareas más adecuada? 62
4.1.4 Superponer o retrasar tareas 62
4.2 ASOCIACIÓN DE TAREAS A FECHAS ESPECÍFICAS 64
4.3 RECOPILACIÓN DE RECURSOS Y ESPECIFICACIÓN DE PERÍODOS
LABORABLES 64
4.3.1 Crear la lista de recursos del proyecto 64
4.4 EJEMPLO DE LOS PRIMEROS PASOS EN LA GESTIÓN DE UN PROYECTO
CON PROJECT 2013 65
4.5 GUÍA RÁPIDA PARA CREACIÓN DE PROYECTOS CON PROJECT 2013 68

CAPÍTULO 5. APRENDIZAJE DESDE LA BASE 91
5.1 APERTURA DE UN ARCHIVO DE PROYECTO... 91
5.2 GUARDAR UN ARCHIVO DE PROYECTO 93
5.3 VISUALIZACIÓN DE LA INFORMACIÓN DEL PROYECTO EN VISTAS 94
5.3.1 Cambio de vistas 95
5.3.2 Desplazamientos en una vista 95
5.4 AJUSTE DE LA ESCALA TEMPORAL 96
5.5 PLANIFICACIÓN 97
5.6 INTRODUCCIÓN DE UNA NOTA DE TAREA 98

CAPÍTULO 6. MANEJO DE LAS TAREAS DE PROYECTOS 99
6.1 INICIO DE LA PROGRAMACIÓN DE UN PROYECTO 99
6.2 INTRODUCCIÓN DE TAREAS Y DURACIONES 101
6.3 EDICIÓN DE LA LISTA DE TAREAS 102
6.3.1 Inserción de una tarea 103
6.3.2 Desplazamiento de una tarea... 103
6.3.3 Eliminación de una tarea... 104
6.4 INTRODUCCIÓN DE TAREAS PERIÓDICAS 106

CAPÍTULO 7. ESQUEMATIZACIÓN DE UN PROYECTO 109
7.1 CREACIÓN DE UN ESQUEMA 109
7.2 OCULTACIÓN Y PRESENTACIÓN DEL ESQUEMA 111
7.3 CÓDIGOS EDT Y VISUALIZACIÓN DE NÚMEROS DE ESQUEMA 112

CAPÍTULO 8. ESTABLECIMIENTO DE DEPENDENCIAS ENTRE TAREAS ... 115

8.1 DESCRIPCIÓN DE LAS DEPENDENCIAS ENTRE TAREAS 115

    8.1.1 Vinculación de tareas para crear dependencias entre tareas.......................... 116

    8.1.2 Cambio de las dependencias entre tareas 117

8.2 DESCRIPCIÓN DEL TIEMPO DE POSPOSICIÓN Y DE ADELANTO 118

8.3 IDENTIFICACIÓN DEL CAMINO CRÍTICO 119

8.4 USO DEL FORMULARIO DE TAREAS 120

CAPÍTULO 9. GESTIÓN DE LOS RECURSOS DEL PROYECTO 123

9.1 ASIGNACIÓN DE RECURSOS 123

9.2 ASIGNACIÓN DE VARIOS RECURSOS 127

9.3 INTRODUCCIÓN DE DETALLES DE RECURSOS 127

9.4 MANEJO DE LOS COSTES DE RECURSOS 128

9.5 APLICACIÓN DE TASAS VARIABLES A RECURSOS 130

9.6 ASIGNACIÓN DE TABLAS DE TASAS DE COSTE 131

9.7 CREACIÓN DE UNA NUEVA TABLA DE COSTES.. 132

9.8 INTRODUCCIÓN DE UNA NOTA DE RECURSO 133

CAPÍTULO 10. UTILIZACIÓN DE CALENDARIOS 135

10.1 USO DE CALENDARIOS 135

10.2 CAMBIO DE CALENDARIO BASE 136

10.3 CALENDARIO DE RECURSOS... 138

10.4 CREACIÓN DE UN NUEVO CALENDARIO BASE... 139

10.5 ASIGNACIÓN DE RECURSOS A DIFERENTES CALENDARIOS BASE 140

10.6 CALENDARIO 24 HORAS 140

CAPÍTULO 11. PROGRAMACIÓN CON RECURSOS.. 143

11.1 USO DE LA PROGRAMACIÓN CONDICIONADA POR EL ESFUERZO 143

11.2 UNIDADES FIJAS.. 144

11.3 TAREA DE DURACIÓN FIJA 146

11.4 TAREA DE TRABAJO FIJO 148

11.5 CREACIÓN DE PERFILES DE TRABAJO 150

CAPÍTULO 12. GESTIÓN DE LAS CARGAS DE TRABAJO DE RECURSOS..... 155

12.1 VISUALIZACIÓN DE LAS CARGAS DE TRABAJO DE RECURSOS Y
ASIGNACIONES DE TAREA 155

12.2 RESOLUCIÓN DE CONFLICTOS DE RECURSOS 160

12.3 REDISTRIBUCIÓN AUTOMÁTICA DE LOS RECURSOS.............................. 160

12.4 RESOLUCIÓN MANUAL DE SOBREASIGNACIONES DE RECURSO 165

12.5 PRESENTACIÓN DE DIFERENTES NIVELES DE DETALLE DE TAREAS
Y ASIGNACIONES... 169

CAPÍTULO 13. PROGRAMACIÓN DE LAS RESTRICCIONES DE TAREAS 171
13.1 RESTRICCIÓN CON FECHAS DE COMIENZO Y FIN DE UNA TAREA........ 171
13.2 APLICACIÓN DE RESTRICCIONES FLEXIBLES... 173
13.3 APLICACIÓN DE RESTRICCIONES INFLEXIBLES 175
13.4 PROGRAMACIÓN DE RESTRICCIONES QUE CREAN CONFLICTOS........ 176
13.5 DEFINICIÓN DE UNA LÍNEA BASE 178
13.6 CREACIÓN DE PLANES PROVISIONALES 180
13.7 PRESENTACIÓN DE LAS RESTRICCIONES DEL PROYECTO 181

CAPÍTULO 14. CONTROL DE UN PROYECTO 183
14.1 SEGUIMIENTO DEL PROGRESO.. 183
14.2 INTRODUCCIÓN DE LA INFORMACIÓN DEL PROGRESO REAL.............. 185
14.3 DIVISIÓN DE TAREAS 187
14.4 ACTUALIZACIÓN DEL RESTO DEL PROYECTO 188
14.5 COMPARACIÓN DE LA LÍNEA BASE CON LOS DATOS REALES.............. 189

CAPÍTULO 15. APLICACIÓN DE FILTROS Y ORDENACIÓN DE DATOS 193
15.1 FILTRADO DE LAS TAREAS Y RECURSOS DEL PROYECTO 193
    15.1.1 Aplicación de autofiltros 193
    15.1.2 Especificación de criterios de filtrado 194
    15.1.3 Filtrado de tareas para un recurso específico 195
15.2 CREACIÓN DE UN FILTRO PERSONALIZADO.. 195
15.3 ORDENACIÓN DE TAREAS Y RECURSOS 196
15.4 UN PASO MÁS: APLICACIÓN DE UN FILTRO PARA RESALTAR 197

CAPÍTULO 16. PERSONALIZACIÓN DE TABLAS, VISTAS E INFORMES 199
16.1 CREACIÓN DE UNA TABLA PERSONALIZADA 199
16.2 DEFINICIÓN DE VISTAS PERSONALIZADAS... 201
16.3 CREACIÓN DE UN INFORME PERSONALIZADO...................................... 201
16.4 CREACIÓN DE UN INFORME DE EVOLUCIÓN 208
16.5 CREACIÓN DE UN INFORME DE PROYECTO... 213

APÉNDICE A. PREGUNTAS Y AUTOEVALUACIÓN................................. 223

APÉNDICE B. RESPUESTAS A LA AUTOEVALUACIÓN 225

**APÉNDICE C. COMANDOS MÁS USUALES EN MICROSOFT
PROJECT 2013... 235**

**APÉNDICE D. QUÉ INCORPORA MICROSOFT PROJECT 2013 RESPECTO
A LAS VERSIONES 2010 Y 2007... 241**

APÉNDICE E. EXPOSICIÓN DE LA VISIÓN GENERAL DE UN PROYECTO (POS, PROJECT OVERVIEW STATEMENT) PARA UN PROYECTO MEDIANO 253

APÉNDICE F. EJEMPLOS PRÁCTICOS DE APLICACIÓN 273

APÉNDICE G. EL EJEMPLO MÁS SENCILLO 311

BIBLIOGRAFÍA 327

ÍNDICE ALFABÉTICO 329

AUTORES

La presente obra ha sido desarrollada por un equipo de profesores y colaboradores del Departamento de Ingeniería Eléctrica, Electrónica y de Control de la Escuela Técnica Superior de Ingenieros Industriales (ETSII) perteneciente a la Universidad Nacional de Educación a Distancia (UNED) (*http://www.ieec. uned.es/*).

Antonio Colmenar Santos

Doctor Ingeniero Industrial e Ingeniero Industrial, especialidad Electrónica y Automática por la ETSII de la UNED e Ingeniero Técnico Industrial por la Escuela Universitaria de Ingeniería Técnica Industrial de la Universidad de Valladolid, especialidad Electricidad, Intensificación Electrónica, Regulación y Automatismos.

Actualmente es Profesor Titular en el Área de Ingeniería Eléctrica del Departamento de Ingeniería Eléctrica Electrónica y de Control DIEEC de la UNED. Ha sido Profesor Asociado en el Departamento de Tecnología Electrónica en la Universidad Politécnica de Alcalá de Henares y en el DIEEC de la UNED. Es Profesor Titular en excedencia del Cuerpo de Profesores de Educación Secundaria y de Profesores Técnicos de Formación Profesional en las especialidades de Sistemas Electrónicos y Equipos Eléctricos, respectivamente. Ha trabajado para la AECI-ICI como experto asesor en el proyecto INTECNA (Nicaragua).

Ha pertenecido a la sección española de la *International Solar Energy Society* (ISES) trabajando en diferentes proyectos relacionados con las energías renovables y a la *Association for the Advancement of Computing in Education* (AACE). Es experto en aplicaciones de Sistemas Multimedia y posee diferentes publicaciones prácticas apoyándose en estas técnicas. Ha sido Coordinador de

Virtualización en la ETSII de la UNED, Coordinador de Servicios Telemáticos de la UNED, Secretario de DIEEC y director del Departamento de Ingeniería Eléctrica, Electrónica y de Control de la UNED (DIEEC).

David Borge Diez

Doctor Ingeniero Industrial por la ETSII de la UNED, Ingeniero Industrial, especialidad Energética, por la Escuela Técnica Superior de Ingenieros Industriales de la Universidad de Valladolid e Ingeniero Técnico Industrial por la Escuela Universitaria de Ingeniería Técnica Industrial de la Universidad de León.

Actualmente trabaja como Experto en Eficiencia Energética, Energías Renovables y Proyectos Energéticos en una multinacional del sector. Anteriormente ha desarrollado su carrera profesional en el ámbito de la Gestión de Proyectos y Labores de I+D+i en el sector energético. Además colabora como docente en diferentes cursos de extensión universitaria y postgrados del Departamento de Ingeniería Eléctrica Electrónica y de Control DIEEC de la UNED.

Ha sido Profesor Asociado en el Departamento de Ingeniería Eléctrica, Automática y de Sistemas en la Universidad de León desarrollando además, abundantes cursos de especialización. Ha participado en numerosos proyectos de investigación como colaborador y responsable técnico.

Francisco Javier Cruz Castañón

Ingeniero Técnico Industrial por la Escuela Universitaria de Ingeniería Técnica Industrial de la Universidad de Valladolid, especialidad Electricidad, Intensificación Electrónica.

Ha trabajado durante más de 15 años en diferentes empresas de los sectores Químico y Petroquímico en el ámbito de la Instrumentación y Control de Procesos Industriales, participando en múltiples proyectos en sus diferentes fases: Planificación, Diseño, Negociaciones con Ingenierías, Ingeniería Básica y de Detalle, Supervisión y Puesta en Marcha de Instalaciones.

Posteriormente, trabajó durante 7 años en el Cuerpo de Profesores de Enseñanza Secundaria, especialidad de Sistemas Electrónicos, impartiendo clases presenciales en los Ciclos Formativos de Grado Superior de Sistemas de Telecomunicación e Informáticos.

Actualmente es Asesor Técnico docente en el Instituto de Tecnologías Educativas del Ministerio de Educación.

Manuel-Alonso Castro Gil

Doctor Ingeniero Industrial por la Universidad Politécnica de Madrid (UPM) e Ingeniero Industrial por esa misma Universidad. Desde 1984 es Catedrático del Departamento de Ingeniería Eléctrica, Electrónica y de Control de la UNED.

Entre 1988 y 1993 trabajó además como Ingeniero de Sistemas dentro del Área de Banca en la empresa *Digital Equipment Corporation*. Obtuvo el Premio Extraordinario de Doctorado de la UPM y el Premio Viesgo para la investigación científica sobre Aplicaciones de la Electricidad en los Procesos Industriales.

Ha participado en numerosos proyectos de investigación como colaborador y como director, además, es miembro de distintas asociaciones internacionales (Fellow del IEEE, ISES, IFAC, ASEE, AACE, SEFI, etc.).

Ha sido Director del Centro de Servicios Informáticos de la UNED, Subdirector de Investigación y de Gestión Académica de la Escuela Técnica Superior de Ingenieros Industriales de la UNED, Vicerrector de Nuevas Tecnologías de la UNED y actualmente es Director del Departamento de Ingeniería Eléctrica, Electrónica y de Control de la UNED.

PRESENTACIÓN Y OBJETIVOS

El presente libro se ha diseñado con el objetivo de facilitar el comienzo del uso del programa Microsoft Project 2013, para la ayuda en la dirección de proyectos así como para revisar los conceptos básicos existentes en la gestión y ejecución de estos; desde qué es un proyecto hasta la descripción de las principales partes y fases del mismo, usando como ayuda las herramientas informáticas como es el caso de Microsoft Project 2013.

La herramienta informática seleccionada es, como ya se ha comentado, Microsoft Project, en su versión más reciente y actual, la 2013. La incorporación de la cinta de opciones (o menús en cinta), ha supuesto un importante cambio de aspecto en la interfaz de usuario, similar a la que se produjo con los programas de MS Office 2007 Access, Excel, Power Point y Word. La nueva agrupación de comandos está diseñada para facilitar el trabajo de los usuarios. No obstante, lleva un cierto tiempo familiarizarse con la nueva disposición de los mismos. En esta nueva versión de Project 2013 se incluye además un nuevo flujo de trabajo orientado a la creación y gestión rápida de proyectos, además de facilitar la generación de informes visuales de gran calidad y que pueden ser fácilmente usados

en otras aplicaciones. Se orienta además al trabajo colaborativo y al uso masivo de las nuevas tecnologías de trabajo en la nube y la colaboración multiusuario.

Finalmente, los autores esperan que el libro sea del agrado del lector y le permita iniciarse en este interesante mundo de la gestión de proyectos con la ayuda de herramientas informáticas.

Los objetivos perseguidos con el libro se desglosan en:

1. Definir los objetivos de un proyecto.

2. Comprender los conceptos y términos de gestión de proyectos.

3. Abrir y cerrar un archivo de proyecto.

4. Cambiar de vista y desplazarse por el plan de un proyecto.

5. Ajustar la escala temporal del *Diagrama de Gantt*.

6. Visualizar las vistas e informes preliminares e imprimirlos.

7. Introducir la información inicial del proyecto.

8. Introducir tareas, duraciones y datos.

9. Insertar y desplazar tareas en la lista de tareas.

10. Crear una tarea de resumen.

11. Aplicar sangría a tareas.

12. Ocultar y mostrar subtareas en el esquema.

13. Vincular y desvincular tareas.

14. Cambiar las dependencias entre tareas.

15. Especificar tiempos de posposición y adelanto.

16. Crear una lista de recursos.

17. Asignar recursos a tareas.

18. Introducir información detallada de recursos.

19. Asignar costes a recursos y tareas.

20. Cambiar el período laborable y no laborable en el calendario estándar y en el calendario de recursos.

21. Asignar calendarios base distintos a los recursos.

22. Cambiar la configuración del tipo de tarea para controlar cómo afectan los recursos a la asignación de tarea.

23. Aplicar un perfil de trabajo predeterminado para cambiar la distribución de valores del trabajo.

24. Personalizar el perfil de trabajo de una asignación de recursos.

25. Ver cargas de trabajos de recursos.

26. Localizar sobreasignaciones de recursos.

27. Usar la redistribución automática para resolver sobreasignaciones.

28. Resolver de forma manual las sobreasignaciones de recursos.

29. Usar restricciones para establecer limitaciones de fechas para las tareas.

30. Establecer una línea base de la programación del proyecto.

31. Conocer las nuevas opciones de exportación y elaboración de informes.

Capítulo 1

MICROSOFT PROJECT 2013

Microsoft Project 2013 supone una nueva versión de la herramienta de gestión de proyectos de Microsoft, referencia en este campo de trabajo. Se basa en el entorno Windows y además posee capacidad de integración con el nuevo sistema operativo Windows 8. Supone la versión número 11 de una de las aplicaciones de proyectos más utilizadas en todo el mundo y que se ha convertido en una referencia en todo tipo de entornos que abarcan desde desarrollo de sistemas de información hasta construcción. Se puede conseguir la versión de prueba en: *http://technet.microsoft.com/es-es/evalcenter /hh973401.aspx.*

Esta aplicación, representa un nuevo hito para la oferta de productos de administración de proyectos de Microsoft Corporation, al integrar la solución con la nueva interfaz "Metro" en la que se basa Windows 8. La cantidad total de instalaciones de Microsoft Project, que supera los 15 millones de usuarios en todo el mundo, incluye una gran variedad de tipos, que van desde aquellos que lo utilizan para un uso general hasta los administradores de proyectos profesionales.

Microsoft Project 2013 es el resultado de grandes esfuerzos realizados en investigación y desarrollo para abarcar la mayor diversidad de clientes con el fin de proporcionar una gran cantidad de características, una mayor potencia y mejoras adicionales. Microsoft Project 2013 proporciona a los usuarios que utilizan el programa de forma general la flexibilidad necesaria para planificar y realizar el seguimiento de los proyectos de forma conjunta y obtener así los resultados requeridos por su empresa. Es la herramienta para planificación que toda organización necesita.

1.1 FAMILIA DE PRODUCTOS PROJECT 2013

Microsoft Project Standard 2013, Microsoft Project Professional 2013 y Microsoft Project Server 2013 pueden usarse para construir tres soluciones diferentes de gestión de proyecto para usted y su organización. La solución para grandes corporaciones (versión Server) permite optimizar el uso de recursos compartidos y administrarlos de forma eficaz y eficiente. Además de esta familia, ya existente en la versión 2010, se ha lanzado una novedad basada en las soluciones "en la nube", Microsoft Project Pro para Office 365.

Solución para usuario autónomo

Como una aplicación autónoma, Microsoft Project Standard 2013 incluye un conjunto amplio de características para apoyar los aspectos fundamentales de la gestión de proyectos, incluyendo la programación de tareas, la gestión de recursos, el seguimiento y la generación de informes. Permite utilizar funciones flexibles para ponerse en marcha rápidamente y a ser más eficaz y productivo. Una de las principales novedades, es que permite crear fácilmente informes modernos para medir el progreso y comunicar eficazmente los detalles del proyecto al equipo y a las partes interesadas.

Solución para equipo de trabajo

Microsoft Project Professional 2013 proporciona a las organizaciones una solución de equipo de trabajo que permite a todos los miembros de un equipo de proyecto, así como a todos los involucrados, el acceso y colaboración sobre la información de proyecto. Microsoft Project Professional 2013 incorpora nuevas formas de administrar eficazmente sus proyectos importantes. Permite aprovechar las nuevas funciones de colaboración para iniciar y terminar rápidamente proyectos con la posibilidad de usar Office 365 o SharePoint, lo que permite trabajar desde prácticamente cualquier lugar. Permite la comunicación de manera instantánea gracias a la integración de Lync 2013 llamando o escribiendo mensajes instantáneos a los miembros del equipo desde Project Professional. Estas nuevas funcionalidades de comunicación e integración con Office permiten satisfacer necesidades específicas de la empresa en ese ámbito.

Solución para empresa

Para una solución de gestión de proyectos empresarial, una organización precisará Microsoft Project Professional 2013 y Microsoft Project Server 2013, pudiendo optar además al uso de la versión *online* de Project. Mediante las nuevas funcionalidades de estos productos, una compañía puede administrar, inspeccionar y analizar la cartera de proyectos completa de la organización, que usando códigos particularizados, asegurará la consistencia de los datos introducidos y los informes generados, así como también permitirá administrar recursos desde un conjunto centralizado de los mismos.

Solución en la nube: Microsoft Project / Project Pro integrado en Office 365

Office 365 constituye la nueva solución ofimática de Microsoft Online, basada en un acceso a las herramientas sin necesidad de que estén instaladas en el equipo. El acceso se realiza vía web y permite, además de esta flexibilidad, garantizar que se trabaja con las últimas versiones del programa, optimizar el uso de la herramienta y realizar un pago por uso. Existe la posibilidad de optar por la herramienta Microsoft Project o por la versión Project Pro. Microsoft Project Pro para Office 365 proporciona la última versión de Project Professional como una suscripción a través de Office 365. Su *software* se mantiene actualizado automáticamente (con opciones de directivas personalizables por cada usuario) y los usuarios que necesitan desplazarse pueden trabajar desde el equipo que prefieran, transmitiendo por secuencias el cliente de escritorio completo con Project a petición. Permite simplificar las implementaciones, obtener provecho de las opciones flexibles y disfrutar de la integración con otros productos de Office 365 como Lync y SharePoint.

Microsoft Project 2013. Metas en el diseño

Los nuevos aspectos incluidos en Microsoft Project 2013 buscan tres metas principales:

- Gestión intuitiva de proyectos:
  - Instrucciones interactivas de gestión de proyectos.
  - Integración fácil.

- Accesibilidad y colaboración:
  - Centralización.
  - Comunicaciones automatizadas.
  - Colaboración.

- Plataforma de gestión de proyectos.

Además de estas metas orientadas a la mejora del proceso se han integrado múltiples novedades de trabajo que permiten optimizar la presentación de resultados, la elaboración de informes y el trabajo colaborativo.

Comparación de ediciones de Microsoft Project 2013

Microsoft Project Standard 2013, está diseñado para los administradores que no necesitan colaborar con otros para crear proyectos o seleccionar recursos.

Microsoft Project Professional 2013, está diseñado para jefes de proyecto y de recursos que trabajan en colaboración con otros profesionales, dentro de la empresa, y necesitan compartir programaciones y recursos mediante su conexión a Microsoft Server 2013.

Microsoft Project Server 2013, está diseñado para los que no necesiten todas las funciones del cliente de escritorio, como ejecutivos, integrantes de un equipo y administradores; además, también proporciona acceso al servidor.

Microsoft Project Pro Office 365, está diseñado para trabajar en un entorno variable en el que el único requisito para acceder a la herramienta es disponer de acceso a internet. Permite la integración total con resto del paquete **Office 365** y la integración con soluciones de comunicación en tiempo real para los miembros del equipo.

- **Microsoft Project Standard 2013**

    Microsoft Project Standard 2013 ofrece unas sólidas herramientas de administración de proyectos con la dosis adecuada de funcionalidad, potencial y flexibilidad.

    Se utilizará Microsoft Project Standard 2013 para administrar los proyectos con mayor eficacia y eficiencia. Se mantendrá informado, se controlará el trabajo del proyecto, la programación y las finanzas. Además, se mantendrá la sintonía entre los equipos de proyecto, al tiempo que aumenta la productividad gracias a la integración con los conocidos programas del sistema Microsoft Office, las eficaces opciones de elaboración de informes así como una planificación asistida, asistentes y plantillas. Permite una eficaz exportación e importación de información con el resto de herramientas del paquete ofimático, permitiendo optimizar el uso y la gestión por parte de todo el equipo integrado en la gestión del proyecto.

Microsoft Project Standard 2013, está diseñado para usuarios que no requieren una coordinación o colaboración basadas en Web que aproveche las ventajas de proyectos y recursos compartidos de una base de datos central.

- **Microsoft Project Professional 2013**

Microsoft Project Professional 2013, ofrece unas sólidas funciones de administración de proyectos orientadas a un uso profesional. Podrá mantenerse informado, controlar el trabajo del proyecto, la programación y las finanzas de los proyectos, y mantener la sintonía entre los equipos de proyecto. Además, puede aumentar la productividad gracias a la integración con los conocidos programas del sistema Microsoft Office, las eficaces opciones de elaboración de informes, así como una planificación asistida, asistentes y plantillas.

Microsoft Project Professional 2013, se puede utilizar como una solución de usuario única o conectarse con Microsoft Project Server 2013 para funciones de administración de proyectos empresariales. También existe la posibilidad de integrar su uso con herramientas de comunicación como Lync y Sharepoint.

- **Microsoft Project Server 2013**

Microsoft Project Professional 2013, incluye el cliente Project Web App (PWA), que ofrece a los usuarios una interfaz Web simple para obtener acceso a una serie de funciones de Microsoft Project 2013.

Microsoft Server 2013 es una solución local flexible para la administración de las carteras de proyectos (PPM) y el trabajo diario. Los miembros del equipo, los participantes del proyecto y los responsables de la toma de decisiones empresariales pueden empezar a trabajar rápidamente, asignar prioridades a las inversiones de carteras de proyectos y proporcionar el valor empresarial previsto desde prácticamente cualquier lugar. Requiere SharePoint 2013, una herramienta que se ha de adquirir por separado.

Con Microsoft Office Project Web Access, los usuarios pueden ver, analizar e informar sobre la información del proyecto, incluidos partes de horas, así como crear propuestas de proyectos y planes de actividades.

Las funciones de Microsoft Office Project Web Access se pueden habilitar o inhibir según la función y el nivel de autorización de un usuario. También incluye la interfaz de usuario administrativo.

La Tabla 1.1 mostrada a continuación resume las principales características y novedades de la versión Project Server 2013.

Puesta en marcha	Project permite que la organización inicie rápidamente los proyectos, asigne prioridades a las inversiones de carteras de proyectos y proporcione resultados con el valor empresarial previsto.
Acceso desde cualquier lugar	Permite ser productivo desde prácticamente cualquier dispositivo y en prácticamente cualquier lugar.
Administración del trabajo	Hace posible administrar fácilmente el trabajo en equipo y colaborar sin la estructura de un proyecto, pero con visibilidad en el trabajo para fines de planeación y elaboración de informes.
Administración de la demanda	Se puede obtener visibilidad en proyectos, en actividades operativas y en el trabajo diario simplificando el inicio y el avance de los proyectos aplicando directivas de cumplimiento y control adecuadas.
Análisis y selección de carteras	Se pueden identificar, seleccionar y proporcionar eficazmente carteras de proyectos adecuadas a la estrategia empresarial de la organización, maximizando la rentabilidad de la inversión.
Administración de recursos	Proporciona resultados con los empleados de los que se dispone permitiendo hacer planes para el futuro con objeto de administrar el superávit y el déficit en un horizonte de planeación.
Administración de programaciones	Facilita entregar puntualmente su proyecto con un mapa de la estructura de ejecución y entrega para supervisar el progreso y administrar los cambios.
Administración financiera	Facilita la adopción de procesos de administración financiera y la realización eficaz un seguimiento del rendimiento de los costes para asegurarse de que se respeta el presupuesto y de que la cartera produce los beneficios previstos.
Administración de horas y tareas	Enfoque común y centralizado para registrar el tiempo y administrar las tareas.
Colaboración	Refuerza la colaboración del equipo y mejora el éxito del proyecto con funciones de redes sociales para empresas, comunicación sencilla con mensajería instantánea, sitios del equipo y otros servicios de colaboración fáciles de usar.
Administración de problemas y riesgos	Hace posible prevenir, identificar y reducir los posibles riesgos y problemas empresariales o relacionados con los proyectos.

Informes e inteligencia empresarial	Orientado a la recopilación y clasificación de información con el objeto de entender y tomar decisiones sobre los datos del proyecto. Se incluyen herramientas de inteligencia empresarial (BI) para proporcionar visibilidad y ayuda en la toma de decisiones con objeto de administrar proyectos, programas y carteras de manera proactiva.
Administración de programas	Ayuda a proporcionar los beneficios previstos en todo el programa y de los proyectos en desarrollo subyacentes con la ventaja adicional de establecer y usar técnicas que proporcionan una estructura de inicio y selección de programas.
Gobierno	Se facilita la creación de forma sencilla de flujos de trabajo en Visio y SharePoint Designer sin necesidad de código para normalizar el avance o el rechazo de los proyectos, y mejorar el gobierno y el control.
Capacidad de ampliación	Permite instalar aplicaciones de la tienda de SharePoint para satisfacer sus necesidades empresariales, escriba fácilmente aplicaciones personalizadas e intégrelas con los sistemas de la empresa.
Integración de *Active Directory*	Permite administrar las credenciales y permisos de los usuarios.
Administración	Fácil de usar y controlar; se pueden agregar y quitar usuarios en cuestión de minutos y usar PowerShell para crear *scripts* personalizados y automatizar los procesos.
Soporte técnico	Planes de soporte técnico telefónico ininterrumpido para problemas complejos de TI. El soporte de la comunidad de Microsoft proporciona respuestas en línea, recursos de procedimientos y contactos con otros clientes de Project.
Ecosistema de socios de administración de proyectos y carteras	La solución PPM de Microsoft está respaldada por cientos de socios de Microsoft que han obtenido la competencia PPM, han superado exámenes en la materia y han realizado numerosas implementaciones en más de 80 países de todo el mundo.

Tabla 1.1. Características de Project Server 2013

- **Microsoft Project / Project Pro Online 2013 para Office 365**

Microsoft Project Online, es una solución flexible para la administración de las carteras de proyectos (PPM) y el trabajo diario. Proporcionado a través de Office 365, Project Online permite a las organizaciones empezar a trabajar rápidamente, asignar prioridades a las inversiones de carteras de proyectos y proporcionar el valor empresarial previsto, desde prácticamente cualquier lugar y cualquier dispositivo.

Microsoft Project Pro para Office 365, proporciona la última versión de Project Professional como una suscripción a través de Office 365. El *software* se mantiene actualizado automáticamente de modo que los usuarios que necesitan desplazarse pueden trabajar desde el equipo que prefieran transmitiendo por secuencias el cliente de escritorio completo con Project a petición.

La Tabla 1.2 mostrada a continuación resume las principales características y novedades de la versión Project Online 2013.

Posee un nuevo entorno de TI simplificado	Permite familiarizarse rápidamente con la última tecnología y estándares de la industria separando la funcionalidad de la administración de carteras de proyectos de la funcionalidad de TI.
Integración de *Active Directory*.	Facilita la administración de las credenciales y permisos de los usuarios.
Confiabilidad	Se ofrece un tiempo de actividad del 99,9% con una garantía financiera líder en el sector.
Seguridad	Seguridad en el tratamiento de datos; tratamiento exhaustivo de la privacidad.
Administración	Fácil de usar y controlar. Se pueden agregar y quitar usuarios en cuestión de minutos. Permite el uso de la herramienta PowerShell para crear *scripts* personalizados y automatizar los procesos.
Actualizaciones	Actualización del servicio periódicamente con nuevas características y funciones.
Soporte técnico	Planes de soporte técnico telefónico ininterrumpido para problemas complejos de TI. Además se ofrece el soporte de la comunidad de Microsoft que proporciona respuestas en línea, recursos de procedimientos y contactos con otros clientes de Office 365.
Puesta en marcha	Project permite que la organización inicie rápidamente los proyectos, asigne prioridades a las inversiones de carteras de proyectos y proporcione resultados con el valor empresarial previsto.
Acceso desde cualquier lugar	Permite ser productivo desde prácticamente cualquier dispositivo y en prácticamente cualquier lugar.
Administración del trabajo	Hace posible que se administre fácilmente el trabajo en equipo y colabore sin la estructura de un proyecto pero con visibilidad en el trabajo para fines de planeación y elaboración de informes.

Administración de la demanda	Permite obtener visibilidad en proyectos, en actividades operativas y en el trabajo diario. Simplifica el inicio y el avance de los proyectos aplicando directivas de cumplimiento y control adecuadas.
Análisis y selección de carteras	Hace posible identificar, seleccionar y proporcionar eficazmente carteras de proyectos adecuadas a la estrategia empresarial de su organización y maximizar la rentabilidad de la inversión.
Administración de recursos	Permite proporcionar resultados con los empleados de los que dispone ahora su organización y hacer planes para el futuro con objeto de administrar el superávit y el déficit en un horizonte de planeación.
Administración de programaciones	Permite lograr la entrega puntual del proyecto con un mapa de la estructura de ejecución y la entrega para supervisar el progreso así como administrar los cambios.
Administración financiera	Facilita la adopción de procesos de administración financiera y realizar eficazmente un seguimiento del rendimiento de los costes para asegurarse de que se respeta el presupuesto y de que la cartera produce los beneficios previstos.
Administración de horas y tareas	Orientado a utilizar un enfoque común y centralizado para registrar el tiempo y administrar las tareas.
Colaboración	Permite reforzar la colaboración del equipo y mejorar el éxito del proyecto con funciones de redes sociales para empresas, comunicación sencilla con mensajería instantánea, sitios del equipo y otros servicios de colaboración fáciles de usar.
Administración de problemas y riesgos	Facilita la prevención, identificación y reducción de los posibles riesgos y problemas empresariales o relacionados con los proyectos.
Informes e inteligencia empresarial	Hace posible recopilar, clasificar, entender y tomar decisiones sobre los datos del proyecto y utilizar la inteligencia empresarial (BI) para proporcionar visibilidad y ayuda en la toma de decisiones con objeto de administrar proyectos, programas y carteras de manera proactiva.
Administración de programas	Proporciona los beneficios previstos de todo el programa y de los proyectos en desarrollo subyacentes con la ventaja adicional de establecer y usar técnicas que proporcionan una estructura de inicio y selección de programas.
Gobierno	Se pueden crear fácilmente flujos de trabajo en Visio y SharePoint Designer sin necesidad de código para normalizar el avance o el rechazo de los proyectos, y mejorar el gobierno y el control.

Capacidad de ampliación	Permite instalar aplicaciones de la tienda de SharePoint para satisfacer sus necesidades empresariales, escribir fácilmente aplicaciones personalizadas e integrarlas con los sistemas de la empresa.
Ecosistema de socios de administración de proyectos y carteras	La solución PPM de Microsoft está respaldada por cientos de socios de Microsoft que han obtenido la competencia PPM, han superado exámenes en la materia y han realizado numerosas implementaciones en más de 80 países de todo el mundo.

Tabla 1.2. Características de Project Online 2013

1.2 CARACTERÍSTICAS RELEVANTES

Integración con Office y su interfaz

La versión de Project 2013 incorpora todos los cambios de diseño que se llevaron a cabo en Office desde la edición 2007 y que se incorporó a Project en la versión 2010.

- En la versión 2010 se incorporó la cinta de opciones, sustituyendo los clásicos menús y barras de herramientas. La apariencia de la interfaz de usuario es similar al resto de aplicaciones Microsoft Office 2013 (Figura 1.1). Esta cinta de opciones se puede contraer:

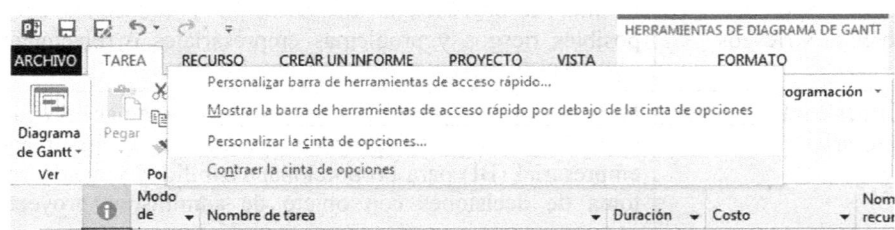

Figura 1.1. Apariencia de la interfaz de usuario con la cinta de opciones, contraída o sin contraer

- Project contempla la funcionalidad de "arrastrar y soltar" en las columnas; con esto se puede arrastrar cualquier columna a otra posición en la tabla.

- La opción *Nuevo,* de la ficha *Archivo,* muestra las plantillas disponibles. En Project 2013 se incluye una novedad llamada *Introducción Rápida*, que mejora las plantillas de anteriores versiones; igualmente, la opción *Reciente* muestra los archivos abiertos recientemente.

Smart Tags

Project usa *Smart Tags* para explicar cálculos y restricciones de planificación y asesorar sobre las posibles vías alternativas (Figura 1.2).

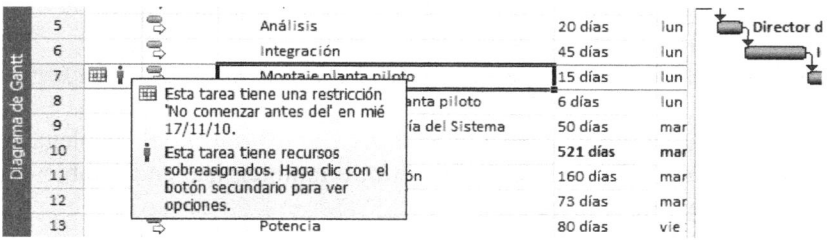

Figura 1.2. Etiquetas inteligentes (Smart Tags)

Estos indicadores (*Smart Tags*) aparecen en las vistas *Diagrama de Gantt*, *Hoja de...* y *Uso de...* (Figura 1.3).

Uso más fácil de las funcionalidades y ajuste de tareas

- La tecla **DEL** ya no borra una fila entera, solo borra la celda seleccionada. En caso de pulsar la tecla **DEL** con el nombre de una tarea o recurso seleccionado, aparecerá una pregunta indicando si se desea borrar únicamente el nombre o toda la tarea.

- Se puede ajustar de una forma sencilla el alto de las celdas y otras características de formato (Figura 1.3).

- La cabecera de las celdas se puede ajustar manualmente y permite el corte (*wrap*) del texto incluido (Figura 1.4).

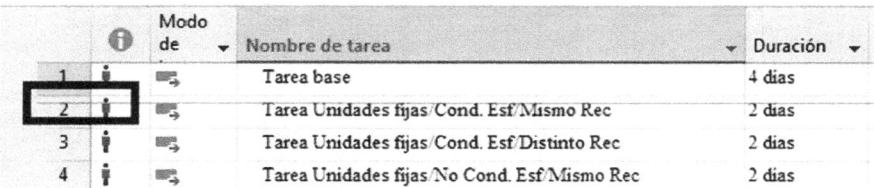

Figura 1.3. Ajuste sencillo de altura de celdas

- Se agregar cualquier información de interés para las tareas y el proyecto junto a las *barras de Gantt*, por ejemplo duraciones de tareas, costes etc. Se puede colocar encima, debajo o dentro de la tarea.

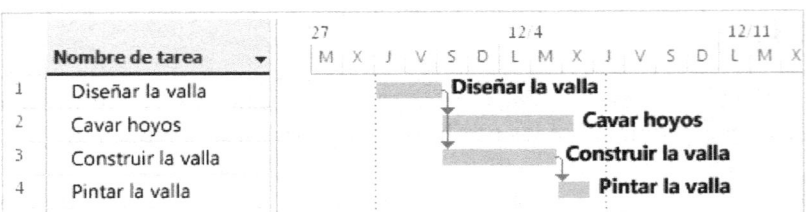

Figura 1.4. Funcionalidad mejorada para información de tareas en Project 2013

- Se ha mejorado la selección de la *Escala temporal* del desplegable *Días*, en el grupo *Zoom* de la ficha *Vista*, o también haciendo doble clic en la propia escala (Figura 1.5).

- Se pueden crear nuevas escalas de tiempo que puede ser muy útil cuando se necesite mostrar un panorama general de un proyecto. Es una instantánea de aspecto profesional de las tareas clave y los hitos que resulta perfecta para cualquier reunión de estado y que puede incluirse en una diapositiva de PowerPoint o un documento de Word o enviarse por correo (Figura 1.6). La opción se encuentra dentro de *Vista*, seleccionando posteriormente *Escala de tiempo*.

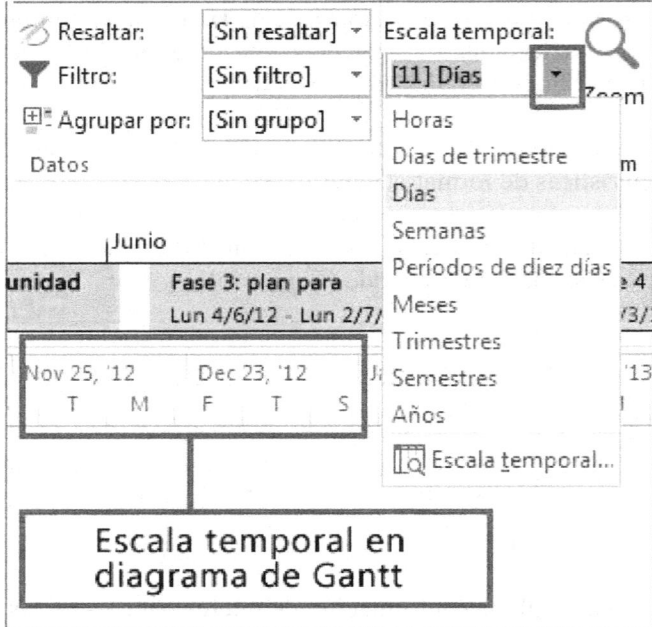

Figura 1.5. Escalas de tiempo

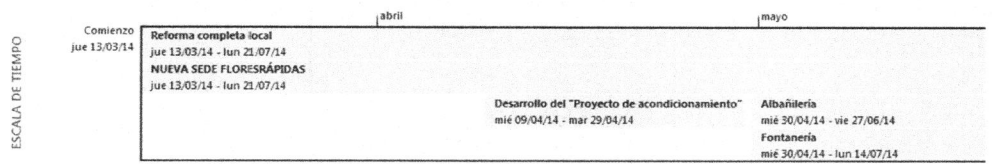

Figura 1.6. Nuevas escalas de tiempo Project 2013 para visión general del proyecto

Calendarios personalizados

Se pueden modificar todos los calendarios disponibles en el cuadro de diálogo *Cambiar calendario laboral* accesible desde la opción *Cambiar tiempo de trabajo*, en el grupo *Propiedades*, de la ficha *Proyecto*.

Se permite igualmente acceder de forma opcional a la definición de calendarios adicionales, a través de los siguientes pasos:

- Definición de las horas laborables generales del proyecto.

- Definición de la semana laboral.

- Establecimiento de días festivos y días libres.

- Finalización del establecimiento de calendario adicional.

Además se pueden establecer diferentes opciones para mejorar la programación del proyecto logrando planificaciones más realistas y con menores desviaciones. Esto incluye la opción de incluir programaciones de trabajo que no son del proyecto (tales como revisión diaria del correo electrónico por parte de los trabajadores) o usar una plantilla de información global de la empresa, función disponible en la versión Project Server 2013.

Líneas de base múltiples

Esta utilidad de Microsoft Project 2013 permite almacenar todos los campos de la línea base hasta un total de 11 veces en un proyecto, lo que facilita poder llevar a cabo un seguimiento frecuente del proyecto. El acceso a la opción de establecer línea base se lleva a cabo haciendo clic en *Proyecto, Establecer línea base* (Figura 1.7).

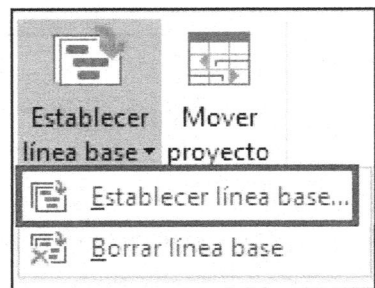

Figura 1.7. Establecicimiento de línea base en Project 2013

Existe también la posibilidad de guardar un plan provisional de manera que se pueda cambiar de una línea base a otra, o bien, poder copiar datos de cualquier línea base o plan previsto existente en otro plan provisional. No es necesario realizar ningún guardado adicional ya que cuando guarde un proyecto la línea base se guardará con él.

1.3 CARACTERÍSTICAS ADICIONALES DE PROJECT 2013

Facilidad para mantener organizados los proyectos

Permite planear y administrar fácilmente los proyectos con controles intuitivos y herramientas de equipo flexibles que ayudan a su organización y a proporcionar el valor empresarial previsto.

- **Focalización de aspectos clave**. Orientado a que el programador se pueda centrar rápidamente en las cuestiones importantes, seleccionar las acciones que deben realizarse y acceder con fluidez a las funciones con una experiencia visual mejorada.

- **Múltiples plantillas**. Permite aprovechar las últimas plantillas de Project en *Office.com* dentro de Project para empezar a trabajar rápidamente.

- **Organización mejorada de archivos**. Mantiene al responsable organizado con acceso instantáneo a la ubicación y los archivos recientes desde *Backstage*.

Orientación a la eficacia y la gestión de prioridades

Se establece una interfaz de gestión del proyecto buscando la eficacia y la búsqueda de prioridades agrupando el trabajo diario, las tareas del proyecto, los detalles importantes y los plazos de entrega en una interfaz contextual visualmente atractiva.

- **Control de proyectos**. Permite mantener el control de los planes del proyecto independientemente de su tamaño.

- **Informes mejorados**. Se incluyen completas herramientas de elaboración de informes listas para usar y proporcionadas en una interfaz familiar, similar a la de Office, que ayudan a medir rápida y fácilmente el progreso y la asignación de recursos.

- **Mejora de información en Diagrama de Gantt**. Con la trayectoria de tareas resaltada en el *Diagrama de Gantt*, se puede saber de forma más clara cómo confluyen las tareas y se pueden identificar las que son esenciales para el éxito del proyecto.

- **Interfaz de usuario contextual**. Orientado a que el usuario se centre en las cuestiones más importantes con una interfaz de usuario contextual que permite organizar las tareas, vincularlas y crear escalas de tiempo

Administración desde cualquier lugar

Las nuevas soluciones basadas en herramientas "en la nube" permiten administrar los proyectos desde cualquier lugar y compartir información.

- **Facilidad para compartir estados de proyecto**. Se puede compartir el último estado, las conversiones y la escala de tiempo de los proyectos a través de un sitio del proyecto dedicado con integración mejorada entre Project y Office 365 (o SharePoint).

- **Creación de sitios de proyecto**. Se facilita la creación de un sitio de proyecto con unos cuantos clics para compartir rápidamente los detalles del proyecto con el equipo y permitir que todos los miembros estén conectados y organizados.

Seguimiento e informes mejorados de proyectos

- **Nueva escala de tiempo**. La vista *Escala de tiempo de proyecto* ayuda a visualizar el proyecto y permite realizar presentaciones muy visuales que se pueden orientar a múltiples públicos tal como miembros del equipo, directivos etc.

- **Compartir información**. Facilita compartir información de forma sencilla entre diferentes miembros del equipo.

- **Informes**. El nuevo formato de informes listos para usar, tal como los informes de *Evolución* o *Información general de recursos* permite tener una visión rápida y visual del estado del proyecto. Se pueden además crear informes propios con una interfaz familiar similar a la de **Excel**, para medir rápidamente el progreso.

- **Copiar y pegar entre aplicaciones Office**. En esta nueva versión 2013 es posible copiar y pegar fácilmente desde Project a aplicaciones de Office como Word y PowerPoint sin perder fidelidad ni la capacidad de realizar cambios en las etiquetas y los estilos.

Análisis de cambios y efectos

- **Nuevo organizador de equipo**. El nuevo *Organizador de equipo* permite ver y corregir problemas potenciales antes de que afecten al calendario.

- **Análisis de tareas inactivas**. Se pueden configurar tareas como inactivas para analizar qué efecto tienen sobre la planificación del proyecto.

Tienda de Office

- **Nueva tienda de Office**. La nueva *Tienda de Office* proporciona aplicaciones para Office que amplían la funcionalidad de Project al permitir solucionar problemas que no se encuentran contemplados en la herramienta original.

- **Aplicaciones en Office.com**. Las aplicaciones existentes en *Office.com* se pueden distribuir según diferentes opciones e incorporarse a un catálogo de aplicaciones corporativo.

- **Kit de desarrollo de Software**. Se puede aprovechar la arquitectura de aplicaciones robusta con un kit de desarrollo de *software* (**SDK**) que se puede usar para la creación de programas personalizados.

Orientación a la colaboración diaria

- **Integración con resto de herramientas**. **Project 2013** se integra para funcionar perfectamente con Office, Office 365, SharePoint y Lync para proporcionar un completo sistema de administración de proyectos basado en la colaboración.

- **Facilidad de copia de información**. La información se puede copiar fácilmente en aplicaciones de Office como PowerPoint o correo electrónico. Los planes y detalles importantes se pueden guardar en Office 365 y SharePoint.

- **Sincronización de tareas**. La sincronización de la lista de tareas entre Project y Office 365 o SharePoint es mejor, se ha optimizado. Es sencillo acceder a información del proyecto por parte de todo el equipo y enviar fácilmente los cambios desde prácticamente cualquier lugar.

Comunicación en tiempo real integrada

- **Integración con Lync**. Los miembros del equipo están disponibles para mantener una conversación o recibir un mensaje instantáneo con **Lync** pudiendo participar de forma directa en la planificación.

- **Mensajes instantáneos**. Se integra el envío de mensajes instantáneos para iniciar conversaciones en tiempo real y empezar a compartir espacios de reunión directamente desde el proyecto con la integración de Lync Online entre Project y Office 365.

- **Sincronización de listas SharePoint**. La integración permite proporcionar información del proyecto y realizar un seguimiento eficaz del estado así como recibir los cambios desde prácticamente cualquier lugar mediante la sincronización de listas mejorada entre SharePoint y Project.

Soluciones de Project 2013 para Administración de proyectos y para Administración de cartera de proyectos

La nueva gama de soluciones Project 2013 se orientan a la elección del paquete que mejor se ajuste a las necesidades de dos perfiles diferenciados de responsables de proyectos: administradores de proyectos o administradores de cartera de proyectos. En la Tabla 1.3 se muestra la matriz de decisión y las prestaciones incluidas en las diferentes versiones de Project 2013 para la administración de proyectos. En la Tabla 1.4 se muestran las diferentes prestaciones y características de las versiones de Project desde un enfoque de administración de la cartera de proyectos. En el caso de administración de proyectos la herramienta recomendada es Project Professional 2013 y en el caso de administración de proyectos la herramienta recomendada es Project Pro para Office 365.

	Project Standard 2013	Project Professional 2013	Project Pro para Office 365
Inicio rápido de proyectos: análisis rápido de proyectos con la experiencia visual mejorada y una gran variedad de nuevas plantillas de proyecto.	SÍ	SÍ	SÍ
Seguimiento de proyectos: detección de rutas de tareas críticas y resolución de los posibles problemas de programación.	SÍ	SÍ	SÍ
Informes: creación sencilla de informes visuales. Posibilidad de compartir rápidamente el progreso con informes listos para usar fácilmente personalizables.	SÍ	SÍ	SÍ
Tienda Office: ampliación de la funcionalidad estándar con aplicaciones flexibles.	SÍ	SÍ	SÍ
Administración sencilla de recursos (*): creación visual de la combinación correcta de recursos con la técnica de arrastrar y colocar.	-	SÍ	SÍ
Llamadas y mensajes instantáneos a los miembros del equipo desde Project (*): facilita la colaboración con la función de uso compartido de archivos y pantalla en tiempo real a través de la integración con Lync.	-	SÍ	SÍ

	Project Online	Project Pro para Office 365	Project Server 2013 y Project Professional 2013
Colaboración con otras personas desde prácticamente cualquier lugar (**): permite permanecer conectado con el equipo de trabajo y sus proyectos dondequiera que esté trabajando.	-	SÍ	SÍ
Ampliación de funcionalidad: permite aprovechar la eficacia de la administración unificada de proyectos y carteras (***).	-	SÍ	SÍ
Actualización continua: las actualizaciones del servicio mantienen al responsable de proyectos siempre al tanto de actualizaciones sencillas para disponer siempre de la última versión de Project.	-	-	SÍ
Acceso desde cualquier sitio: acceso desde cualquier lugar con Project a petición. Se permite la transmisión por secuencias del completo cliente de escritorio de Project a casi cualquier equipo a través de los servicios de Office 365.	-	-	SÍ

(*) Requiere Microsoft Lync Online o Microsoft Lync 2013 (se venden por separado).
(**) Requiere SharePoint Online o SharePoint 2013, Project Online o Project Server 2013 (todos ellos se venden por separado).
(***) Requiere Project Online o Project Server 2013 (se venden por separado).

Tabla 1.3. Prestaciones para administración de proyectos

	Project Online	Project Pro para Office 365	Project Server 2013 y Project Professional 2013
Solución en línea flexible: suscripción a planes en línea flexibles que satisfagan las necesidades de administración de carteras de proyectos y del trabajo.	SÍ	SÍ	-
Simplificación de la informática: permite que el equipo de trabajo se familiarice rápidamente con la última tecnología y los estándares de la industria separando la funcionalidad de la administración de carteras de proyectos de la funcionalidad de TI.	SÍ	SÍ	-
Puesta rápida en marcha: orientado a centrarse en lo que más le interesa agrupando fácilmente el trabajo diario, las tareas del proyecto, los detalles importantes y los plazos de entrega.	SÍ	SÍ	SÍ

Realización de actividades desde plataformas multidispositivo: permite la administración de carteras de proyectos y de trabajo a prácticamente cualquier dispositivo.	SÍ	SÍ	SÍ
Administración eficaz de recursos: mejora de la asignación de recursos y de la toma de decisiones consultando el trabajo diario y los proyectos puntuales en listas de tareas de SharePoint.	SÍ	SÍ	SÍ
Refuerzo de la colaboración diaria: integra la nueva funcionalidad de las redes sociales para facilitar el debate, el uso compartido de la información y la capacidad del equipo de realizar su trabajo.	SÍ	SÍ	SÍ
Comunicación eficaz: permite mejorar la comunicación del equipo con la integración de Lync, SharePoint y Exchange.	SÍ	SÍ	SÍ
Decisión basada en datos: obtención de información más completa, orientación a la toma de mejores decisiones con los paneles de resumen y los informes de autoservicio de Excel.	SÍ	SÍ	SÍ
Aplicaciones de la Tienda Office o la Tienda SharePoint: ampliación y personalización de Project con aplicaciones que satisfagan sus necesidades empresariales	SÍ	SÍ	SÍ
Inclusión de todas las características de Project Pro para Office 365 o Project Professional 2013 (*)	-	SÍ	SÍ

(*) Project Professional 2013 se vende por separado.

Tabla 1.4. Prestaciones para administración de cartera de proyectos

Capítulo 2

INSTALACIÓN DE
MICROSOFT PROJECT 2013

2.1 MODALIDADES DE INSTALACIÓN. EJECUCIÓN DEL PROGRAMA DE INSTALACIÓN

Debido al nuevo concepto de soluciones Project 2013 existen diferentes opciones de configuración e instalación que suponen una gran novedad respecto de otras ediciones. Ello es debido a las nuevas modalidades de programa "*online*" que no requieren de instalación ya que el acceso se realiza desde la plataforma Office 365. En el caso de optar por una instalación convencional, se puede llevar a cabo desde un CD/DVD o mediante descarga directa desde la tienda de Office. Esta es la modalidad más común ya que habitualmente en la compra de este producto se proporciona simplemente un código de descarga para acceder a la Web. Para realizar la instalación de Microsoft Project 2013, se deben seguir los siguientes pasos:

- Iniciar Windows 7 o Windows 8.

- Insertar el CD/DVD en el lector de CD/DVD-ROM y automáticamente arrancará la aplicación. En el caso de que se haya optado por la descarga de la aplicación de instalación, ejecutar la aplicación descargada. Si no se tiene activo el arranque automático, abrir el explorador de Windows y hacer doble clic en el archivo *setup.exe*. En el caso de que se tenga instalada alguna versión anterior de Project aparecerá la ventana de la Figura 2.1. Existe la posibilidad de que la instalación se deba de llevar a cabo.

- En caso de que exista una instalación de una versión anterior de Project se podrá optar por pulsa *Actualizar*. En función de las necesidades del usuario se puede pulsar *Personalizar* para elegir qué modalidad de instalación se quiere llevar a cabo. Además se ofrece una modalidad de compra del paquete que permite la instalación de diferentes soluciones Office, tal y como se muestra en la Figura 2.2.

- En el caso de instalar el programa por primera vez, el proceso es más sencillo e intuitivo.

- En cualquier caso, es siempre muy recomendable pulsar la opción *Personalizar* para poder optimizar la instalación del programa. Se revisarán las opciones disponibles en las tres pestañas *Opciones de instalación*, *Ubicación de archivos* e *Información del usuario*.

- En la pestaña *Ubicación de archivos*, aparte de poder modificar el *path* o ruta de los archivos de configuración, se informa del espacio requerido para la instalación, así como del espacio disponible en disco duro. Comenzará de este modo la instalación, Figura 2.3. En el caso de que se esté instalando una versión Server se deberá proceder a la configuración de los productos de SharePoint, Figura 2.4.

Figura 2.1. Inicio de ejecución de la instalación

Figura 2.2. Selección del tipo de instalación

- Tras seleccionar los valores deseados en las tres pestañas se pulsará *Instalar ahora*, con lo que comenzará la instalación del programa, acción que tardará en realizarse varios minutos.

Figura 2.3. Instalación del software de Project 2013

Figura 2.4. Instalación del software de Project Server 2013

- Una vez instalado el programa, se creará un icono en el escritorio, donde, haciendo doble clic sobre él, arrancará el programa. Debido a la gran variación de interface experimentada con Windows 8 la presentación de los iconos y la ubicación de los mismos será muy diferente para el caso de Windows 8 o Windows 7. En el caso de Windows 7 otra opción para ejecutarlo es *Inicio* → *Todos los Programas* → *Microsoft Office* → *Microsoft Project 2013*.

- Seguidamente, se podrá acceder al registro del *software* y finalizará el proceso de instalación.

- En el caso de que se esté instalando una versión de Project Server se deberá configurar el producto en SharePoint. Para ello cuando inicie el asistente de configuración de SharePoint, debe ser configurado con las opciones que ya existen, pulsando dos veces *siguiente*. Cuando el asistente ha finalizado, utilice el botón de *Finalizar*, el que inicia la *Administración Central de SharePoint*. Cuando la *Administración Central* pregunta si se desea configurar el conjunto de servidores, seleccione *No, configurare todo por mi cuenta*. Desde la página principal de la *Administración Central de SharePoint*, vaya a *Administración de aplicaciones*, *Administrar servicios en el servidor* e *Inicie* el *Servicio de aplicación de Project Server*, Figura 2.5. Posteriormente se ha de regresar a *Administración de aplicaciones - Administrar aplicaciones de servicio* y utilizando el botón de *Nueva,* hacer clic sobre *Aplicación de servicio de Project Server*, Figura 2.6. A partir de este punto sólo sería necesario continuar el proyecto para configurar la nueva aplicación de servicio creada y comenzar a usarlo en SharePoint.

Servicio de administración de aplicaciones	Iniciado	Detener
Servicio de administración del trabajo	Iniciado	Detener
Servicio de almacenamiento seguro	Iniciado	Detener
Servicio de aplicación de Project Server	Detenido	Iniciar
Servicio de base de datos de Access 2010	Iniciado	Detener
Servicio de código de espacio aislado de Microsoft SharePoint Foundation	Detenido	Iniciar

Figura 2.5. Iniciación del Servicio de Aplicación de Project Server 2013

Figura 2.6. Aplicación del servicio de Project Server

2.2 REQUISITOS MÍNIMOS DEL SISTEMA

A continuación, se muestran las recomendaciones de Microsoft como requisitos de instalación de los distintos productos de la familia Project 2013[1].

Microsoft Project Standard 2013

La mayor novedad que presenta todo el paquete Office 2013 y Project Standard 2013 es que sólo es compatible con Windows 8, Windows 7, Windows Server 2008 R2 o Windows Server 2012. No funciona con Windows XP o Windows Vista. Los requisitos actualizados para cada uno de los productos de Project 2013 se pueden encontrar actualizados en la tienda *online* de Microsoft: *http://www.microsoftstore.com/*.

Procesador requerido	Procesador a 1 gigahercios (Ghz) o más rápido, x86 o x64 bits con conjunto de instrucciones SSE2.
Sistema operativo requerido	Windows 8, Windows 7, Windows Server 2008 R2 o Windows Server 2012
Memoria requerida	1 GB RAM (32 bits); 2 GB de RAM (64 bit).
Espacio libre requerido en disco duro	3.0 GB de espacio disponibles.
Requisitos de pantalla	Para poder usar la aceleración por *hardware* de gráficos se necesita una tarjeta gráfica compatible con DirectX 10 y una resolución 1024 x 576
Versión .NET requerida	3.5, 4.0 o 4.5
Multitáctil	Para utilizar la funcionalidad multitáctil es necesario contar con un dispositivo con pantalla táctil. Sin embargo, todas las características y funcionalidades siguen estando disponibles usando un teclado, ratón u otro dispositivo de entrada estándar o accesible. Ten en cuenta que las funciones táctiles se han optimizado para Windows 8.

---

[1] Estos requerimientos son los detallados por Microsoft en la fecha de publicación de este libro. Es posible que se produzcan ligeras variaciones sobre los mismos en las sucesivas actualizaciones que, previsiblemente, se vayan haciendo del programa.

Otros requisitos del sistema	Las funcionalidades pueden variar según la configuración del sistema. Para algunas características tal vez sea necesario contar con *hardware* adicional o avanzado, o conexión con el servidor.
	Nota: Los requisitos del sistema están redondeados al 0.5 GB más cercano, para ser conservadores en las estimaciones. Por ejemplo, si sabemos que el espacio en disco duro requerido de una aplicación es 1.99 GB, recomendamos 2.5 GB de espacio en disco. Los requisitos de sistema para el disco duro que indicamos son intencionadamente mayores que el uso real de espacio disco del *software*.
	Un procesador de gráficos ayuda a mejorar el rendimiento de ciertas características, como el diseño de tablas de Excel 2013 o transiciones, animaciones e integración de vídeo de PowerPoint 2013. Para el uso de un procesador de gráficos con Office 2013 se requiere un procesador de gráficos compatible con Microsoft DirectX 10, con 64 MB de memoria para vídeo. Estos procesadores ya estaban ampliamente disponibles en 2007. La mayoría de los PC actuales incluyen un procesador de gráficos que cumple o supera este estándar. No obstante, aunque no cuentes (o tus usuarios no cuenten) con un procesador de gráficos, podrás ejecutar Office 2013.

Tabla 2.1. Requisitos mínimos para Project Standard 2013

Microsoft Project Professional 2013

La mayor novedad que presenta todo el paquete Office 2013 y Project Professional 2013 es que sólo es compatible con Windows 8, Windows 7, Windows Server 2008 R2 o Windows Server 2012. No funciona con Windows XP o Windows Vista. Los requisitos actualizados para cada uno de los productos de Project 2013 se pueden encontrar actualizados en la tienda *online* de Microsoft: *http://www.microsoftstore.com/*.

Procesador requerido	Procesador a 1 gigahercios (Ghz) o más rápido, x86 o x64 bits con conjunto de instrucciones SSE2
Sistema operativo requerido	Windows 8, Windows 7, Windows Server 2008 R2 o Windows Server 2012
Memoria requerida	1 GB RAM (32 bits); 2 GB de RAM (64 bit)

Espacio libre requerido en disco duro	3.0 GB de espacio disponibles
Requisitos de pantalla	Para poder usar la aceleración por *hardware* de gráficos se necesita una tarjeta gráfica compatible con DirectX10, con una resolución de 1024 x 576
Versión .NET requerida	3.5, 4.0 o 4.5
Requisitos para el navegador	Microsoft Internet Explorer 8, 9 o 10; Mozilla Firefox 10.x o versión posterior; Apple Safari 5; o Google Chrome 17.x
Multitáctil	Para utilizar la funcionalidad multitáctil es necesario contar con un dispositivo con pantalla táctil. Sin embargo, todas las características y funcionalidades siguen estando disponibles usando un teclado, ratón u otro dispositivo de entrada estándar o accesible. Ten en cuenta que las funciones táctiles se han optimizado para Windows 8.
Otros requisitos del sistema	Las funcionalidades pueden variar según la configuración del sistema. Para algunas características tal vez sea necesario contar con *hardware* adicional o avanzado, o conexión con el servidor. Nota: Los requisitos del sistema están redondeados al 0.5 GB más cercano, para ser conservadores en las estimaciones. Por ejemplo, si sabemos que el espacio en disco duro requerido de una aplicación es 1.99 GB, recomendamos 2.5 GB de espacio en disco. Los requisitos de sistema para el disco duro que indicamos son intencionalmente mayores que el uso real de espacio disco del *software*. Un procesador de gráficos ayuda a mejorar el rendimiento de ciertas características, como el diseño de tablas de Excel 2013 o transiciones, animaciones e integración de vídeo de PowerPoint 2013. Para el uso de un procesador de gráficos con Office 2013 se requiere un procesador de gráficos compatible con Microsoft DirectX 10, con 64 MB de memoria para vídeo. Estos procesadores ya estaban ampliamente disponibles en 2007. La mayoría de los PC actuales incluyen un procesador de gráficos que cumple o supera este estándar. No obstante, aunque no cuentes (o tus usuarios no cuenten) con un procesador de gráficos, podrás ejecutar Office 2013.

Tabla 2.2. Requisitos mínimos Project Professional 2013

Microsoft Project Server 2013 y Project para Office 365

El desarrollo de los nuevos productos para uso online han supuesto un cambio absoluto en la filosofía de requisitos y estructura de servidores ya que además de que se puedan encontrar distribuidos, se ha producido una integración con la plataforma Office 365. Para conocer los requisitos en detalle debe visitar la web *http://technet.microsoft.com* donde encontrará información detallada para cada una de las versiones y posibles configuraciones.

Los diez mayores beneficios de Microsoft Project 2013 para la gestión de proyectos

Por último, y como cierre de este capítulo, constatar que Microsoft Project 2013 ofrece unas sólidas herramientas de administración de proyectos con la dosis adecuada de funcionalidad, potencial y flexibilidad, con el fin de administrar los proyectos con mayor eficacia y eficiencia. Permite mantenerse informado y controlar las finanzas, el programa y el trabajo del proyecto; mantener en sintonía a los equipos de proyectos y ser más productivo gracias a la integración con los programas familiares del sistema Microsoft Office, de las eficaces opciones de elaboración de informes, así como una planificación asistida con la ayuda de los asistentes y las plantillas.

Estos son los diez motivos principales para utilizar Microsoft Project 2013 como herramienta de gestión de proyectos.

1. **Administre y comprenda los programas de los proyectos efectivamente**. Defina expectativas reales con los equipos de proyecto, la administración y los clientes utilizando Microsoft Project 2013 para crear programas, asignar fuentes y administrar las finanzas. Entienda su programa gracias a características como *Controladores de tareas*, para hacer un seguimiento del origen de las incidencias; *Anulación de nivel múltiple*, para probar los escenarios; y *Cambiar resaltado*, para sombrear automáticamente las tareas afectadas por un cambio.

2. **Sea productivo rápidamente**. La nueva presentación del programa, con la **cinta de opciones** donde se encuentran lógicamente agrupados los diferentes comandos necesarios para completar las distintas tareas, permite identificar y manejar rápidamente los aspectos básicos de la administración del proyecto.

3. **Aproveche los datos existentes. Microsoft Project 2013** se integra sin problemas con otros programas del sistema Microsoft Office. Cree proyectos con unas pocas pulsaciones de teclas convirtiendo las listas de

tareas existentes en planes de proyecto con Microsoft Office Excel y Microsoft Office Outlook. Los recursos se pueden agregar desde el servicio de directorio de *Active Directory*, o bien desde una libreta de direcciones de Microsoft Exchange Server.

4. **Cree gráficos y diagramas de aspecto profesional**. Analice y elabore informes de datos de Project en informes y gráficos profesionales utilizando la función *Informes visuales*, que genera plantillas para diagramas de Office Visio Professional y gráficos de Office Excel basándose en datos del proyecto. También se pueden compartir con otros las plantillas que cree, o bien puede escoger de una lista de plantillas de informe personalizables y listas para utilizar.

5. **Comunique la información efectivamente**. Presente fácilmente la información en varios formatos, dependiendo de las necesidades de los demás participantes. Puede dar formato e imprimir programas de una página u otros informes. Exporte sin problemas datos de Project 2013 a Microsoft Office Word para crear documentos formales, a Office Excel para crear gráficos u hojas de cálculo personalizadas, a Microsoft Office PowerPoint para crear presentaciones nítidas, o bien a Office Visio para crear diagramas.

6. **Obtenga un mayor control de los recursos y las finanzas**. Con Microsoft Project 2013, puede asignar recursos a tareas y ajustar su asignación para resolver conflictos relacionados con ubicaciones. Controle las finanzas mediante el seguimiento de presupuestos, que le permite asignar presupuestos a programas y proyectos. Mejore sus estimaciones de coste con *Recursos de coste* y nuevos campos de finanzas, que se asignan fácilmente a la contabilidad del proyecto y los sistemas de finanzas.

7. **Acceda rápidamente a la información que necesita**. Puede agrupar datos de Project por cualquier campo personalizado o predeterminado. Esto le ahorrará tiempo consolidando los datos para que usted pueda ubicar y analizar rápidamente la información específica. Identifique con facilidad los cambios entre las diferentes versiones de un proyecto (y haciendo un seguimiento de los cambios de ámbito y programa).

8. **Realice un seguimiento de los proyectos según sus necesidades**. Un gran conjunto de indicadores personalizables le ayudan a realizar un seguimiento de los datos (porcentaje completo, presupuesto frente a real, valor acumulado, etc.) importantes para sus necesidades. Puede realizar un seguimiento del estado de los proyectos y su vida guardando instantáneas en hasta 11 líneas de base.

9. **Personalice Microsoft Project 2013 según sus necesidades**. Adapte Microsoft Project 2013 a su proyecto específico. Elija los campos de vista personalizada que se integren con su programa del proyecto. Modifique barras de herramientas, fórmulas, indicadores gráficos e informes. Aproveche los complementos XML, Microsoft Visual Basic para Aplicaciones (VBA) y Modelo de objetos componentes para compartir datos y crear soluciones personalizadas de un modo más sencillo.

10. **Obtenga ayuda de Microsoft Project 2013 cuando la necesite**. Microsoft Project 2013 proporciona una completa ayuda a los usuarios, ya sean nuevos o experimentados. Además, Microsoft Project 2013 incluye un sólido motor de ayuda, etiquetas inteligentes y asistentes. Así mismo, aún está más mejorado gracias al acceso en línea (requiere conexión a Internet) y a los cursos de formación, plantillas, artículos, etc.

Capítulo 3

INTRODUCCIÓN A LA GESTIÓN DE LOS PROYECTOS

Antes de comenzar un proyecto, es necesario **definir el objetivo del proyecto**, y luego **determinar las tareas** que se necesitan realizar para alcanzar ese objetivo. Una vez definido el objetivo del proyecto y determinadas las tareas, el siguiente paso es identificar quién se encargará y cuándo comenzará cada una de ellas, así como cuánto se va a tardar en realizarlas. La gestión de un proyecto conlleva el empleo de diferentes actividades de gestión y coordinación. Una vez que el proyecto está en marcha, resulta adecuado seguir el progreso de cada tarea. Usando Microsoft Project 2013 se puede guardar, almacenar información sobre el proyecto y mantenerla actualizada; incluso crear escenarios de análisis de hipótesis, para anticiparse a los efectos de los acontecimientos en su proyecto.

3.1 ¿QUÉ ES UN PROYECTO?

Un **proyecto** es una secuencia bien definida de eventos con un principio y un final identificados, que se centra en alcanzar un objetivo claro. La responsabilidad del director del proyecto es llevarlo hasta la meta basándose en unos parámetros establecidos tales como tiempo, coste y recursos; manteniendo siempre, el nivel de calidad especificado. Un proyecto se diferencia de un proceso, en que siempre hay un punto en el que un proyecto se termina y se ha alcanzado el objetivo.

3.1.1 Fijación de los objetivos del proyecto

Antes de comenzar un proyecto, hay que empezar por determinar su objetivo. Hay que ser tan específico como se pueda, incluyendo información tal como fechas, números y elementos. Un objetivo específico clarifica el ámbito del proyecto, las personas afectadas y el período de tiempo. Esto facilita la planificación del proyecto, ya que se tienen más directrices sobre las que basar las decisiones.

3.1.2 Evaluar un proyecto y definir un objetivo

Se deben completar los siguientes pasos, tanto en un proyecto que se está gestionando actualmente como en uno en el que se está preparando su gestión. Si actualmente no hay ningún proyecto en mente, se podrá usar "planificación de unas vacaciones" como un ejemplo de proyecto.

1. Considerar la complejidad de su proyecto: ¿requerirá el proyecto una meticulosa planificación?, ¿cuántas personas requiere la realización del proyecto?

2. Escribir los parámetros o restricciones dentro de los que se deberá trabajar para llevar a cabo con éxito el proyecto.

3. Definir el objetivo del proyecto.

3.1.3 Descripción de la función del director de proyecto

Sea cual fuere la responsabilidad que se tenga o el puesto de trabajo que se ocupe, será útil utilizar técnicas de gestión de proyectos para alcanzar con éxito los objetivos.

El director de proyecto es la columna vertebral de una larga red de información, ya que se encarga de coordinar, supervisar, estimar, planificar y evaluar el proyecto, tal como se muestra en la Figura 3.1 El trabajo del director de proyecto es conducir a éste hacia un final con éxito.

Figura 3.1. Recursos del proyecto

Las principales responsabilidades del director de proyecto son la coordinación, recopilación y distribución de la información del proyecto. Durante las etapas iniciales del proyecto, el director trabaja con la plantilla y la directiva para definir los objetivos y prioridades del proyecto para después definir el camino hacia dicho objetivo. Una vez que el proyecto está en marcha, su director supervisa el progreso, evaluando el impacto de las variaciones de la planificación, y mantiene un plan viable del mismo.

Una vez alcanzado el objetivo, el director de proyecto hace una evaluación del mismo, para que la organización pueda seguir planificando proyectos efectivos en el futuro.

3.2 DESARROLLO DE LAS PARTES DE UN PROYECTO

Una vez definido el proyecto, el próximo trabajo es decidir cómo y cuándo se alcanzará ese objetivo.

Todo proyecto de un tamaño considerable se puede dividir en una serie de elementos bien definidos. Cada uno de ellos requerirá un cierto tiempo de estudio, análisis y dedicación para llevar el proyecto a buen término.

Un proyecto típico se compone de las siguientes partes o elementos:

- Tareas.
- Hitos.
- Recursos.

3.2.1 Definición de las tareas del proyecto

Las **tareas**, también llamadas pasos, se requieren para completar un proyecto y definen el ámbito del objetivo del mismo. La identificación de las tareas es un paso importante en la planificación de un proyecto. Teniendo presente el objetivo, se comienza por identificar los elementos o fases principales de éste. Una vez identificados, se comienza a descomponer cada elemento o fase.

Al identificar las tareas, se deben organizar en una jerarquía o esquema, también llamado *Estructura de Descomposición del Trabajo*, EDT (en inglés, *Work Breakdown Structure*, WBS). La EDT lista las tareas a realizar en una secuencia determinada por la naturaleza del proyecto. Algunas tareas se suceden de forma secuencial, mientras que otras se pueden realizar simultáneamente.

El tiempo necesario para realizar una tarea es su duración. Al crear la lista de tareas, también hay que identificar las duraciones de éstas.

El plan del proyecto es la lista de tareas y el tiempo necesario para la realización de cada una de ellas. El plan dice cuándo está programado que empiece y acabe cada tarea, así como cuánto tiempo va a emplear.

3.2.2 Identificación de los hitos del proyecto

Un **hito** representa un evento o condición que marca la finalización de un grupo de tareas relacionadas o la finalización de una fase del proyecto. Los hitos ayudan a organizar las tareas en grupos lógicos o secuencias, y se pueden usar para seguir el progreso del proyecto. Al completar un grupo de tareas, se alcanza un hito del proyecto. Cuando se hayan alcanzado todos los hitos del proyecto, el proyecto estará terminado.

En la gestión de un proyecto, los hitos suelen tener una duración cero, ya que un hito marca un punto específico del plan que designa la finalización de una fase del proyecto.

3.2.2.1 DEFINICIÓN DE LAS TAREAS Y LOS HITOS

La identificación de las tareas del propio proyecto es una parte importante en el proceso de planificación. Una buena norma a seguir consiste en identificar las tareas clave y los hitos incluso antes de comenzar a introducir la información. Para ello, se deben tener presentes los siguientes puntos:

1. Listar varias tareas importantes de su proyecto.

2. Determinar qué tareas dependen de otras: ¿pueden llevarse a cabo simultáneamente algunas de ellas?; ¿ocurren regularmente algunas durante el proyecto?; ¿hay alguna restricción, tal como fechas específicas en las que una tarea deba comenzar o finalizar?

3. Considerar si las tareas están o no relacionadas en algún sentido: ¿representan partes del mismo proceso o bien completan una fase del proyecto?

4. Identificar los puntos del proyecto que representan los hitos.

3.2.3 Evaluación de los recursos del proyecto

Para llevar a cabo una tarea, se necesitan recursos. Los recursos pueden incluir personas, equipos o instalaciones especiales necesarios para realizar la tarea, pero los recursos no suelen estar disponibles 24 horas al día, siete días a la semana y, a menudo, se necesitará considerar su disponibilidad.

Hay que asegurarse de tener en cuenta estas variables, tales como períodos de vacaciones, duración de la jornada laboral y acceso a edificios o equipos.

3.2.3.1 IDENTIFICACIÓN DE RECURSOS

Para identificar los recursos del proyecto, se deben tener en cuenta los siguientes pasos:

1. Identificar las personas o grupos necesarios para realizar las tareas.

2. Identificar el equipamiento necesario para realizar cada tarea.

3. Identificar las instalaciones o locales necesarios para realizar las tareas.

3.2.4 Refinamiento del plan del proyecto

Posteriormente, se necesita refinar el plan y completar cualquier información que falte. Hay otra información sobre los recursos y tareas del proyecto que también forma parte del plan del mismo.

3.3 CÓMO PUEDE AYUDAR EL PROGRAMA

Con Microsoft Project 2013 es fácil crear y modificar un grupo de tareas para realizar los objetivos. El *software* de gestión de proyectos es una herramienta imprescindible para el establecimiento de un plan de proyecto inicial. Además, Microsoft Project recalcula rápidamente los planes y permite ver cómo los cambios en una parte del proyecto pueden afectar al plan en conjunto.

3.3.1 Identificación de las fases del proyecto

Un proyecto se gestiona en fases que progresan a medida que avanza el mismo. Antes de comenzar la primera tarea del proyecto, se crea una programación del mismo. Una vez que el proyecto está en marcha, se pueden gestionar las tareas a medida que se vayan realizando y efectuar ajustes en la programación.

La lista siguiente identifica las fases del proyecto y describe cómo se puede usar Microsoft Project 2013 en su implementación:

- **Crear un plan realista del proyecto**: cuando se establezcan por primera vez las tareas, registros y recursos de un proyecto, Microsoft Project 2013 ayuda ofreciendo *Asistentes de Planificación*, los cuales mantienen un registro de las decisiones que se tomen.

- **Gestionar el proyecto y ajustarse a los cambios**: gestionar un proyecto implica un seguimiento del estado de las tareas y la determinación de si éstas están realizándose como se planearon. Si alguna tarea se retrasa, se necesitará determinar si será factible alcanzar su objetivo y si es necesario un ajuste del plan. Además, siempre se debe contar con lo inesperado en un proyecto.

- **Comunicación de los resultados y del progreso**: generalmente un proyecto implica a más de una persona. Para que todos puedan trabajar efectivamente, es importante comunicar las planificaciones y expectativas del proyecto.

- **Evaluar el rendimiento del proyecto una vez finalizado**: a medida que progresa un proyecto, Microsoft Project 2013 recopila y almacena toda la información relativa a tareas, recursos y costes. Al final del proyecto, esta información puede ser utilizada para evaluar la efectividad del plan original y hacer recomendaciones sobre cómo mejorar la planificación y el desarrollo en proyectos futuros.

Las fases de un proyecto y el momento en el que ocurren se muestran en la Figura 3.2:

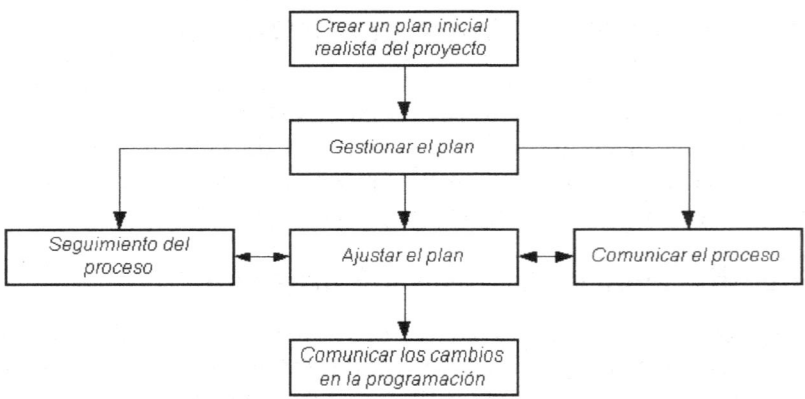

Figura 3.2. Fases de un proyecto

3.4 USO DE HERRAMIENTAS DE GESTIÓN DE PROYECTOS

Hay dos herramientas básicas que ayudan a conseguir las respuestas requeridas durante el desarrollo del proyecto: el *Diagrama de Gantt*, que indica cuándo están programadas las tareas, y el *Diagrama de Red*, que ayuda a comprender las relaciones entre tareas. A medida que la necesidad de información va cambiando en el curso de un proyecto, es probable que se utilicen diferentes herramientas adicionales.

3.4.1 Uso del Diagrama de Gantt

Una de las herramientas más familiares para la visualización del progreso en un proyecto es el *Diagrama de Gantt*, donde cada tarea es representada como una barra horizontal. Las barras del *Diagrama de Gantt*, también conocidas como barras de tareas, están situadas a lo largo de un período de tiempo llamado *escala temporal*, mostrado en la parte superior del diagrama (Figura 3.3).

La longitud de una barra de *Gantt* individual representa la duración de una tarea o el período de tiempo que conlleva completar dicha tarea. Como herramienta básica en la gestión de proyectos, el *Diagrama de Gantt* es excelente para evaluar rápidamente el estado de tareas individuales en un proyecto.

Las líneas que conectan barras individuales en un *Diagrama de Gantt* reflejan las relaciones entre tareas, por ejemplo, cuando una tarea no puede empezar hasta que otra haya terminado.

El nombre del recurso asignado a una tarea también aparece en el *Diagrama de Gantt*.

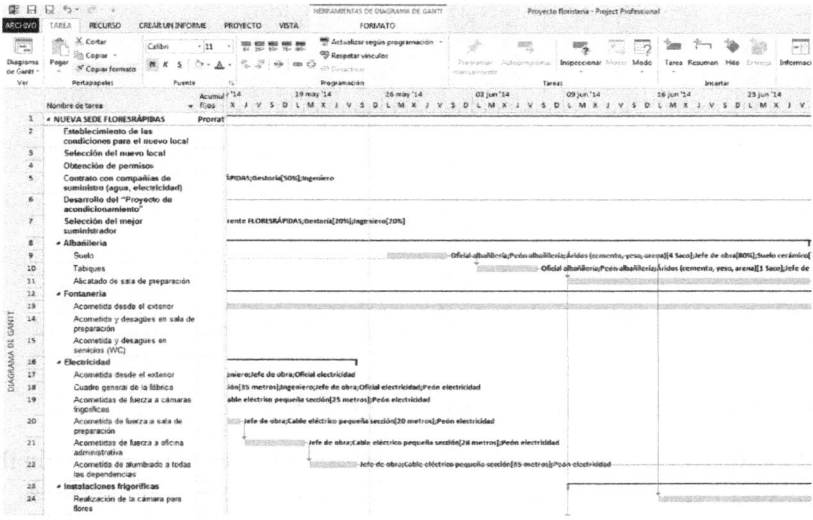

Figura 3.3 Ejemplo de Diagrama de Gantt en Project 2013

3.4.2 Uso del Diagrama de Red (PERT)

Cuando es más importante centrarse en las relaciones entre las tareas de un proyecto que en el plan en sí, el *Diagrama de Red* (a veces denominado *Diagrama PERT*) puede ser más ilustrativo que el *Diagrama de Gantt*.

El *Diagrama de Red*, que se muestra en la Figura 3.4, muestra las interdependencias entre tareas. En un *Diagrama de Red* cada tarea está representada por un recuadro, llamado nodo, que contiene información básica sobre la tarea. Las tareas que dependen de otra para ser completadas o simplemente, siguen a otra en una secuencia de eventos, y aparecen conectadas por líneas.

El *Diagrama de Red* ofrece una representación gráfica de cómo se encuentran enlazadas entre sí las tareas del proyecto.

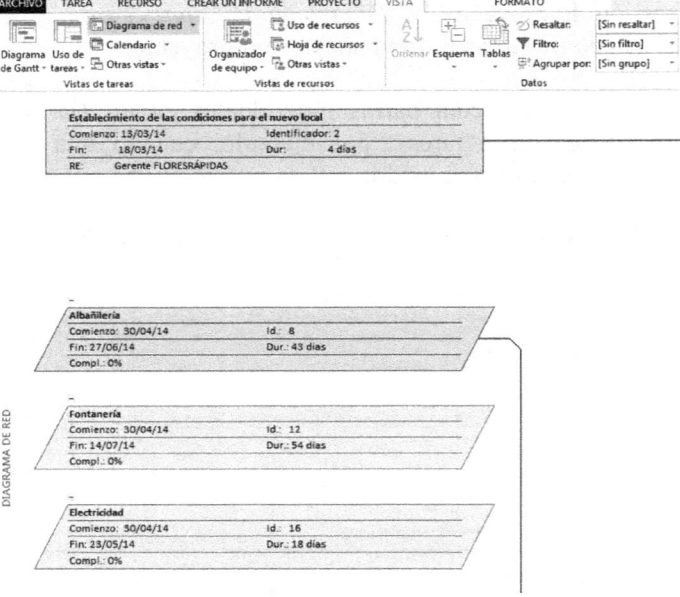

Figura 3.4. Ejemplo de Diagrama de Red en Project 2013

3.4.3 Conocimiento de las tareas críticas

Una **tarea crítica** es la que, si se retrasa, hará que se retrase la finalización del proyecto. El **camino crítico** está compuesto por todas las tareas críticas.

Los cambios en las tareas que pertenezcan al camino crítico provocarán un cambio en la fecha de finalización del proyecto. Con Microsoft Project 2013 se puede determinar rápidamente el camino crítico, de modo que permita centrarse en aquellas tareas que necesiten una atención más directa. El conocimiento de las tareas que son críticas también ayuda a asignar prioridades, a asignar eficazmente los recursos y a determinar el efecto de posibles cambios en el proyecto.

Capítulo 4

COMIENZO DE UN PROYECTO PASO A PASO

En este capítulo se describen, paso a paso, las distintas tareas que se deben llevar a cabo en el desarrollo de un proyecto.

4.1 REALIZACIÓN DE TAREAS EN EL ORDEN Y MOMENTO ADECUADOS

Cuando se cree el plan de proyecto, resultará fácil llevar a cabo el primer paso: escribir una lista de tareas en el orden en el que se desee que se realice. Sin embargo, si no procede con el segundo paso, el programa no realizará una tarea detrás de otra. En realidad, si se detiene en este paso, todas las tareas tendrán la misma fecha de comienzo.

4.1.1 El poder de la vinculación

Para que Microsoft Project 2013 comience cada tarea en el momento adecuado, se han de vincular las tareas en función de sus dependencias de comienzo y de fin.

Por ejemplo, el personal encargado de la exposición de relojes colgará los relojes solo después de haber pintado las paredes. La tarea de *colgar relojes* está vinculada con la de *pintar las paredes*, puesto que la fecha de comienzo de la primera únicamente puede suceder después de la fecha de fin de la segunda, como se muestra en la Figura 4.1.

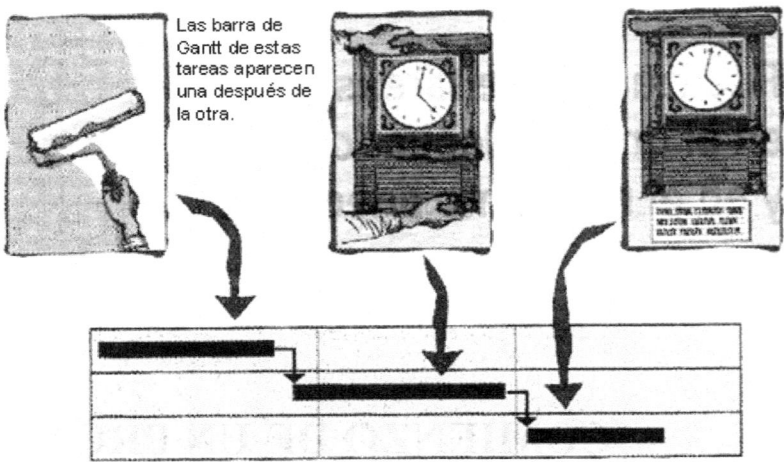

Figura 4.1. Vinculación de tareas

Una vez que estas tareas estén vinculadas, Microsoft Project 2013 programará siempre la fecha de comienzo de colgar relojes en relación con la fecha de fin de pintar las paredes, independientemente de que estas tareas sucedan o no. De esta forma, se evita que se asocien (quizás de manera poco realista) a una fecha específica.

Por ejemplo, si la fecha de fin original para pintar las paredes es el 3 de febrero, la fecha de comienzo para colgar los relojes será considerada a partir del 3 de febrero, es decir, el 3 de febrero o después. Sin embargo, si la tarea de *pintar las paredes* se retrasa cinco días, Microsoft Project 2013 automáticamente asigna a la tarea de *colgar los relojes* una nueva fecha de comienzo, que será el 8 de febrero o después, como se muestra en la Figura 4.2.

La función de vinculación presenta dos opciones:

- Se puede dejar que Microsoft Project 2013 calcule todas las fechas: las de comienzo y de fin de las tareas, así como la de fin del proyecto. No habrá que preocuparse de que los relojes se cuelguen antes de que se pinten las paredes porque la vinculación mantiene el orden adecuado de tareas cuando se producen cambios en la programación.

- Se puede ver instantáneamente cómo los cambios en el comienzo, el fin y la duración de una tarea afectan a las tareas relacionadas y a la programación en general.

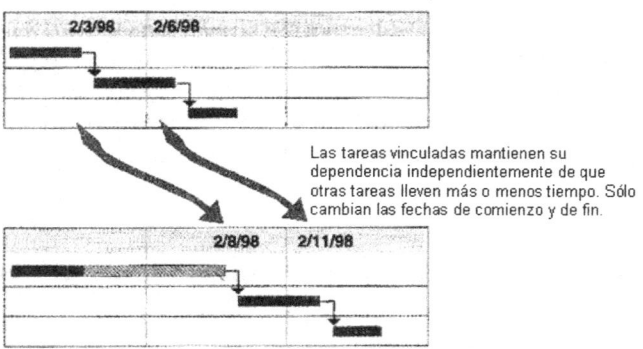

Figura 4.2. Cambio de fechas de comienzo y fin

Cuando sea necesario, se podrá ejercer un control incluso más exhaustivo especificando las superposiciones y los desajustes temporales que haya entre las tareas. La superposición entre dos tareas se denomina **tiempo de adelanto**. El desajuste temporal o retraso entre tareas se denomina **tiempo de posposición**. Microsoft Project 2013 permite agregar tiempo de adelanto o de posposición entre dos tareas vinculadas.

4.1.2 Determinar la mejor secuencia para las tareas

Antes de vincular las tareas, es necesario determinar la secuencia de las mismas. Concretamente, se tendrá que decidir cómo afecta el comienzo o el fin de una tarea al comienzo o al fin de otra. Para poder determinar correctamente la mejor secuencia, se contestarán las preguntas siguientes para cada tarea:

- ¿Depende la fecha de comienzo o de fin de una tarea de la fecha de comienzo o de fin de otra? No todas las tareas dependen de otras. Por ejemplo, los cristales de la galería se pueden limpiar en cualquier momento antes de que se abra la exposición de relojes al público, sin tener que esperar a que otra tarea comience o finalice. No se vincularán las tareas que no dependan de otras.

- Simplemente se especifica una fecha de comienzo o de fin. ¿De qué otras tareas depende esta tarea? Una de las dependencias más comunes entre tareas es que una deba finalizar antes de que otra pueda comenzar. Por ejemplo, la tarea de *pintar las paredes* de la galería depende del momento en el que se construyan dichas paredes.

- ¿Qué tareas dependen de esta tarea?, ¿qué otras tareas deben esperar a que comience o acabe ésta para poder comenzar? La fecha de comienzo de colgar los relojes depende del momento en el que se terminen de pintar las paredes.

Una tarea que deba comenzar o finalizar antes de que otra pueda comenzar se denomina **tarea predecesora**. *Pintar las paredes* es la tarea predecesora de colgar los relojes. Construir las paredes no lo será de colgar los relojes, pero sí de pintar las paredes. Una tarea que dependa del comienzo o del fin de una tarea precedente se denomina **tarea sucesora**. *Colgar los relojes* es la **tarea sucesora** de *pintar las paredes*.

4.1.3 ¿Cuál es la vinculación entre tareas más adecuada?

Las tareas de un proyecto pueden depender unas de otras de diferentes maneras. Probablemente, se observa que en la mayoría de los casos, una tarea debe finalizar antes de que otra comience. Sin embargo, éste es solo uno de los tipos de dependencia entre tareas. En otros tipos de dependencias, es posible que dos tareas comiencen a la vez. Por ejemplo, si el personal del museo ya conoce el lugar en el que se van a colgar los relojes, podrá comenzar a adjuntar etiquetas descriptivas debajo de cada espacio destinado al reloj a medida que los cuelgan.

4.1.4 Superponer o retrasar tareas

En ocasiones, las vinculaciones entre tareas no muestran con precisión el comienzo real de las mismas. Por ejemplo, en el proyecto de la exposición de relojes, pintar las paredes precede a la tarea de *colgar los relojes*, por lo que estas tareas tienen una vinculación de fin a comienzo. La programación muestra que los relojes se colgarán inmediatamente después de que el pintor termine de pintar; sin embargo, esto supondría que la pintura no se ha secado todavía.

Para definir con precisión las vinculaciones entre tareas y garantizar el éxito en la exposición, se puede utilizar el tiempo de posposición y el tiempo de adelanto. Si se utiliza el tiempo de posposición, se podrá especificar un período de espera o retraso entre el final de una tarea predecesora y el comienzo de una sucesora. Para evitar que el personal del museo tenga que utilizar una palanca para despegar los relojes de la pintura seca, el encargado de la exposición deberá agregar un tiempo de posposición entre pintar las paredes y colgar los relojes, como se muestra en la Figura 4.3.

El tiempo de adelanto permite superponer dos tareas de modo que una tarea sucesora comience antes de que termine una tarea predecesora. El encargado de la exposición podrá entonces asignar una persona para que empiece a colgar etiquetas justo después de colgar el primer reloj, como se muestra en la Figura 4.4.

Una vez que se hayan escrito las tareas y se hayan asignado las dependencias entre ellas, se analizará la programación y se buscarán casos en los que se puedan aplicar posposiciones o adelantos. Mediante el uso de estas posposiciones y adelantos se podrá precisar aún más la programación y reducir, también, su duración.

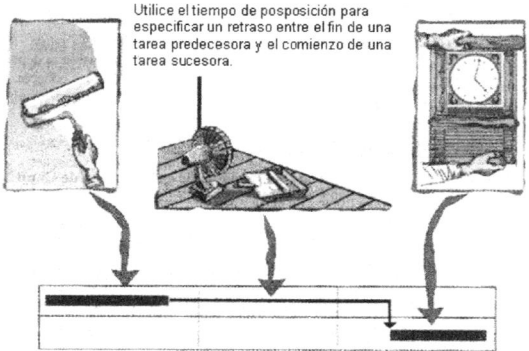

Figura 4.3. Uso del tiempo de posposición

El tiempo de posposición o adelanto se expresa en unidades de tiempo o como un porcentaje de la duración de la tarea predecesora. Por ejemplo, la pintura de las paredes deberá estar seca un día antes de colgar los relojes. Por ello, el encargado de la exposición deberá especificar un día de posposición entre pintar las paredes y colgar los relojes, o bien, si el electricista puede empezar el cableado de los marcos del reloj cuando la mitad de los marcos estén instalados, la tarea *Instalar y colocar las luces de los marcos* podrá comenzar cuando la tarea *Instalar los marcos de madera y cristal* esté terminada al 50%, independientemente de la duración de la tarea predecesora.

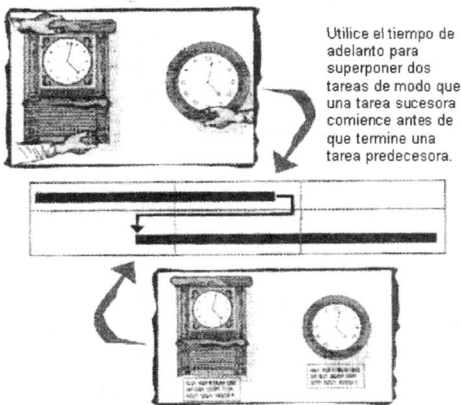

Figura 4.4. Uso del tiempo de adelanto

4.2 ASOCIACIÓN DE TAREAS A FECHAS ESPECÍFICAS

Algunas veces, una tarea debe comenzar o finalizar en una fecha específica para que el proyecto se complete con éxito. Por ejemplo, el encargado de la exposición de relojes sabe que el personal del museo no va a estar disponible para pintar las paredes de la galería hasta el 28 de enero; por tanto, especifica que la acción de pintar no va a comenzar antes de esa fecha. De este modo, el encargado habrá cambiado la restricción, asociada a una fecha específica, a la tarea de *pintar*.

4.3 RECOPILACIÓN DE RECURSOS Y ESPECIFICACIÓN DE PERÍODOS LABORABLES

Con Microsoft Project 2013 se puede crear un plan de proyecto funcional que facilite el seguimiento de las tareas y de las fechas sin tener que asignar recursos al plan. Sin embargo, si se agregan recursos, se podrá obtener todo el provecho de Microsoft Project 2013; por ejemplo, se podrán asignar recursos a las tareas, distribuir el trabajo uniformemente y realizar un seguimiento de los costes de los recursos.

Se podrá utilizar Microsoft Project 2013 para crear una lista de recursos que contenga los nombres de aquellos que se encuentren disponibles para el proyecto. La lista deberá incluir recursos suficientes en número y en conocimientos para que sea posible cumplir los objetivos del proyecto. Aunque los recursos normalmente los constituyen las personas que trabajan en la realización de las tareas, un recurso también puede ser un equipo, un grupo de personas con conocimientos similares (como un departamento) o incluso una sala de conferencias vacía. Para establecer los días y las horas laborables y no laborables de todos los recursos, se especifica un calendario del proyecto que muestra los días y las horas laborables de todo el plan. Un calendario de proyecto es solo uno de los tipos de calendario laboral. También es posible especificar un calendario base para cada grupo de recursos, es decir, para varios trabajadores de un turno, así como un calendario de recursos para cada recurso individual. Microsoft Project 2013 utiliza los calendarios laborales para programar las tareas.

4.3.1 Crear la lista de recursos del proyecto

Algunas tareas pueden necesitar más de un recurso. Por ejemplo, supóngase que se necesitan cinco pintores para pintar las paredes de una galería de un museo. Lo más probable es que los cinco trabajen en la misma tarea o en tareas estrechamente relacionadas. Por tanto, no tiene sentido asignar los pintores uno por uno y realizar un seguimiento de su trabajo por separado. Para facilitar el proceso de asignar y controlar el trabajo de los recursos que trabajen juntos en el mismo tipo de tareas, se pueden crear conjuntos de recursos, cada uno de ellos con su propio nombre, como se muestra en la Figura 4.5.

Puede Administrar y controlar los recursos de forma más sencilla si agrupa los recursos con conocimientos relacionados.

Figura 4.5. Agrupación de recursos en conjuntos

4.4 EJEMPLO DE LOS PRIMEROS PASOS EN LA GESTIÓN DE UN PROYECTO CON PROJECT 2013

Fácilmente se puede llevar a la práctica el ejemplo desarrollado anteriormente utilizando las herramientas básicas del programa Microsoft Project 2013. Como ya se ha dicho, todas las tareas han de empezar en su justo momento, y para ello han de vincularse teniendo en cuenta las diferentes dependencias de comienzo y de fin.

Cuando se prepara inicialmente una lista de tareas, éstas se colocan una tras otra y la única consideración a tener en cuenta es el orden aproximado en el que deben llevarse a cabo. Basándose en esta información, las tareas son programadas para comenzar al mismo tiempo y terminar en función de la duración de cada tarea individual. En realidad, una programación de proyecto es algo más que una lista de tareas aisladas. Cada tarea depende de una o más tareas para poder determinar cuándo debe comenzar y terminar.

Algunas tareas no pueden comenzar hasta que termine otra, como se muestra en la Figura 4.6, mientras que otras pueden realizarse de forma simultánea.

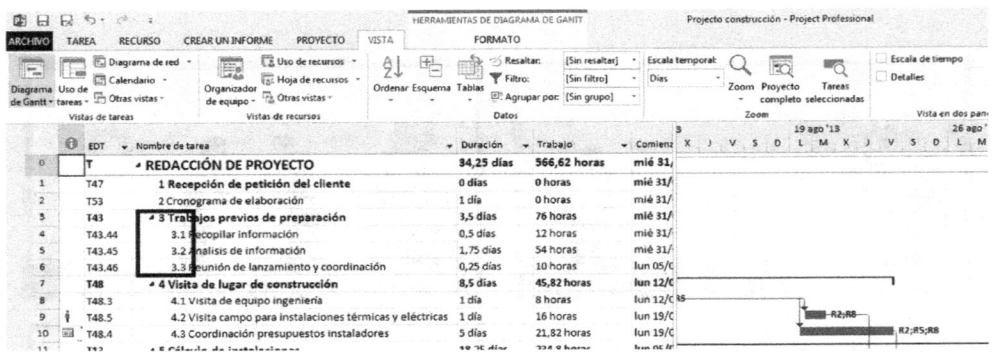

Figura 4.6. Vinculación de varias tareas consecutivas

Por ello, habrá que sopesar si se verán afectadas unas tareas en función del comienzo o fin de ella, con respecto al comienzo o fin de otra (Figura 4.7).

Como se puede apreciar en la Figura 4.6 y en la Figura 4.7, comenzar a trabajar con el programa no es una tarea complicada. Partiendo de unas ideas bien claras, paso a paso se van añadiendo tareas con su tiempo de duración, vinculaciones y dependencias.

Para realizar las vinculaciones con precisión, se pueden utilizar los tiempos de posposición y adelanto, con el fin de especificar un período de espera o adelanto entre el final de una tarea predecesora y el comienzo de una sucesora (Figura 4.7). En Project 2013 existe la posibilidad, de gran utilidad, de poder modificar varios vínculos de tareas. Existen tareas que tienen varias dependencias; por ejemplo puede ser que no se comience una tarea sucesora hasta que no hayan finalizado dos o más tareas predecesoras. Puede cambiar o eliminar cualquiera de esos vínculos en el cuadro de diálogo *Información de la tarea*. Para ello haga clic en Vista, *Diagrama de Gantt*, doble clic en el campo *Nombre de la tarea* para la tarea que desea cambiar. Una vez dentro haga clic en la pestaña *Predecesoras*, posteriormente podrá elegir el tipo de vínculo como se muestra en la Figura 4.7. En caso de que se desee, es posible ocultar los vínculos de las tareas para mostrar un *Diagrama de Gantt* más claro. Para ello acceda la ficha *Vista*, *Diagrama de Gantt*, *Formato* y posteriormente *Diseño*. En la sección *Vínculos* se escoge la opción que se desee, Figura 4.8.

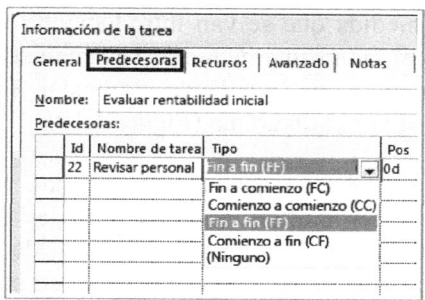

Figura 4.7. Aplicación del tiempo de posposición

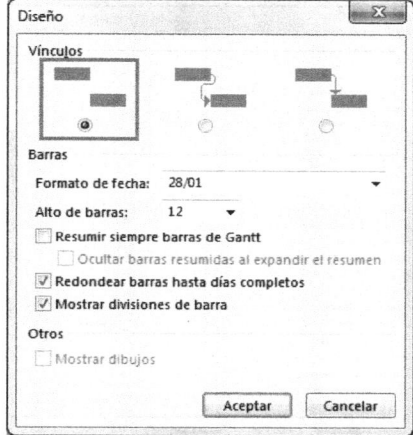

Figura 4.8. Diversas opciones para mostrar la información de vínculos

Con la multitud de opciones que ofrece el programa, se puede observar, por ejemplo, una vista muy común en el desarrollo de un proyecto, el *Diagrama de Red*, cuyo ejemplo se muestra en la Figura 4.9. Las tareas quedan vinculadas, enmarcadas con su nombre, duración, comienzo y final.

Figura 4.9. Seguimiento de las tareas con la vista del Diagrama de Red

Poco a poco, a medida que se van introduciendo tareas en la columna de tareas, se observa cómo el *Diagrama de Gantt* va señalándolas con sus duraciones y vinculaciones correspondientes, quedando dibujadas en función de la escala temporal con que se desee ver el diagrama (Figura 4.10).

Así de fácil resulta dar los primeros pasos con Microsoft Project 2013, herramienta capaz de ofrecer multitud de posibilidades que permiten cubrir las necesidades que necesite el proyecto en sí en función de su complejidad. En los siguientes capítulos se irá describiendo cómo realizar un proyecto haciendo uso de la última y más potente herramienta informática del mercado, Microsoft Project 2013.

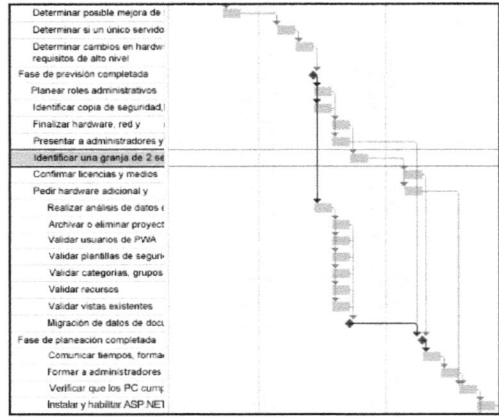

Figura 4.10. Visualización de las tareas en la escala temporal

4.5 GUÍA RÁPIDA PARA CREACIÓN DE PROYECTOS CON PROJECT 2013

Project 2013 incluye un flujograma de trabajo muy sencillo para crear y gestionar proyectos. En este libro se aborda de forma detallada cómo llevarlo a cabo, pero para facilitar el trabajo se incluye en este apartado una guía rápida para creación de proyectos con Project 2013.

- **Asegurarse de que tiene un proyecto**: asegúrese de que sus ideas son un proyecto real. Un proyecto tiene tres características.

- **Es temporal y único**: el diseño de una fábrica de automóviles es un proyecto porque es una actividad puntual. La fabricación de automóviles en la fábrica es una serie de actividades repetitivas y, por lo tanto, no es un proyecto.

- **Tiene entregas claramente definidas**: las entregas permiten centrar la atención y establecer fines en el proyecto. Los participantes no sentirán que sus esfuerzos en el proyecto valen la pena si las entregas no están definidas claramente.

- **Tiene un principio y un final**: Sin una fecha final para el proyecto los participantes y los inversores no disfrutarán de los resultados y las ventajas del proyecto que su inversión ha hecho posible.

A continuación se muestran algunos ejemplos para ayudarle a decidir si tiene un proyecto, Tabla 4.1.

Actividades que no son proyectos	Proyectos definidos claramente
Fabricación de automóviles	<ul><li>Proyecto para actualizar una fábrica para incrementar la eficiencia.</li><li>Proyecto para ubicar la planta de mantenimiento más cerca de las instalaciones de la fábrica.</li></ul>
Reducir el riesgo de competencia	<ul><li>Proyecto para reemplazar *software* de seguridad.</li><li>Proyecto para contratar especialistas en riesgos del sector relacionado.</li></ul>

Tabla 4.1. Qué es un proyecto

- **Identificar las restricciones del proyecto**: las restricciones son factores que limitan las opciones del administrador de proyectos a la hora de diseñar y administrar un proyecto. La mayoría de proyectos tienen tres restricciones.

- **Período de tiempo limitado**: las fechas de finalización para las entregas principales normalmente fijan la duración general del proyecto.

- **Personas y otros recursos limitados**: los administradores de proyectos normalmente cuentan con un número limitado de personas para realizar el trabajo de un proyecto, o con un presupuesto limitado.

- **Ámbito reducido**: un proyecto se ve normalmente restringido por cuánto puede lograr el equipo. Si el proyecto tiene demasiadas entregas o características, es posible que no haya tiempo suficiente en la programación para hacerlo todo.

Al cambiar una restricción, normalmente tiene un efecto sobre las otras dos y puede afectar a la calidad general. Por ejemplo, si se reduce la duración del proyecto, el administrador del proyecto se ve forzado a tomar decisiones acerca del número de trabajadores necesarios para finalizar las entregas del proyecto. Si no hay trabajadores suficientes, adelantar la entrega del proyecto podría tener otras desventajas, como tener que reducir el ámbito del mismo.

- **Identificar temprano los participantes**: nada tiene un peor efecto en el proyecto que no identificar quienes son los participantes en el proyecto y cuál es la mejor manera de comunicarse con ellos. Si no se identifica a un participante crítico antes de empezar el proyecto, este podría verse forzado a detenerse o salirse del presupuesto si se proponen nuevos objetivos y métodos para el proyecto.

Aspectos a verificar antes de iniciar el proyecto

En esta etapa es importante verificar tres fases:

1. Capturar los planteamientos iniciales del proyecto de forma adecuada.

2. Contactar con los participantes.

3. Comenzar el proyecto propiamente dicho.

Es importante tener claro si lo que planifica es un proyecto o no. En la Tabla 4.2 se indican algunos ejemplos para ayudarle a reducir los objetivos del proyecto.

Proyectos definidos de manera demasiado amplia	Proyectos definidos con claridad suficiente
Reducir los costes generales	• Proyecto para actualizar una fábrica para incrementar la eficiencia. • Proyecto para ubicar la planta de mantenimiento más cerca de las instalaciones de la fábrica.
Reducir el riesgo de competencia	• Proyecto para reemplazar *software* de seguridad. • Proyecto para contratar especialistas en riesgos del sector relacionado.

Tabla 4.2. Aspectos para definir claramente un proyecto

Una vez que haya establecido todo lo que necesita el proyecto llega el momento de comenzar a usar Microsoft Project 2013 y ponerse en marcha. Los pasos serán agregar tareas, organizarlas en un esquema y configurar un calendario para el proyecto, para saber cuáles son las horas de trabajo. También podría empezar a agregar personas en este punto, aunque normalmente se hace más tarde.

FASE 1: CREAR UN NUEVO PROYECTO

Existen varias formas de crear un proyecto, Microsoft Project 2013 ofrece la creación de un nuevo proyecto desde 4 opciones diferentes.

1. Crear un nuevo proyecto a partir de una plantilla

Base un nuevo proyecto en una plantilla rellenada previamente con tareas de proyectos similares al suyo. Muchas de estas plantillas han sido creadas por expertos del sector para ayudarle a empezar.

Piense que al llevar a cabo el comienzo de un proyecto no es el primer administrador en seguir este camino. Puede ahorrarse mucho tiempo aprovechando el trabajo de otros administradores, es decir, los proyectos y las plantillas ya existentes, cuando configure su nuevo proyecto.

- Abra el proyecto o la plantilla que desee usar como base del nuevo proyecto.
- Haga clic en *Archivo → Información*.
- En *Información del proyecto*, cambie la *fecha de inicio* y la *fecha de finalización del proyecto*.
- Haga clic en *Guardar como* y seleccione un nuevo nombre y una nueva ubicación para el proyecto.

Puede empezar a trabajar a partir de ese mismo momento en el proyecto nuevo, pero es probable que tenga que limpiar parte de la información del proyecto existente antes de trabajar realmente.

Empezar con un proyecto ya existente

El nuevo proyecto contiene toda la información de progreso registrada en el proyecto original, por ejemplo, líneas base, trabajo real y duración real. Asegúrese de eliminar esa información o Project 2013 no podrá reprogramar el proyecto. Para evitar este trabajo suplementario, en especial si desea usar el archivo antiguo para crear más de un proyecto, guarde el antiguo proyecto como una plantilla. Cuando lo guarde, tendrá la posibilidad de despojarlo de toda la información de progreso y dejar únicamente las tareas y los recursos.

Empezar con una plantilla

Dispone directamente de decenas de plantillas de Project 2013 correspondientes a *Office.com*.

- Haga clic en *Archivo → Nuevo*.

- Busque las plantillas en el cuadro o haga clic en la plantilla que desee de la lista siguiente.

- En el cuadro de diálogo de vista previa, haga clic en *Crear*.

2. **Crear un proyecto nuevo**

Siempre que lo desee, puede crear un nuevo a partir de una plantilla o de otro proyecto. Pero si prefiere empezar de cero, cree un archivo de proyecto vacío. Para ello, haga lo siguiente: haga clic en *Archivo → Nuevo → Proyecto en blanco*, Figura 4.11.

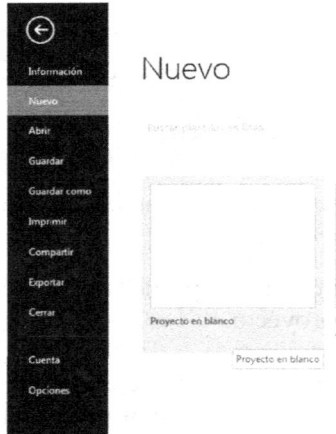

Figura 4.11. Creación de un proyecto nuevo a partir de un proyecto en blanco

Una vez que se ha creado el proyecto blanco deben de llevarse a cabo unos pasos organizados del siguiente modo:

- Establecer la fecha de inicio o finalización del proyecto.

- Establecer el nombre y otras propiedades de archivo.

Se detallan a continuación estos pasos a seguir:

- **Establecer la fecha de inicio o finalización del proyecto.**

Haga clic en *Proyecto → Información del proyecto*, Figura 4.12.

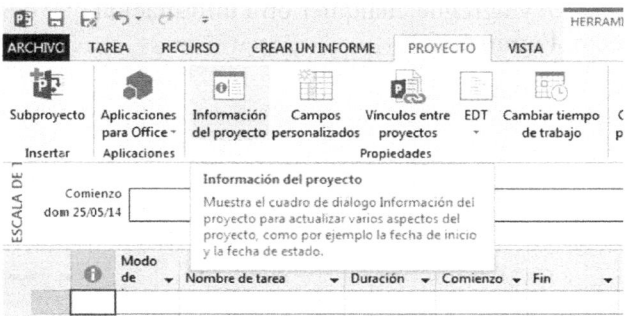

Figura 4.12. Información del proyecto

En el cuadro *Programar a partir de*, seleccione *Fecha de comienzo del proyecto* o *Fecha de finalización del proyecto*. Después agregue la fecha al cuadro *Fecha de comienzo* o *Fecha de fin*.

Es importante que comience la programación por la fecha de finalización para conocer la fecha más tardía en que puede iniciar el proyecto sin incumplir la fecha límite. Una vez iniciado el proyecto, cambie la configuración para iniciar la programación por la fecha de inicio. De este modo podrá ver si alguno de los cambios realizados pone en peligro la fecha límite fijada.

Una vez creado el marco general del proyecto, Project 2013 incluye la incorporación de herramientas para ayudarle a ordenar los detalles de la programación:

- Use un calendario para cambiar los días laborables y las horas.

- Agregue vacaciones o períodos no laborables a la programación.

- Establezca los días de descanso para las personas que trabajan en el proyecto.

- Configure distintos calendarios para tareas específicas.

- **Establecer el nombre o título y otras propiedades de archivo**

Guarde el proyecto si desea asignarle un nombre o título. Podrá cambiar este nombre y otras propiedades de archivo siempre que lo desee. Haga clic en *Archivo → Información*, luego haga clic en *Información del proyecto* a la derecha, a continuación, en *Propiedades avanzadas*. Escriba el nombre en el cuadro *Título* de la pestaña *Resumen* y agregue cualquier otra información que desee incluir en el archivo de proyecto, Figura 4.13.

Figura 4.13. Información del proyecto

3. **Abrir un proyecto existente**

La apertura de un proyecto desde el equipo es casi igual que la apertura de un archivo en cualquier programa de Office, para ello haga clic en *Archivo → Abrir*, luego haga clic en *Equipo* y en la derecha, elija una carpeta reciente, o bien haga clic en *Buscar*. Finalmente haga clic en el proyecto que desee y luego en *Abrir*.

4. **Abrir un proyecto de una versión anterior a Project 2013**

Puede ser que se desee abrir o trabajar sobre un archivo realizado con una versión anterior a Project 2013. Project 2013 puede trabajar con los formatos de archivo mostrados en la Tabla 4.3.

Formato de archivo	Descripción del formato
Plan del proyecto (MPP)	Formato de archivo estándar de un proyecto, que usa la extensión .mpp.
Archivo de Project 2010	Project 2010 y Project 2013 usan el mismo formato de archivo. Un proyecto creado en Project 2013 puede abrirse en Project 2010 sin guardar el proyecto en un formato diferente.
Archivo de Microsoft Project 2007	Project 2013 admite abrir y guardar archivos en el formato de archivo que usa Project 2007.
Archivo de Microsoft Project 2000-2003	Project 2013 admite abrir y guardar archivos en el formato de archivo que usan Project 2000-2002 y Project 2003.
Archivo de Microsoft Project 98	Project 2013 no puede abrir ni guardar archivos en el formato de archivo de Project 98.
Plantilla de Microsoft Project (MPT)	Este es un archivo de plantilla en el que puede guardar la información reutilizable. Este formato usa la extensión .mpt. El archivo global (Global.mpt) es un archivo de plantilla maestro que contiene información de formato para todos los proyectos pero no puede almacenar tareas, recursos o asignaciones.
Microsoft Project Exchange (MPX)	Project 2013 no puede abrir ni guardar archivos en el formato de archivo MPX.
Microsoft Excel (formatos .xls, .xlsx, .xlsb y .xlsm)	Formatos que usa el programa de hojas de cálculo Microsoft Excel. Este formato usa las extensiones .xls, .xlsx y .xslb. Project 2013 no puede abrir ni guardar datos en las hojas de cálculo de Excel con la extensión .xlsm. Puede exportar datos de campo a estos formatos, pero no puede exportar un proyecto completo.
Base de datos de Microsoft Project (MPD)	Project 2013 no puede abrir ni guardar archivos en el formato MPD.
Base de datos de Microsoft Access (MDB)	Project 2013 no puede abrir ni guardar proyectos almacenados en archivos MDB.

Conectividad abierta de base de datos (ODBC)	Project 2013 no puede abrir ni guardar proyectos almacenados en archivos ODBC.
Formato solo texto o ASCII	El formato de solo texto o ASCII es un formato de texto genérico que usan los procesadores de texto y otros programas. Este formato usa la extensión .txt y está delimitado por tabuladores. Puede exportar datos de campo desde una sola tabla de Project a este formato, pero no puede abrir ni exportar un proyecto completo.
Valores separados por comas (CSV)	El formato de valores separados por comas (CSV) es un formato de texto genérico que usan los procesadores de texto y otros programas. Este formato usa la extensión .csv y está delimitado por comas; los valores están separados por el separador de listas del sistema. Puede exportar datos de campo desde una sola tabla de Project a este formato, pero no puede abrir ni exportar un proyecto completo.
Lenguaje de marcado extensible (XML)	El Lenguaje de marcado extensible (XML) es un formato que se usa para entregar datos estructurados y enriquecidos de una forma estándar y coherente. Este formato usa la extensión .xml. Puede exportar e importar datos del proyecto con este formato. El formato XML puede usarse para intercambiar datos del proyecto entre Project y otros programas.
XML Paper Specification (XPS)	XPS es un formato de archivo electrónico que preserva el formato del documento y permite compartir archivos.
Portable Document Format (PDF)	PDF es un formato de archivo electrónico de diseño fijo que conserva el formato del documento. Project 2013 puede guardar en el formato PDF, pero no puede abrir archivos PDF.

Tabla 4.3. Formatos de archivo de trabajo en Project 2013

FASE 2: AGREGAR TAREAS

Una vez que se ha creado el proyecto (de cualquiera de las formas posibles) es el momento de agregar las tareas del proyecto. Existen 5 hitos fundamentales para agregar tareas a un proyecto, que se describen a continuación.

1. **Agregar nuevas tareas**

Con Project 2013 podrá agregar tareas a una programación para dividir el trabajo en partes más fáciles de administrar. Para crear rápidamente una tarea, vaya al *Diagrama de Gantt*, seleccione un campo *Nombre de tarea* vacío de la parte inferior de la lista de tareas y finalmente presione ENTER. Para facilitar la organización del proyecto si una tarea se repite conforme a una programación periódica, solo debe crearla una vez y hacerlo como una tarea repetitivas.

Se analizan a continuación otras acciones que se pueden llevar a cabo al insertar nuevas tareas.

- **Insertar una tarea entre otras tareas existentes**

Seleccione la fila debajo de donde desea que aparezca la nueva tarea, luego haga clic en la pestaña *Tarea → Tarea*, Figura 4.14.

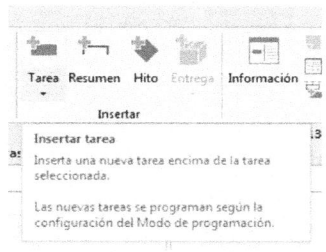

Figura 4.14. Insertar tarea

Posteriormente escriba el nombre de la tarea en la fila insertada. La numeración de los identificadores de tarea se modifican automáticamente, pero la tarea insertada no se vincula automáticamente a las tareas vecinas. Puede configurar Project 2013 para que vincule automáticamente las tareas insertadas a las tareas vecinas.

- **Agregar una tarea a un Diagrama de red**

Haga clic en la pestaña *Vista → Diagrama de red*, Figura 4.15.

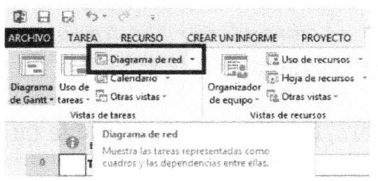

Figura 4.15. Crear Diagrama de red

Posteriormente haga clic en la pestaña *Tarea* → *Tarea* y en el nuevo cuadro de tarea escriba el nombre de la tarea, Figura 4.16.

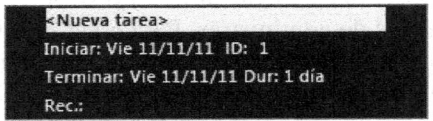

Figura 4.16. Diagrama de Red

- **Agregar varias tareas de una vez**

El formulario de tareas puede ayudarle a agregar varias tareas de una vez, sobre todo si las tareas tienen asignaciones de recursos y dependencias de tareas. Para ello haga clic en *Vista* → *Diagrama de Gantt*, Figura 4.17.

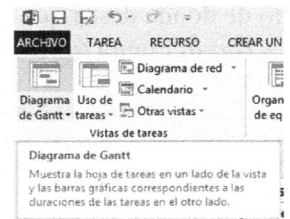

Figura 4.17. Diagrama de Gantt

Posteriormente haga clic en *Vista* y active la casilla *Detalles*, Figura 4.18.

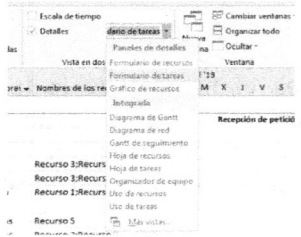

Figura 4.18. Detalles para formulario de tareas

Podrá comprobar que la ventana se divide y muestra el *Diagrama de Gantt* en la parte superior y el formulario de tareas en la parte inferior. En el *Diagrama de Gantt* (parte superior), haga clic en la primera fila vacía al final de la lista de tareas. Posteriormente en el *formulario de tareas* (parte inferior), escriba la información relativa a la nueva tarea:

- En el cuadro *Nombre*, escriba el nombre de la tarea nueva.

- En el cuadro *Duración*, agregue la duración de la tarea.

- Si desea que la duración de la tarea permanezca fija incluso si se cambian las asignaciones de recursos, active la casilla *Condicionada por el esfuerzo*.

- Agregue detalles sobre la tarea (como los recursos asignados y la tarea predecesora) en las columnas del formulario.

Finalmente haga clic en *Aceptar* para guardar la nueva tarea y, a continuación, haga clic en *Siguiente* para pasar a la siguiente fila en el *Diagrama de Gantt*.

2. **Cambiar la duración de las tareas**

Puede modificar la duración de una tarea en cualquier momento para reflejar la cantidad real de tiempo que requiere. Para ello haga clic en *Vista → Diagrama de Gantt* y:

- En la columna *Duración de la tarea*, escriba la duración en minutos (m), horas (h), días (d), semanas (s) o meses (me).

- Si la nueva duración es una estimación, escriba un signo de interrogación (?) a continuación.

- Presione **ENTRAR**.

Si va a cambiar una duración con las columnas *Inicio* y *Fin*, debe proceder con cuidado, especialmente si se trata de tareas vinculadas o programadas automáticamente. Puede ocurrir que los cambios que especifique entren en conflicto con las dependencias o restricciones de tareas de las que Project 2013 realiza un seguimiento.

3. **Definir la cantidad de trabajo que las personas realizan en las tareas**

De forma resumida y sin entrar al detalle que se especifica a lo largo de todo el manual la asignación de personas a las tareas se lleva a cabo según los pasos descritos a continuación:

Agregar personas al proyecto

- Agregar personas al proyecto: debe agregar las personas y los recursos para poder asignarlos para trabajar en tareas. Los otros recursos pueden incluir recursos de material como cemento o pintura, o bien recursos de costes, como vuelos y restaurantes.

- Cambiar los días laborables del calendario del proyecto: una vez añadidas las personas a un proyecto, modifique sus calendarios de trabajo para tener en cuenta su horario de trabajo. Project 2013 asume que la mayoría de personas trabajan durante una semana estándar, de lunes a viernes, de 8 de la mañana a 5 de la tarde pero no tiene que seguir ese horario de trabajo.

- Agregar días festivos y de vacaciones: Es muy importante dar cuenta de este tiempo no planificado agregándolo a la programación.

- Compartir personas mediante un fondo de recursos: puede agregar personas al proyecto desde un fondo de recursos. Un fondo de recursos permite mantener toda la información acerca de las personas en un archivo de Project 2013 que se utilice como parte de los proyectos maestros.

- Ocultar una columna con información confidencial: puede agregar información confidencial, como salarios y números de teléfono, a un proyecto, pero ocultarla de las vistas sin perder información.

Asignar personas y recursos a las tareas

- Asignar personas para trabajar en tareas: una vez agregadas las tareas a la programación, puede empezar a asignar personas para que trabajen en ellas.

- Mostrar los nombre de tareas junto a las barras del gráfico *Gantt*: podrá comprender las barras *Gantt* más fácilmente si los nombre de las tareas aparecen junto a ellas. Esto resulta útil son informes y reuniones.

- Introducir los costes de personas y material: cuando agrega personas a un proyecto, puede agregarles costes. A continuación, después de asignar personas para que trabajen en tareas, Project 2013 calcula automáticamente el coste del proyecto.

- Comprobar las actualizaciones de estado: una vez las personas han introducido el estado de su trabajo, puede ver los cambios en la programación en Project 2013.

- Quitar una persona del proyecto: pueden eliminarse personas que participan en un proyecto.

Administrar personas y otros recursos

- Elegir la vista adecuada para visualizar recursos: una vez se han asignado las personas a las tareas y se ha iniciado el trabajo, use las distintas vistas de Project 2013 para supervisar su progreso y realizar cambios en la programación.

- Cambiar la duración de una tarea: un método para tratar problemas relacionados con la carga de trabajo es reducir la duración de las tareas.

- Distribuir el trabajo para reducir la carga de trabajo de las personas: cuando las personas del proyecto trabajan en demasiadas asignaciones al mismo tiempo, puede dejar que Project 2013 distribuya el trabajo de una manera más uniforme.

- Cambiar la configuración condicionada por el esfuerzo de los tipos de tareas: cuando agrega o quitar personas de una tarea, Project 2013 incrementa o reduce la duración de la tarea. Esta es la programación condicionada por el esfuerzo. Si no desea modificar la duración, puede cambiar la configuración condicionada por el esfuerzo de la tarea.

- Realizar un seguimiento del progreso de la programación: realizar un seguimiento del trabajo en un proyecto es, por un lado, fundamental para garantizar que los proyectos finalizan a tiempo y, por otro, permite averiguar los errores y los éxitos de un proyecto.

- Guardar una línea de base: configure una línea de base como una instantánea de la programación original antes de iniciar el proyecto.

- Comunicarse con el equipo: después de realizar cambios en la programación de una persona, comuníquele esos cambios para no perder información.

- Ver un informe del proyecto sobre el progreso de las personas: cree y personalice informes sobre el progreso del proyecto. Puede ver estos informes en Project o exportarlos a otras aplicaciones, como PowerPoint, Word o Excel.

4. **Agregar un hito**

Antes de que el proyecto se ponga en funcionamiento, probablemente deseará marcar sus objetivos principales con hitos. La manera más rápida de crear un hito es agregar una tarea sin duración al plan del proyecto.

Para agregar un hito haga clic en la pestaña *Vista* y, a continuación, en el grupo *Vistas de tareas*, haga clic en *Diagrama de Gantt*, Figura 4.19.

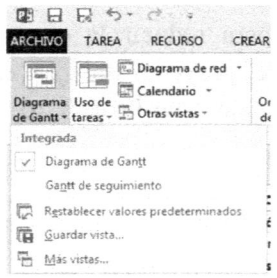

Figura 4.19. Diagrama de Gantt

Escriba el nombre del hito en la primera fila vacía o seleccione una tarea que desee convertir en un hito. Escriba 0 en el campo *Duración* y presione **ENTRAR**. El símbolo del hito forma ahora parte del *Diagrama de Gantt*, Figura 4.20.

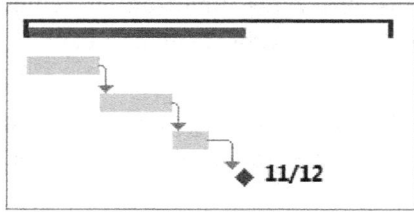

Figura 4.20. Hito de un proyecto

5. **Desactivar una tarea**

Al desactivar una tarea, esta permanece en el plan del proyecto, pero sin que ello afecte a la disponibilidad de recursos, a la programación del proyecto o a la forma de programar otras tareas. La desactivación de tareas está únicamente disponible en Project Professional 2013.

Para desactivar una tarea haga clic en *Vista*, en el grupo *Vistas de tareas* y en *Diagrama de Gantt*, Figura 4.21.

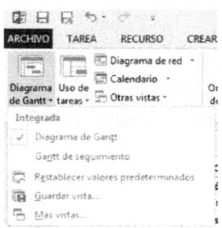

Figura 4.21. Diagrama de Gantt

En la tabla, seleccione la cantidad de tareas que desea desactivar, haga clic en *Tarea*, en el grupo *Programación* y en *Desactivar*, Figura 4.22.

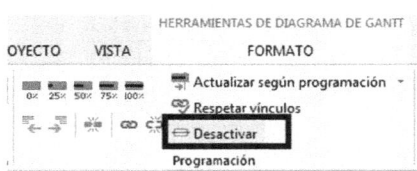

Figura 4.22. Desactivar una tarea

La tarea inactiva permanece en la lista de tareas pero el texto se muestra atenuado y con una línea que lo atraviesa. Para volver a activar la tarea, seleccione la tarea inactiva y haga clic en *Desactivar*.

FASE 3: ORGANIZAR TAREAS

Una vez que se han creado las tareas del proyecto existen varias herramientas para organizarlas.

Existen 5 aspectos para organizar las tareas.

1. **Vincular tareas en un proyecto**

Puede vincular dos tareas cualesquiera de un proyecto para mostrar la relación existente entre ellas (lo que también se denomina una dependencia de tareas). Las dependencias controlan la programación del proyecto: una vez vinculadas las tareas, todos los cambios que realice en la tarea predecesora se aplicarán también a la sucesora y, de haberla, a la siguiente, y así sucesivamente.

Para ello haga clic en *Vista → Diagrama de Gantt*, Figura 4.23.

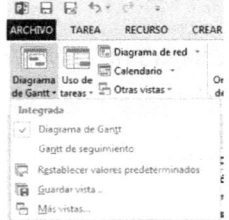

Figura 4.23. Diagrama de Gantt

Mantenga presionada la tecla **CTRL** y haga clic en las dos tareas que desee vincular (en la columna Nombre de tarea), posteriormente haga clic en *Tarea → Vincular tareas*, Figura 4.24.

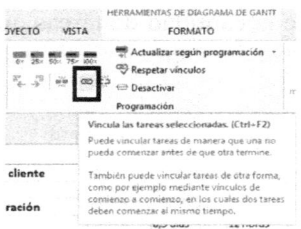

Figura 4.24. Vincular tareas

Para quitar un vínculo, seleccione las dos tareas vinculadas y haga clic en *Tarea → Desvincular tareas*. De forma predeterminada, Project 2013 crea un vínculo sencillo de tareas de fin a comienzo, lo que significa que es necesario finalizar la primera tarea (la predecesora) para iniciar la segunda (la sucesora).

2. **Crear tareas de resumen y subtareas**

Aplique y anule sangrías para mostrar la jerarquía, es decir, para convertir la lista de tareas en un esquema. Una tarea con sangría se convierte en una subtarea de la tarea inmediatamente superior a ella, que a su vez se convierte en una tarea de resumen. Una tarea de resumen se compone de subtareas y muestra combinada la información que estas contienen. Para ello vaya al *Diagrama de Gantt*, en la columna *Nombre de tarea*, haga clic en la tarea a la que desea aplicar sangría, haga clic en *Tarea → Sangría*. La tarea se convierte en una subtarea, Figura 4.25.

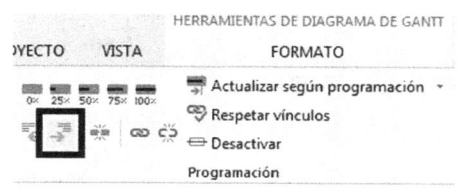

Figura 4.25. Agregar sangría

Para que deje de ser una subtarea haga clic en *Anular sangría* de la tarea de la cinta para restaurar la tarea a su nivel anterior. Ya ha dejado de ser una subtarea.

3. **Dividir una tarea**

Si tiene que interrumpir el trabajo en una tarea, puede dividir la tarea de tal forma que una parte de ella comience después en la programación. Puede dividir una tarea en tantas secciones como desee. Para ello haga clic en *Vista* y, en el grupo *Vistas de tareas*, haga clic en *Diagrama de Gantt*, Figura 4.26.

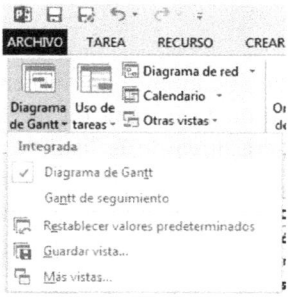

Figura 4.26. Vista de tareas

Haga clic en *Tarea*, y en el grupo *Programación*, haga clic en *Dividir tarea*, Figura 4.27.

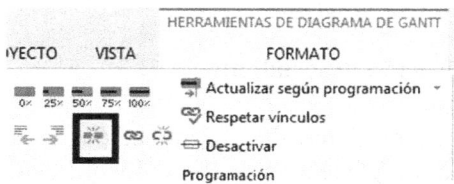

Figura 4.27. Dividir tarea

Finalmente en la barra de *Gantt* de la tarea, haga clic en la barra sobre la fecha donde desea que tenga lugar la división, y arrastre la segunda parte de la barra hacia la fecha en la que desea que comience de nuevo el trabajo, Figura 4.28.

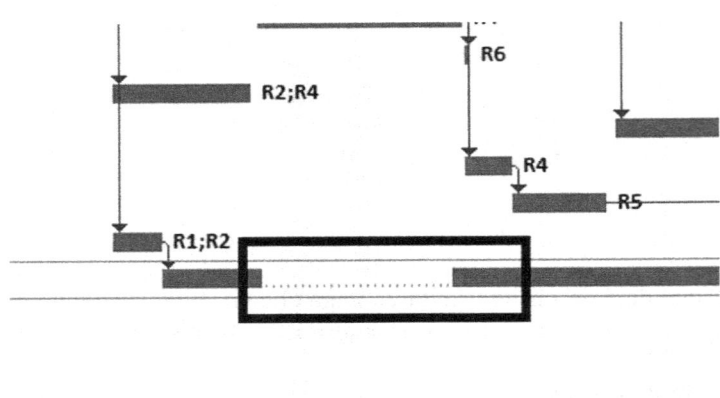

Figura 4.28. Fecha de comienzo en el Diagrama de Gantt

Para quitar una división en una tarea (es decir, para unir las partes), arrastre una sección de la tarea hasta que toque otra sección.

4.   Crear códigos EDT

Project 2013 crea automáticamente un número de esquema para cada tarea a partir del lugar de la estructura de la lista de tareas, donde aparece la tarea en cuestión. Por ejemplo, la primera tarea de la lista de tareas llevará el número 1. Si esa tarea tiene tres subtareas, las subtareas se numerarán 1.1, 1.2 y 1.3. Los números de esquema suelen constar únicamente de números y no se pueden editar. Cambian automáticamente al mover una tarea hacia arriba o hacia abajo dentro de la lista de tareas y cuando se aplica sangría o se anula sangría a las tareas.

Para mostrar los números de esquema, agregue el campo *Número de esquema* a una vista de tabla u hoja. También puede agregar los números de esquema directamente a los nombres de las tareas, para ello vaya a *Diagrama de Gantt* u *Hoja de tareas* y haga clic en *Formato* y luego, en el grupo *Mostrar u ocultar*, marque *Número de esquema*.

5.   Usar la planificación descendente

En el método descendente de programación de trabajo del proyecto se invierte la forma normal de planear: primero se identifican las fases principales, a continuación, se desglosan las fases en tareas individuales. En Project 2013 puede utilizar tareas y subtareas de resumen para fases y tareas individuales. La Tabla 4.4 muestra las principales estrategias de planificación descendente.

Objetivo buscado	Cómo lograr el objetivo
Programar por fecha de inicio o de finalización	Especifique una fecha de inicio o una de finalización para la tarea de resumen, pero no ambas. Project alinea las subtareas con la fecha de inicio o de finalización de la tarea de resumen.
Mover una subtarea que se quedó fuera de la tarea de resumen	Una barra roja situada bajo la tarea de resumen le informa de que hay alguna subtarea que se quedó fuera de la fecha de inicio o de finalización de la tarea de resumen. Arrastre la tarea hacia la tarea de resumen para solventar el problema.
Ajustar la tarea de resumen	Si las tareas exceden el presupuesto original de la tarea de resumen, arrastre el borde derecho de la barra de resumen.
Aumentar el presupuesto	Si está usando la tarea de resumen para establecer un presupuesto sencillo para una fase, puede usar el mouse para mover la fecha de inicio o la duración.
Otro problema de programación	Project subraya con color rojo todas las tareas que tienen problemas de programación. Desplace el puntero sobre cualquier tarea subrayada para obtener más información sobre el problema de programación.
Ajustar el color de las barras	En el *Diagrama de Gantt*, haga clic en Formato y elija un estilo en el grupo Estilo de *Diagrama de Gantt*.

Tabla 4.4. Planificación descendiente

FASE 4: CONFIGURAR LOS CALENDARIOS DEL PROYECTO

Los calendarios de proyecto son fundamentales para definir y controlar de forma adecuada la duración del proyecto. Existen 3 aspectos básicos

1. Cambiar los días laborables del calendario del proyecto

En el proyecto se supone que la mayoría de las personas trabajan una semana estándar, de lunes a viernes, de las 8 de la mañana a las 5 de la tarde. Pero no es obligatorio respetar esta programación. Si desea que el equipo trabaje los sábados o de noche, no hay ningún problema. Basta con cambiar el calendario laboral en el calendario del proyecto.

Haga clic en *Proyecto → Cambiar tiempo de trabajo*. En la lista Para calendario, elija el tipo de calendario que desea modificar.

Si cambia el calendario para todos los miembros del proyecto, elija *Calendario de proyecto estándar*. Haga clic en la pestaña *Semanas laborales* y seleccione *Predeterminado*. Haga clic en *Detalles* y seleccione los días para los que desea cambiar el horario, Figura 4.29.

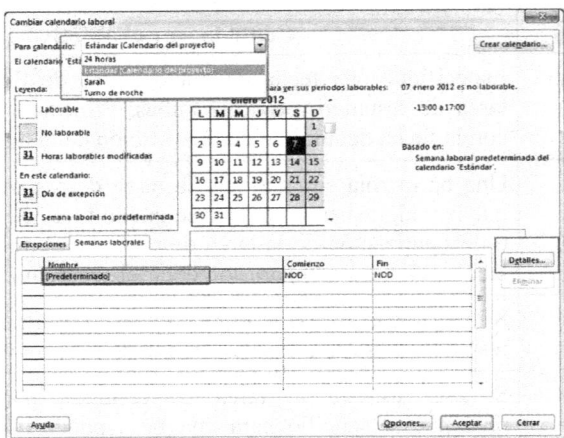

Figura 4.29. Nuevo calendario

2. **Agregar días festivos y de descanso**

Project 2013 permite planificar e incorporar festivos, vacaciones y otros incidentes, como por ejemplo bajas médicas. Las personas se cogen días libres y realizar el seguimiento de este período no laborable es importante para garantizar que el proyecto cumple con la fecha de entrega.

Project 2013 no incluye festivos predefinidos, pero puede agregarlos del mismo modo que agrega días de vacaciones. Para ello haga clic en *Proyecto →* *Cambiar tiempo de trabajo*, Figura 4.30.

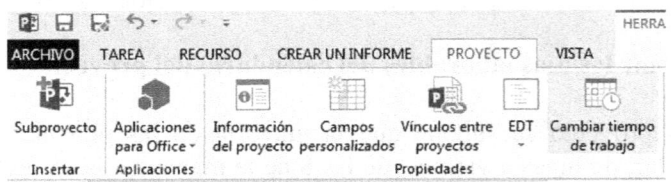

Figura 4.30. Cambiar tiempo de trabajo

En la lista calendario, haga clic en el calendario que desee cambiar y para los días festivos, use el calendario de proyectos actual (contiene las palabras *Calendario de proyectos* al final del nombre). Para las vacaciones, use el calendario de recursos del usuario, que tiene el mismo nombre que dicho usuario. En la pestaña *Excepciones*, agregue un nombre, una fecha de inicio y una fecha de fin para cada día festivo o día de vacaciones.

Project 2013 vuelve a programar las tareas en función del nuevo período no laborable.

3. **Crear un calendario para una sola tarea**

Pueden utilizarse para definir períodos laborables fuera de los especificados en el calendario del proyecto. Los calendarios de tareas se crean igual que los otros. Cuando se asigna un calendario de tareas a una tarea y el recurso asignado a dicha tarea tiene períodos laborables diferentes a los del recurso de calendarios, la tarea se programará para el período laborable que se solape entre los dos calendarios. Ahora bien, puede establecer una opción de tarea que permita omitir los calendarios y recursos y programar la tarea utilizando el período no laborable del recurso. Si no se especifica ningún calendario de tareas para una tarea, se utilizará el calendario del proyecto para programar la tarea.

FASE 5: GUARDAR UN ARCHIVO DE PROYECTO

Finalmente sólo quedaría pendiente guardar el archivo y proceder a elaborar los informes que se consideren para su difusión.

Capítulo 5

APRENDIZAJE DESDE LA BASE

En este capítulo se describe, paso a paso, cómo realizar un proyecto utilizando Microsoft Project 2013. Como se comentó en la introducción, se ha incorporado en esta versión de Microsoft Project la nueva interfaz gráfica Office Fluent, también llamada "interfaz de cinta" (en inglés *Ribbon*) o cinta de opciones, que sustituye al menú y a las barras de herramientas típicas desde el inicio. Este cambio se realizó en Microsoft Office 2007 para las aplicaciones más populares, como por ejemplo Word, Excel, Access y Power Point, se incorporó por vez primera en la versión 2010 para Project y se ha consolidado junto con otras mejoras, en la versión Project 2013.

5.1 APERTURA DE UN ARCHIVO DE PROYECTO

Para abrir un archivo nuevo, se puede pulsar la opción *Nuevo* de la ficha *Archivo* y, a continuación, seleccionar *Proyecto en blanco* y pulsar la orden *Crear*. En la Figura 5.1 se muestra cómo crear un nuevo proyecto.

Figura 5.1. Creación de nuevo proyecto en blanco

También se podría abrir rápidamente pulsando simultáneamente las teclas **Ctrl+U** [2].

Abrir un archivo existente (Figura 5.2)

- En la ficha *Archivo*, pulsar en la opción *Abrir*.

- En el cuadro de lista de *Archivo*, hacer doble clic en la carpeta donde se encuentra el archivo y, a continuación, doble clic en el nombre del archivo.

- En caso de que puedan existir otros usuarios que intervengan en el proyecto se puede abrir el proyecto especificando si se trata de un proyecto en modo de *sólo lectura* o *lectura/escritura*.

---

[2] Aunque no en este caso concreto, la "chuleta" de la mayoría de las instrucciones/ opciones que tienen acceso rápido puede verse como una nota, cuando dejamos el ratón inmóvil encima del botón correspondiente sin hacer clic.

Figura 5.2. Ejemplo de apertura de archivo

5.2 GUARDAR UN ARCHIVO DE PROYECTO

Para almacenar un archivo usando el nombre existente, se debe hacer clic en el icono *Guardar* (disquete) de la barra de herramientas *de acceso rápido* (situada a la izquierda de la barra de título del programa, en la parte superior), o bien, seleccionar la orden *Guardar* de la ficha *Archivo*.

Guardar un archivo existente con nombre nuevo (Figura 5.3)

- En la ficha *Archivo*, seleccionar el comando *Guardar como*. Seleccionar la ubicación que se desea para el nuevo archivo en el cuadro de diálogo *Guardar como (ruta o path del archivo)*.

- Seleccionar el texto del cuadro *Nombre de archivo*, introducir el nuevo nombre del archivo y hacer clic en *Guardar*.

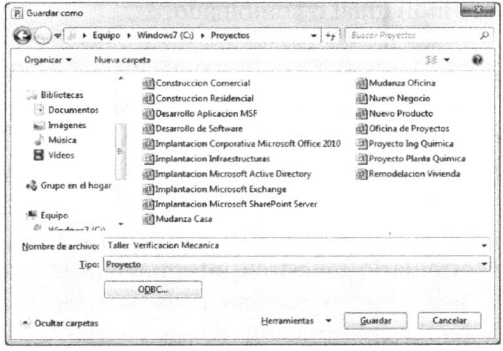

Figura 5.3. Ejemplo de cómo guardar un archivo

- En caso de que se desee guardar un archivo en modo sincronización con un sitio de SharePoint existente se deberá seleccionar *Archivo*, *Guardar como* y elegir la opción *Sincronizar con Share Point*, Figura 5.4.

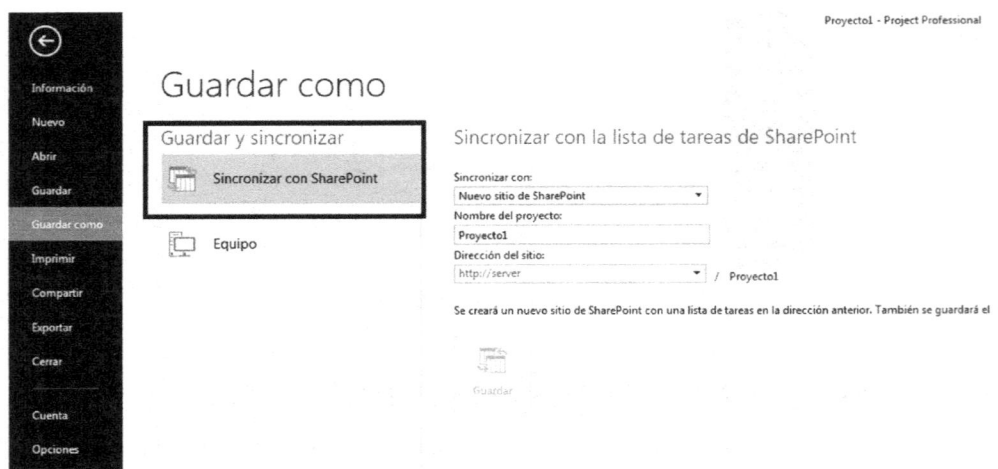

Figura 5.4. Ejemplo de cómo guardar un archivo en SharePoint

5.3 VISUALIZACIÓN DE LA INFORMACIÓN DEL PROYECTO EN VISTAS

Una vista es un formato en el que se puede introducir y visualizar información en Microsoft Project 2013. La vista por omisión es la del *Diagrama de Gantt*.

Las vistas en Microsoft Project se clasifican en tres categorías: vistas de hoja, vistas gráficas y de diagrama y vistas de formulario. Cada vista muestra combinaciones de información del proyecto de formas distintas. Las vistas pueden mostrarse en un formato individual o combinado.

Una vista individual es una única hoja, diagrama, gráfico o formulario. Una vista combinada muestra conjuntamente dos vistas individuales. Las vistas de hoja muestran información de tareas o recursos en un formato de filas y columnas; se debería usar una vista de hoja cuando se desee introducir mucha información de una sola vez.

Las vistas de formulario muestran información de tareas o recursos en un formato que presenta una tarea o recurso cada vez; se usan cuando se desee examinar detalladamente la información de una tarea, o bien, de un recurso determinado.

5.3.1 Cambio de vistas

Microsoft Project 2013 ofrece vistas predefinidas. A cada vista se puede acceder desde la pestaña *Vista* (Figura 5.5) la cual muestra las vistas usadas con más frecuencia en forma de iconos y un icono para mostrar vistas adicionales; el mencionado icono abre el cuadro de diálogo *Más vistas* (Figura 5.6).

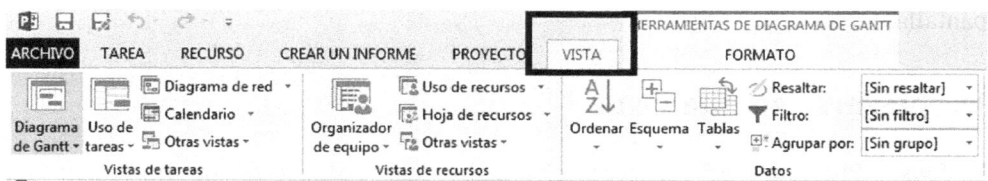

Figura 5.5. Diversas vistas posibles mostradas en la pestaña Vista

Cambiar de vista (Figura 5.6)

- En la pestaña *Vista*, pulsar uno de los iconos de vista. Alternativamente, seleccionar *Más vistas* del desplegable *Diagrama de Gantt* en el grupo *Ver* de la ficha *Tarea*.

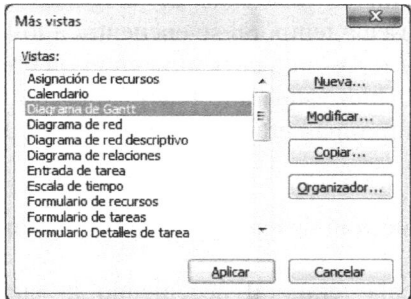

Figura 5.6. Tipo de vistas

5.3.2 Desplazamientos en una vista

Al ver la información de un proyecto, una vista contiene a menudo más información que la mostrada en ese momento en la pantalla. Para ver toda la información, se necesita saber cómo desplazarse en las vistas usando las barras de desplazamiento, botones y teclas del cursor.

Las barras de desplazamiento permiten moverse de forma vertical y horizontal dentro de una vista.

Los botones *Anterior* y *Siguiente* se utilizan para desplazarse en la lista de tareas o de recursos de tarea en tarea o de recurso en recurso. En ocasiones, también hay barras de desplazamiento verticales para buscar información adicional sobre la tarea o recurso dentro del formulario.

Con el cursor y el tabulador es posible desplazarse entre los campos y cuadros de una vista; también se puede usar el ratón para desplazarse por la pantalla.

Desplazarse en una vista

- Pulsando **F5** aparece el cuadro de diálogo *Ir a*. Introducir un identificador de tarea en el cuadro *Identificador* o una fecha en el cuadro *Fecha*.

- También se puede seleccionar una tarea y pulsar el botón *Desplazarse a tarea* seleccionada, en el grupo *Edición* de la ficha *Tarea*.

5.4 AJUSTE DE LA ESCALA TEMPORAL

La escala temporal es una vista de diagrama que sirve para ver más información gráfica. La escala temporal se encuentra a lo largo de la parte superior del *Diagrama de Gantt* y representa el tiempo en el que tienen lugar las tareas del proyecto. Incluye tres niveles: superior, intermedio e inferior. El nivel superior presenta unidades de tiempo más grandes que el intermedio y éste, a su vez, más grandes que el inferior.

Por defecto se muestran dos niveles, pero pueden mostrarse tres o uno solo.

Se ajusta la escala temporal accediendo al cuadro de diálogo *Escala temporal*, dentro del grupo *Zoom* de la ficha *Vista*, en el desplegable *Escala temporal*. En *Opciones de escala temporal* se pueden seleccionar uno, dos o tres niveles. También se puede utilizar el control deslizante del zoom, disponible en la parte derecha de la barra de estado.

Ajustar la escala temporal (Figura 5.7)

- En la ficha *Vista*, dentro del grupo *Zoom,* hacer clic en el botón *Zoom* y pulsar el botón *Acercar* para cambiar a unidades de tiempo más pequeñas.

- Igualmente pulsar el botón *Alejar* para cambiar a unidades de tiempo más grandes.

- Pueden hacerse ajustes más detallados desde la opción *Escala Temporal*, que se selecciona en el menú *Escala temporal* del grupo *Zoom* en la ficha *Vista*. Haciendo clic sobre la escala temporal del *Diagrama de Gantt* también se accede al cuadro de diálogo *Escala temporal* en el que se pueden seleccionar diferentes unidades en las que mostrar la *Escala Temporal*.

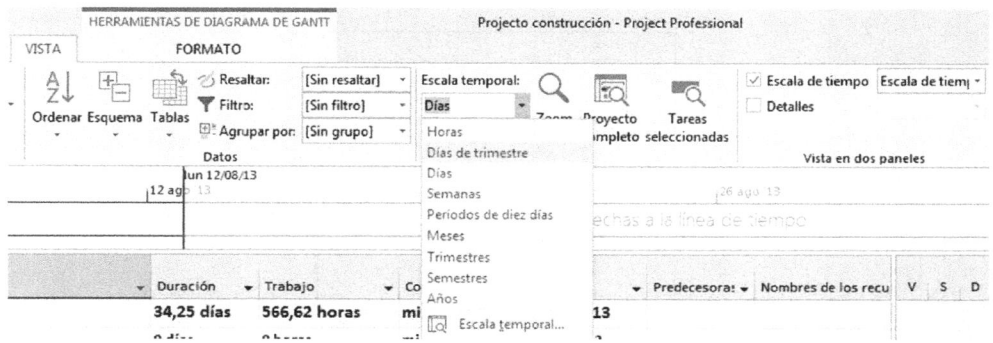

Figura 5.7. Selección de detalles temporales

5.5 PLANIFICACIÓN

Para comunicar la información del proyecto, se pueden imprimir vistas e informes que cumplan las necesidades de un grupo o personas determinados.

Antes de imprimir una vista o un informe, pueden verse en vista preliminar para determinar el número de páginas que van a ser impresas y si se necesita añadir información adicional.

Se puede ver la vista preliminar de cada página de la vista o informe activos tal y como aparecerá impresa en papel y configurar la página incluyendo encabezados, pies de página y otros detalles (Figura 5.8) en la parte derecha de la ventana cuando se tenga seleccionada la opción *Imprimir* de la ficha *Archivo*.

También se podría acceder a esta vista personalizando la *Barra de herramientas de acceso rápido* (en la parte izquierda de la barra de título) y activando también la opción *Vista preliminar*.

Imprimir un informe

- En la ventana de programa, seleccionar la opción *Imprimir* de la ficha *Archivo*.

- También desde la opción *Informes,* del grupo *Informes* de la ficha *Proyecto*, se puede hacer doble clic en un cuadro del grupo deseado, después se vuelve a hacer doble clic en el informe escogido. A continuación, desde la vista preliminar, se selecciona el comando *Imprimir* y, finalmente, se hace clic en el botón *Aceptar*.

Figura 5.8. Configuración de impresión y vista preliminar de un diseño de impresión

5.6 INTRODUCCIÓN DE UNA NOTA DE TAREA

Las notas sobre tareas de proyecto pueden ayudar a recordar cómo se ha realizado la planificación. Las notas de tarea pueden contener información, como hipótesis, sobre las duraciones o dependencias entre tareas (Figura 5.9).

Teniendo seleccionada una tarea, con el botón *Notas de tarea* del grupo *Propiedades* de la ficha *Tarea*, se pueden añadir fácilmente.

Igualmente se accede desde el cuadro de diálogo *Información de la tarea* haciendo doble clic sobre la tarea que se desea añadir la nota y, a continuación, seleccionando la pestaña *Notas*.

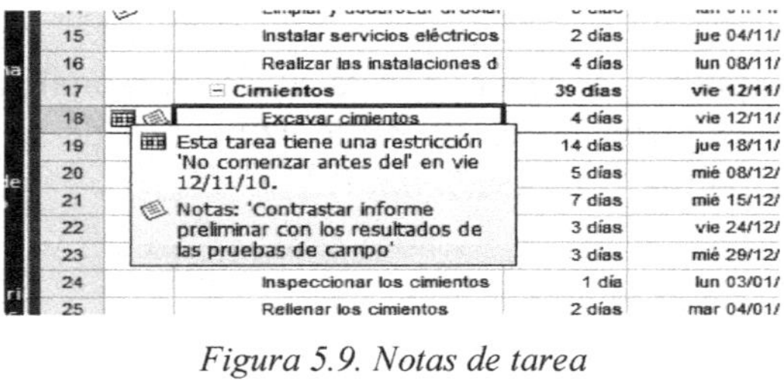

Figura 5.9. Notas de tarea

Capítulo 6

MANEJO DE LAS TAREAS DE PROYECTOS

Antes de comenzar un proyecto, es necesario definir el objetivo del mismo. Una vez definido éste, se puede iniciar el proceso de elaboración de su planificación, identificando las tareas necesarias para alcanzar su objetivo. Usando Microsoft Project 2013, se pueden comenzar a listar las tareas y duraciones de un proyecto en un orden conveniente. A medida que se identifiquen nuevas tareas que están fuera de lugar, se pueden insertar o desplazar tareas rápidamente dentro de la lista.

6.1 INICIO DE LA PROGRAMACIÓN DE UN PROYECTO

La creación de un archivo de proyecto es el primer paso para usar esta herramienta. Al iniciar Microsoft Project 2013, se abre un archivo de proyecto en blanco y se puede comenzar a introducir información sobre el mismo.

Igualmente, desde la ficha *Archivo*, seleccionando sucesivamente *Nuevo*, *Proyecto en blanco* y, finalmente, pulsando *Crear* se abre un nuevo archivo de proyecto.

El cuadro de diálogo *Información del proyecto* se utiliza para introducir información crítica para la programación de tareas y recursos. Esta información incluye fecha de comienzo, de fin, la fecha para iniciar la programación, la actual, la de estado y el calendario.

En primer lugar, se necesita determinar si la programación se creará a partir de una fecha conocida de comienzo o fin del proyecto. Si el proyecto tiene una fecha de comienzo conocida, Microsoft Project 2013 calculará la fecha de finalización automáticamente, basándose en la información introducida sobre tareas y recursos.

También se puede programar un proyecto basándose en una fecha final conocida, lo que se denomina programación hacia atrás. A partir de la fecha final conocida, Microsoft Project 2013 calcula la fecha en la que debe comenzar el proyecto para poder terminarlo en la fecha final determinada.

Introducir la fecha de comienzo del proyecto (Figura 6.1)

- En la ficha *Proyecto*, seleccionar el comando *Información del proyecto* dentro del grupo *Propiedades*. Hacer clic sobre la flecha hacia abajo del cuadro *Fecha de comienzo*. Usar las flechas del calendario para localizar el mes y el año de inicio del proyecto.

- Hacer clic sobre el día de inicio del proyecto y, finalmente, hacer clic sobre el botón *Aceptar*.

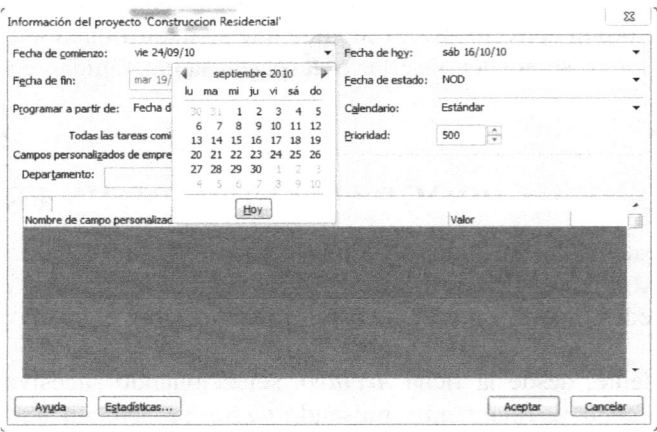

Figura 6.1. Introducción de la fecha de comienzo del proyecto

Introducir propiedades del proyecto (Figura 6.2)

- En la pestaña *Archivo*, hacer clic en *Información*. A continuación, en el panel derecho, hacer clic en *Información del proyecto* y después en *Propiedades avanzadas*.

- Introducir la información adecuada del proyecto en los campos correspondientes y, finalmente, hacer clic sobre el botón *Aceptar*.

Figura 6.2. Introducción de información de propiedades

6.2 INTRODUCCIÓN DE TAREAS Y DURACIONES

Un archivo de proyecto contiene una lista de tareas o pasos necesarios para cubrir el objetivo del proyecto. Cuando se introducen tareas en la lista de tareas, se puede hacer de forma detallada o de forma global, pero hay que asegurarse de incluir todos los pasos que requieren planificación, control de tiempo, medidas o reservas especiales. En Microsoft Project 2013, las tareas se introducen en la columna *Nombre de tarea*, de la tabla de *Entrada*, de la vista *Diagrama de Gantt*.

Cada tarea de la lista de tareas es asociada con un número identificador de tarea que es asignado a la misma cuando se introduce y se indica en los encabezados grises situados a la izquierda de la vista del *Diagrama de Gantt*. Cuando se edita la lista de tareas, los números de *Identificación de tarea* son enumerados automáticamente para mantener la lista en orden numérico.

Con cada tarea, se introduce también una estimación de su duración, o bien, el tiempo necesario para realizar la tarea. Las duraciones pueden especificarse en valores de minutos, horas, días o semanas como período laborable o tiempo transcurrido. Una unidad de período laborable está limitada por las horas del día y el número de días en que los recursos están trabajando.

Una unidad de tiempo transcurrido incluye períodos laborables y no laborables, basados en un día de 24 horas y una semana de siete días. La unidad por tiempo, por omisión, es el día.

Introducir una tarea (Figura 6.3)

- Hacer clic en un campo en blanco en la columna *Nombre de tarea* y escribir el nombre de la misma.

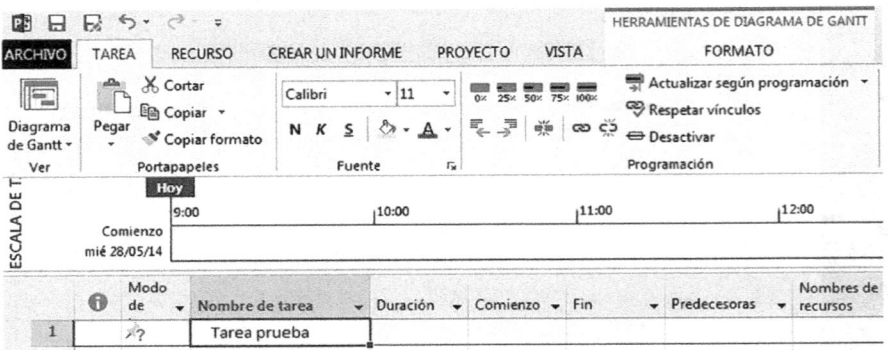

Figura 6.3. Introducción de tarea

Introducir una duración de tarea (**Figura 6.4**)

- Hacer clic en el campo *Duración* de la tarea y completarlo.

Figura 6.4. Introducción de duración de tarea

6.3 EDICIÓN DE LA LISTA DE TAREAS

Con Microsoft Project 2013 se pueden insertar nuevas tareas a medida que son identificadas, desplazar tareas dentro de la lista de tareas para tener una mejor secuencia de eventos y borrar tareas que ya no son necesarias después de haber realizado una optimización.

6.3.1 Inserción de una tarea

A medida que se va cubriendo la programación de un proyecto y se van realizando las tareas del mismo, es habitual que se identifiquen tareas nuevas adicionales que necesitan ser añadidas a la programación. Con Project 2013, basta con introducir simplemente una nueva fila de tarea con la información necesaria.

Insertar una tarea (Figura 6.5)

- Seleccionar el campo *Nombre de tarea* donde se va a insertar la nueva tarea.

- En el grupo *Insertar*, de la ficha *Tarea*, seleccionar el comando *Tarea*, o bien, pulsando la tecla **INSERT**.

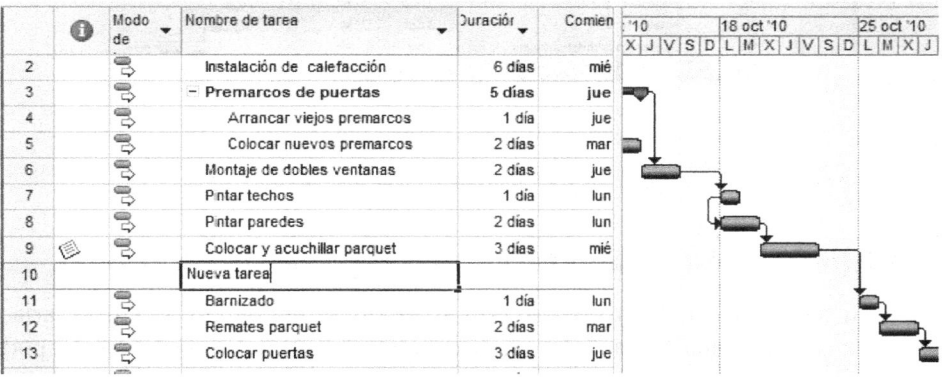

Figura 6.5. Inserción de tareas

6.3.2 Desplazamiento de una tarea

Para desplazar una tarea de una posición a otra dentro de Microsoft Project 2013, se puede usar la característica de arrastrar y colocar. Al usarla, no se necesita insertar una fila en blanco; Microsoft Project 2013 inserta automáticamente una fila en la nueva posición y suprime la fila de la posición anterior. Con arrastrar y colocar, se puede desplazar una fila individual o varias filas consecutivas a la vez.

Al usar arrastrar y colocar, hay que seleccionar el encabezado del número Identificador de tarea.

Desplazar una tarea (Figura 6.6)

- Pulsar el identificador (*Id*) de la/s tarea/s a desplazar.

- Una vez marcadas o seleccionadas se hace clic sobre la/s tarea/s marcada/s y sin dejar de pulsar el botón izquierdo del ratón se arrastra/n al lugar deseado hasta que se muestre una barra gris horizontal en el lugar al que se va/n a desplazar. En ese momento, soltar el botón del ratón.

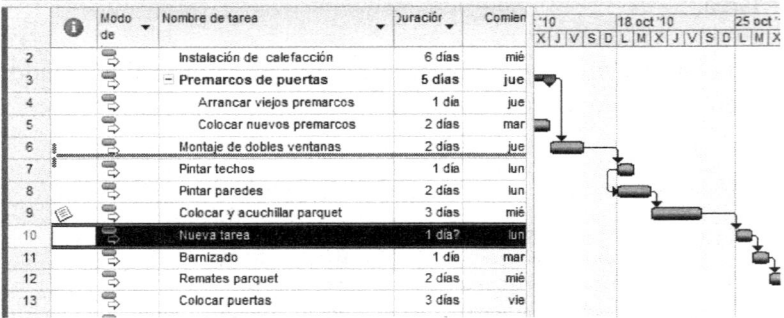

Figura 6.6. Desplazamiento de una tarea

6.3.3 Eliminación de una tarea

Si tras iniciar un proyecto se comprueba que una tarea no es necesaria, o bien, va a ser realizada fuera de la programación del proyecto, entonces se podrá eliminar de la lista de tareas.

Eliminar una tarea (Figura 6.7)

- Seleccionar la tarea que se desea eliminar. Dado que el comando *Eliminar* no está en la cinta de opciones, se puede utilizar el menú contextual, pulsando el botón derecho del ratón, y seleccionar el comando *Eliminar tarea*.

- También se puede seleccionar la tarea, haciendo clic en el identificador (*Id*) de la misma y pulsando la tecla **SUPR**.

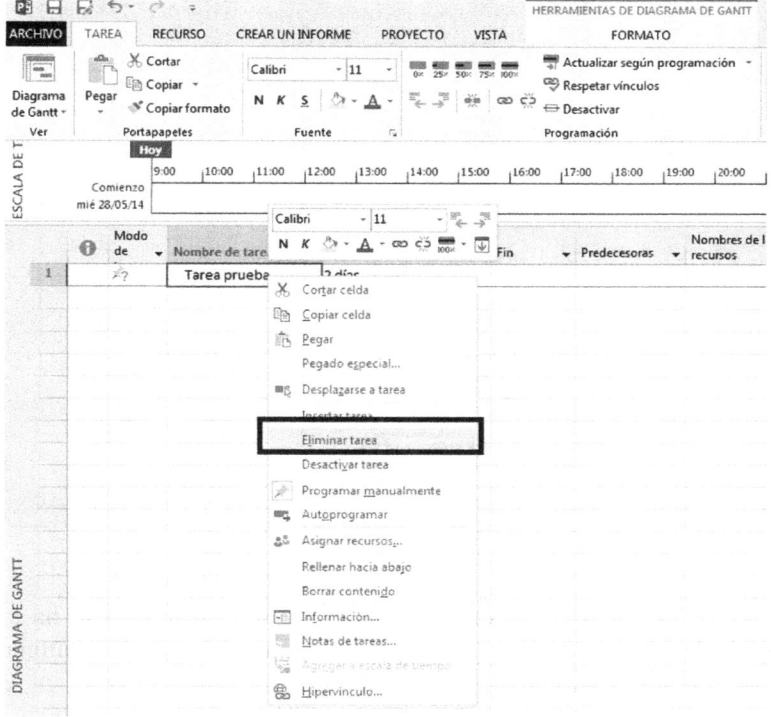

Figura 6.7. Eliminar una tarea

En el supuesto de que se considere muy útil disponer de esta opción o cualquier otra que se use habitualmente (el ejemplo es extensible a cualquier comando) se podría añadir a la barra de herramientas de acceso rápido, o en cualquier cinta, pulsando en el icono *Personalizar barra de herramientas de acceso rápido* y, a continuación, *Más comandos*, aparecerá el cuadro de diálogo *Opciones de Project* de la Figura 6.8. Si en el cuadro de diálogo *Comandos disponibles en* se elige *Todos los comandos* se podrán ver todos los comandos disponibles del Project que se pueden agregar.

En realidad se pueden agregar a la *Barra de herramientas de acceso rápido* o a cualquier cinta personalizada pulsando previamente en las opciones de la izquierda *Personalizar Cinta*. A este cuadro de diálogo también se puede llegar desde la ficha *Archivo* seleccionando, a continuación, *Opciones* del menú de la izquierda.

Igualmente, resulta muy fácil e intuitivo añadir y agrupar los comandos que se desee en una nueva ficha personalizada. Para ver todos los comandos disponibles se debe seleccionar en el desplegable *Comandos disponibles en* la opción *Todos los comandos*.

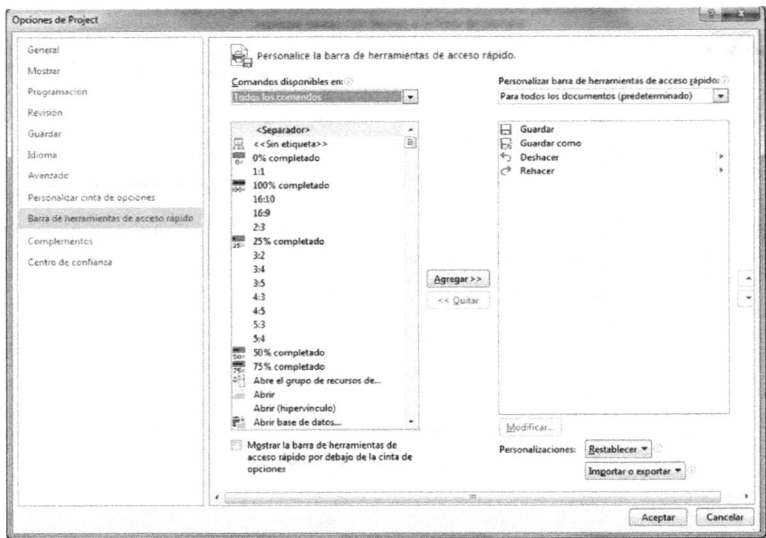

Figura 6.8. Personalizar cinta de opciones en Project 2013

A título de ejemplo se muestra la Figura 6.9 en la que se ha añadido la opción rápida de vista preliminar, muy útil para seguir las vistas preliminares de los proyectos de una forma rápida.

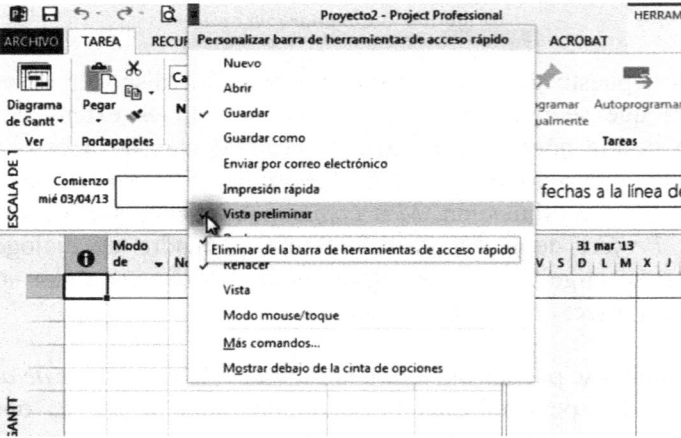

Figura 6.9. Cinta de opciones personalizada

6.4 INTRODUCCIÓN DE TAREAS PERIÓDICAS

Una tarea periódica es aquella que se produce repetidamente dentro de un proyecto, como una reunión semanal, un informe del estado del proyecto o una inspección regular.

Para especificar los parámetros de la tarea repetitiva, se utiliza el cuadro de diálogo *Información de tarea repetitiva*. Una tarea repetitiva puede definirse como diaria, semanal, mensual o anual.

Se puede especificar la duración de cada ocurrencia de la tarea, el día de la semana o el mes en que se va a producir, así como cuántas veces va a tener lugar.

Insertar una tarea repetitiva

- Situarse en la posición donde se quiera insertar la tarea, y seleccionar *Tarea periódica* del desplegable *Tarea*, en el grupo *Insertar* de la ficha *Tarea* (Figura 6.10).

- Para modificar sus características se tendrá que hacer doble clic sobre la misma o seleccionar el comando *Información* en el grupo *Propiedades* de la ficha *Tarea*.

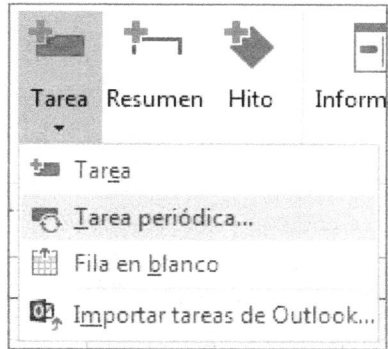

Figura 6.10. Introducción de tarea repetitiva

Capítulo 7

ESQUEMATIZACIÓN DE UN PROYECTO

Usando Microsoft Project 2013 se puede organizar la lista de tareas creando una estructura jerárquica: el proceso de estructurar la lista de tareas se denomina esquematizar. La esquematización tiene varios usos, entre los cuales cabe destacar el de agrupar tareas en grupos dentro de la lista de tareas.

7.1 CREACIÓN DE UN ESQUEMA

La creación de un esquema jerárquico organiza la lista de tareas del proyecto en grupos de tareas. Cada grupo de tareas es precedido de una tarea de resumen, que describe las tareas incluidas en el grupo. Cada nivel del esquema ofrece un nivel adicional de detalles para la tarea que se encuentra debajo.

El esquema de la planificación de un proyecto suele comenzar con una tarea de resumen del mismo. La tarea resumen principal consiste en una breve descripción del proyecto. Todas las tareas están subordinadas a ésta. Una tarea de resumen de dicho proyecto resulta útil para identificarlo rápidamente.

Una tarea cualquiera se convierte en una tarea resumen cuando se aplica una sangría a una tarea situada debajo de ella. La tarea con una sangría se convierte entonces en una subtarea de la tarea de resumen. Cuando una tarea se convierte en tarea de resumen, la duración, fechas de comienzo y fin así como la información de coste cambian para resumir la información de las subtareas que contiene.

Si se borra o se anula la sangría de la única subtarea de una tarea de resumen, dicha tarea se convertirá en una subtarea de la tarea de resumen de un nivel superior.

Si se elimina una tarea de resumen, las subtareas que se encuentran debajo de ella también serán eliminadas de forma automática.

Crear una tarea de resumen (Figura 7.1)

- Seleccionar una o más tareas debajo de la que va a ser tarea de resumen.

- Hacer clic sobre el botón *Aplica sangría a la tarea* del grupo *Programación* de la ficha *Tarea* (también pulsando simultáneamente **Alt+Mayús+Derecha**). La tarea a la que se le ha aplicado la sangría se convierte en una subtarea.

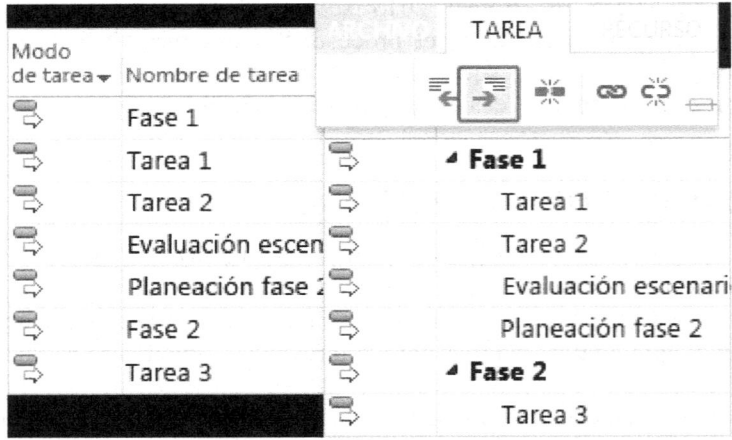

Figura 7.1. Creación de una tarea de resumen

Ocultar las subtareas de una tarea de resumen (Figura 7.2)

- Seleccionar una, o varias, tareas de resumen y, a continuación, pulsar el botón *Ocultar subtareas* del desplegable *Esquema* del grupo *Datos* de la ficha *Vista*.

- También se puede realizar pulsando el símbolo de esquema menos [-] situado junto a la tarea de resumen.

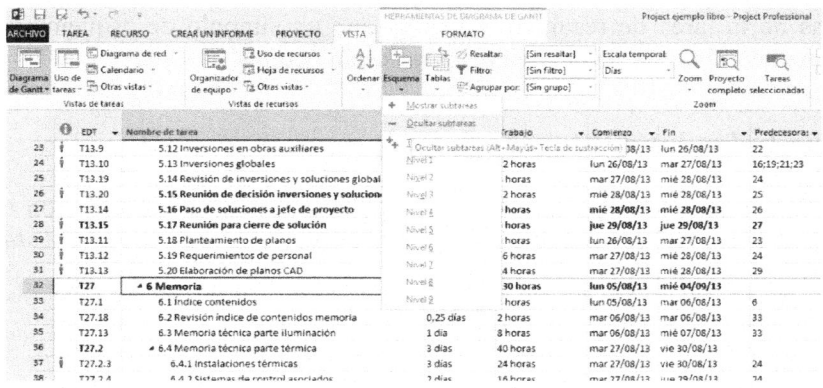

Figura 7.2. Ocultar subtareas de una tarea de resumen

Mostrar las subtareas de una tarea de resumen (Figura 7.3)

- Seleccionar una, o varias, tareas de resumen y, a continuación, pulsar el botón *Mostrar subtareas* del desplegable *Esquema* del grupo *Datos* de la ficha *Vista*.

- También se puede realizar pulsando el símbolo de esquema más [+] situado junto a la tarea de resumen.

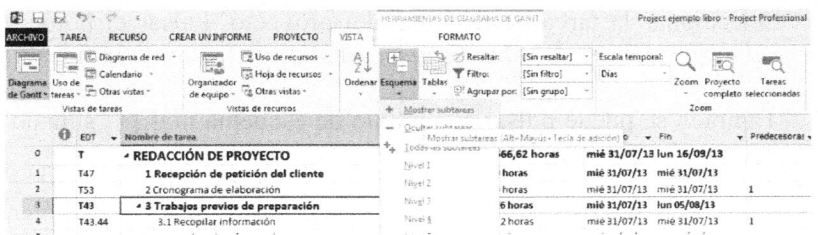

Figura 7.3. Mostrar subtareas de una tarea de resumen

7.2 OCULTACIÓN Y PRESENTACIÓN DEL ESQUEMA

Al ocultar y mostrar tareas en el esquema, se puede presentar solo la información que se necesita.

La estructura del esquema puede ser ocultada o mostrada usando las diferentes opciones que aparecen pulsando el desplegable *Esquema* del grupo *Datos* de la ficha *Vista*, o bien, los símbolos de esquema situados junto a cada tarea resumen. El símbolo de esquema menos [-] indica que se muestran todas las subtareas de la tarea de resumen, mientras que un símbolo de esquema más [+] indica que las subtareas de la tarea resumen están ocultas.

Ocultar todas las subtareas del esquema (Figura 7.4)

- Seleccionar la tarea de resumen y, a continuación, pulsar el botón *Ocultar subtareas* del desplegable *Esquema* del grupo *Datos* de la ficha *Vista*.

- También se puede pulsar el símbolo de esquema menos [-] situado junto a la tarea de resumen del proyecto.

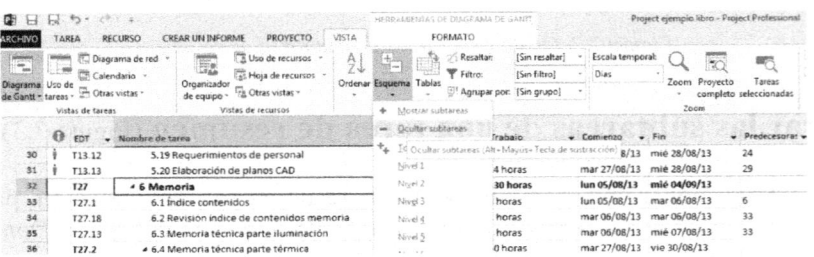

Figura 7.4. Ocultación de subtareas de esquema

Mostrar todo el esquema

- Seleccionar la tarea de resumen del proyecto. Pulsar el botón *Mostrar subtareas* del desplegable *Esquema* del grupo *Datos* de la ficha *Vista*.

- También se puede pulsar el símbolo de esquema más [+] situado junto a la tarea de resumen del proyecto.

7.3 CÓDIGOS EDT Y VISUALIZACIÓN DE NÚMEROS DE ESQUEMA

Los códigos de estructura de descomposición del trabajo (EDT) son números de esquema que puede aplicar a las tareas y editar de manera que se ajusten a las necesidades concretas del planificador del proyecto. Project ofrece automáticamente números de esquema básicos para cada tarea, pero puede aplicar en cualquier momento su propio esquema personalizado al proyecto.

Si no se necesita la estructura detallada que facilitan los códigos EDT se puede utilizar un esquema básico. Microsoft Project 2013 asigna automáticamente un número de esquema a cada tarea al esquematizar la planificación. Los números de esquema se basan en la estructura del esquema. Cada número indica la posición de la tarea dentro de la jerarquía del esquema. Por ejemplo, si la primera tarea del esquema tiene asignado el número 1, la subtarea que se encuentra debajo tendrá asignado el número 1.1, la siguiente subtarea el número 1.2, y así sucesivamente. Los números de esquema pueden ser útiles a la hora de generar informes.

Para crear códigos tipo EDT personalizados se debe de hacer clic en *Ver*, a continuación seleccione una vista de hoja como Hoja de tareas u Hoja de recursos y posteriormente haga clic en *Proyecto*. En el grupo Propiedades haga clic en EDT y posteriormente en Definir código, Figura 7.5. Se puede crear un código específico para el proyecto y se pueden usar números, letras mayúsculas, minúsculas y símbolos.

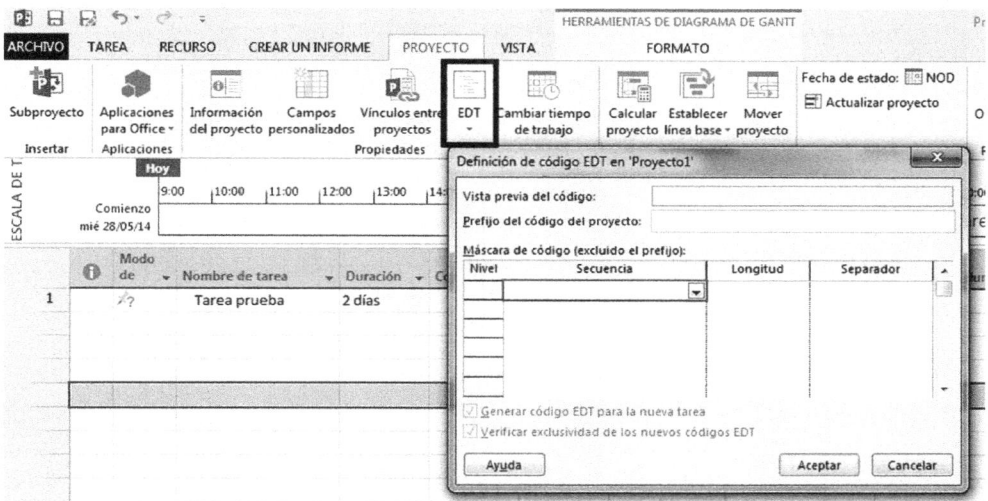

Figura 7.5. Personalización de códigos EDT

Activar visualización de números de esquema

- Vaya a *Diagrama de Gantt* u *Hoja de tareas*, luego haga clic en *Formato* y luego, en el grupo *Mostrar u ocultar*, marque *Número de esquema*.

Capítulo 8

ESTABLECIMIENTO DE DEPENDENCIAS ENTRE TAREAS

Con Microsoft Project 2013 se pueden crear fácilmente dependencias entre tareas en una programación. Al vincular tareas, se crean dependencias que identifican si el comienzo o el final de una tarea dependen del comienzo o final de otra. También se pueden crear situaciones en las que la dependencia entre tareas se retrasa o se solapa. Una vez establecidos los vínculos entre las tareas, las tareas del proyecto comienzan a convertirse en una programación de eventos.

8.1 DESCRIPCIÓN DE LAS DEPENDENCIAS ENTRE TAREAS

Hay cuatro tipos de dependencias de tareas:

- Fin a comienzo.
- Fin a fin.
- Comienzo a comienzo.
- Comienzo a fin.

La más habitual es la de fin a comienzo y la menos, la de comienzo a fin.

Una tarea que tiene que comenzar o terminar antes de que otra pueda comenzar se denomina una tarea predecesora. Una tarea que depende del comienzo o fin de la que la precede se denomina una tarea sucesora.

8.1.1 Vinculación de tareas para crear dependencias entre tareas

Por omisión, la vinculación de tareas crea una dependencia de fin a comienzo. Como la dependencia de fin a comienzo es el tipo de dependencia más habitual, resulta más fácil comenzar vinculando todas las tareas con esta relación. Una vez que todas las tareas tienen el tipo de dependencia que se establece por omisión, se puede comenzar a identificar y tratar las tareas que, excepcionalmente, tienen otro tipo de dependencia distinto de fin a comienzo.

Vincular tareas (Figura 8.1)

- Seleccionar las tareas a vincular. Seleccionar el icono *Vincular tareas* (**Ctrl+F2**) del grupo *Programación* de la ficha *Tarea*.

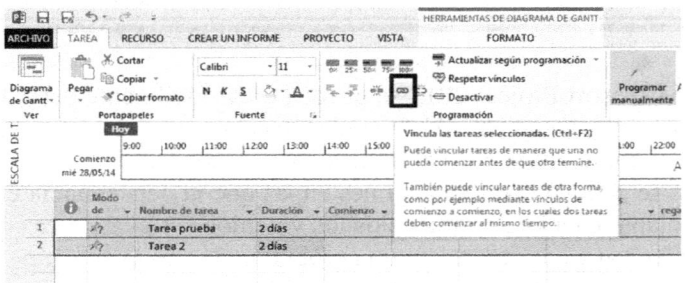

Figura 8.1. Vinculación de tareas

Desvincular tareas (Figura 8.2)

- Seleccionar las tareas a desvincular. Seleccionar el icono *Desvincular tareas* (**Ctrl+Mayús+F2**) del grupo *Programación* de la ficha *Tarea*.

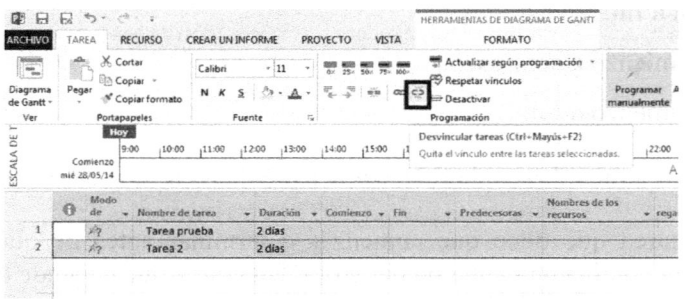

Figura 8.2. Desvinculación de tareas

Obsérvese que el modo de activar cualquier comando mediante la combinación de teclas suele venir indicado cuando se deja inmóvil, durante más de un segundo, el ratón encima de la opción deseada, al igual que en la mayoría de las aplicaciones Office.

Vincular tareas no contiguas (Figura 8.3)

- Seleccionar la primera tarea a vincular. Pulsar la tecla **CTRL** y seleccionar la segunda tarea a vincular. La vinculación de las tareas se realiza del mismo modo que si las tareas fueran contiguas.

- Seleccionar el icono *Vincular tareas* (**Ctrl+F2**) del grupo *Programación* de la ficha *Tarea*.

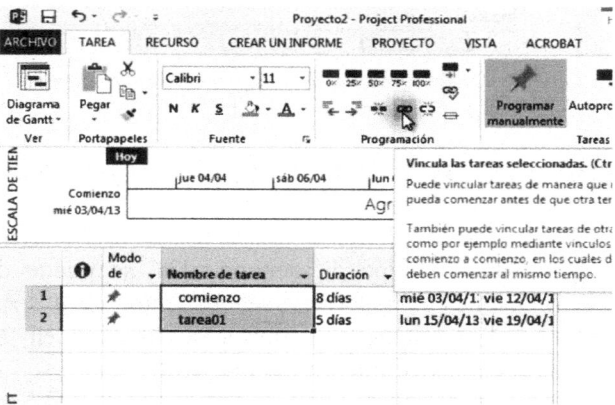

Figura 8.3. Vinculación de tareas no contiguas

8.1.2 Cambio de las dependencias entre tareas

Como no todas las tareas necesitan tener una dependencia de fin a comienzo, se puede modificar el tipo de dependencia mediante el cuadro de diálogo *Dependencia entre tareas* o cualquier vista que presente el campo *Tipo*. El cuadro de diálogo *Dependencia entre tareas* se presenta haciendo doble clic sobre una línea de vínculo entre tareas. El cuadro de diálogo confirma las tareas a las que está conectada la línea de vínculo y presenta la dependencia existente. Para cambiar la dependencia, se usa el cuadro *Tipo*. Cuando se cambia una dependencia entre tareas, la línea de vínculo del *Diagrama de Gantt* es redibujada para reflejar el cambio.

Han de usarse las líneas de vínculo para identificar las dependencias entre tareas.

Especificar la dependencia entre tareas (Figura 8.4)

- Hacer doble clic sobre la línea de vínculo que une las tareas cuya dependencia se quiere modificar. Hacer clic en la flecha hacia abajo del cuadro *Tipo*, seleccionar el tipo de dependencia deseado y hacer clic en el botón *Aceptar*.

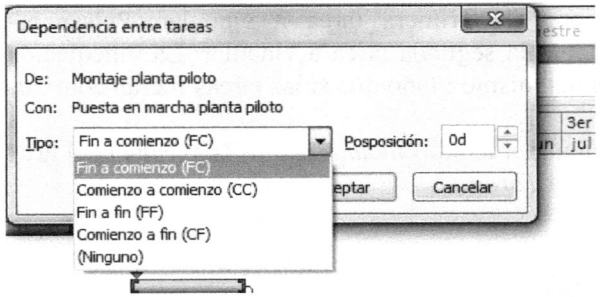

Figura 8.4. Especificación de la dependencia entre tareas

8.2 DESCRIPCIÓN DEL TIEMPO DE POSPOSICIÓN Y DE ADELANTO

Además de cambiar el tipo de dependencia, se puede definir mejor el impacto real de las relaciones entre tareas usando tiempo de posposición y tiempo de adelanto. El tiempo de adelanto crea una superposición en una dependencia entre tareas que puede reducir la duración del proyecto.

En Microsoft Project, el campo *Posposición* permite especificar tanto el adelanto como la posposición. En el campo *Posposición*, el adelanto se expresa como un número negativo, y la posposición se muestra como un número positivo. Los tiempos de adelanto y posposición se introducen en el campo *Posposición* del cuadro de diálogo *Dependencia entre tareas* o en cualquier vista que presente el campo *Posposición*. En el *Diagrama de Gantt* se puede observar cuál es el tiempo de retraso o adelanto para las tareas, Figura 8.5.

Especificar tiempo de adelanto o de posposición

- Hacer doble clic en el nombre de una tarea y a continuación clic en la pestaña *Predecesora*s del cuadro *Información de la tarea*.

- En la columna *Posposición* se escribe el tiempo de adelanto o de retraso que se desee.

- En el caso de querer introducir un tiempo de retardo se agregará un tiempo positivo (por ejemplo 2d) y si se quiere agregar un retraso se introducirá un valor negativo (por ejemplo -50%).

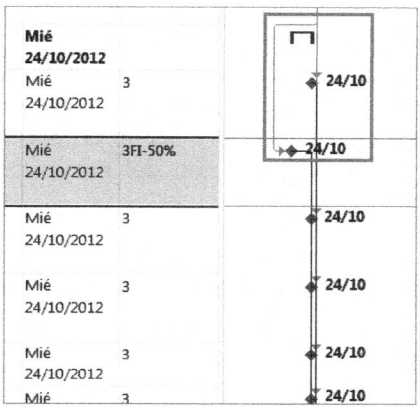

Figura 8.5. Tiempo de adelanto en el retraso de

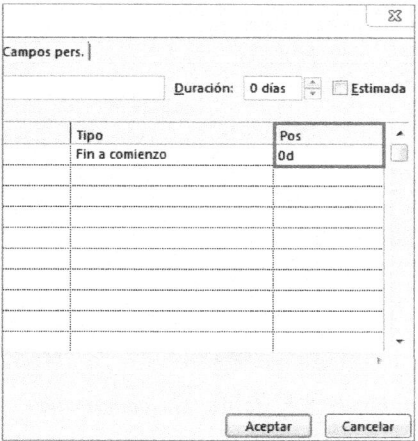

Figura 8.6. Especificación de tiempo de posposición

8.3 IDENTIFICACIÓN DEL CAMINO CRÍTICO

El camino crítico o ruta crítica identifica las tareas que son críticas para la duración del proyecto, ya que no pueden ver incrementada su duración ni tener un retraso en su fecha de inicio sin que esto afecte a la fecha de finalización del proyecto y, además, no tienen margen de demora.

Las tareas críticas forman un camino crítico a lo largo del proyecto. Una vez que se formatea la programación del proyecto para mostrar el camino crítico, se puede reducir o acortar la duración total del proyecto cambiando la duración, las dependencias o los recursos de las tareas críticas.

Para formatear el *Diagrama de Gantt* de modo que muestre de forma automática el camino crítico, basta con marcar la casilla *Tareas críticas* del grupo *Estilos de barra* de la ficha *Formato*. A partir de ese momento, las barras de *Gantt* de las tareas críticas se muestran en rojo y las no críticas se presentan en azul. Al realizar modificaciones en la programación del proyecto, el camino crítico será actualizado.

Formatear la vista para mostrar el camino crítico (Figura 8.7)

- En la ficha *Formato* marcar la casilla *Tareas críticas* del grupo *Estilos de barra*.

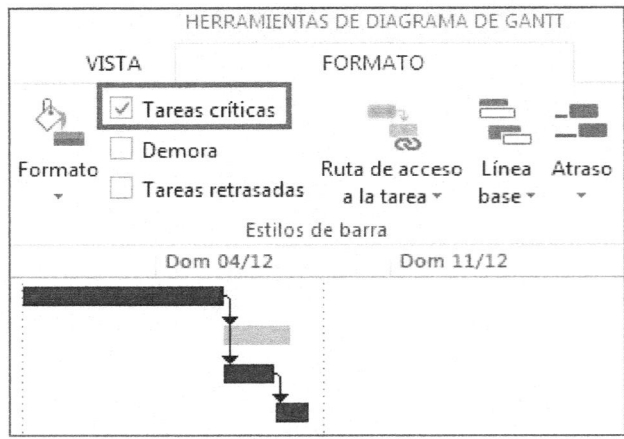

Figura 8.7. Mostrar el camino crítico

8.4 USO DEL FORMULARIO DE TAREAS

La información sobre las dependencias entre tareas también puede verse en el *Formulario de tareas*. Éste ofrece detalles sobre una tarea individual, como su fecha de comienzo y fin, sus predecesoras y el tipo de dependencia. El *Formulario de tareas* puede mostrarse como una vista individual o combinada, llamada entonces vista *Entrada de tarea* (Figura 8.8); ambas son accesibles desde el cuadro de diálogo *Más vistas* que se activa pulsando la opción *Más vistas* que se visualiza pulsando en el desplegable *Diagrama de Gantt* dentro del grupo *Ver* de la ficha *Tarea*.

Figura 8.8. Vista Entrada de tarea

En el *Formulario de tareas* se puede ver, introducir y editar información básica de seguimiento y programación de las tareas, de tarea en tarea. Se puede usar cuando se desee mostrar información detallada sobre una tarea, o bien, introducir y revisar información sobre tareas en un único punto.

Para salir del modo vista combinada y volver a disponer de una vista individual bastará con hacer doble clic sobre la línea de separación de las dos vistas. También se puede variar el tamaño de las dos vistas combinadas arrastrando la citada línea.

Capítulo 9

GESTIÓN DE LOS RECURSOS DEL PROYECTO

Los recursos los constituyen las personas, lugares y elementos necesarios para realizar una tarea. Al asignar recursos a tareas, se podrá controlar mejor el trabajo necesario para realizar una tarea, el coste de este trabajo y el progreso del proyecto. En Microsoft Project 2013 se puede almacenar cualquier información sobre un recurso. También se pueden aplicar diferentes tasas a cada recurso para reflejar las tarifas de los diferentes tipos de trabajo.

9.1 ASIGNACIÓN DE RECURSOS

Cada tarea de un proyecto necesita tener asignados todos los recursos necesarios para llevarla a cabo. Un recurso lo constituye cualquier espacio o elemento necesario para realizar la tarea.

Cuando se incorpora un recurso en un proyecto, se introduce por omisión una unidad al 100%, en el campo *Capacidad máxima* del recurso. Esto implica que sólo se dispone de uno de esos recursos para el proyecto. Por omisión, las unidades de recursos se muestran como porcentajes. También puede mostrar las unidades de recursos como decimales (ficha *Archivo* → *Opciones* → *Programación* → apartado *Programación* → *Mostrar unidades de asignación como:* → *Valores decimales* → *Aceptar*).

Por unidades se entiende el porcentaje de uso de un recurso. Si las unidades del recurso *Carpintero* son, por ejemplo, 100% se supone que el carpintero trabaja 8 horas diarias para el proyecto; si fueran 200% significaría que trabajan dos carpinteros para el proyecto, y si fuesen solamente 50% se entendería que el carpintero solamente trabaja media jornada para el proyecto.

Microsoft Project 2013 permite introducir recursos desde varios lugares distintos: el cuadro de diálogo *Asignar recursos* y la *Hoja de recursos*. En el cuadro de diálogo *Asignar recursos* se pueden introducir nombres de recursos y asignar recursos a las tareas. En la *Hoja de recursos* se pueden introducir nombres de recursos, así como información detallada de, por ejemplo, la capacidad máxima y los costes.

Introducción de recursos en el cuadro de diálogo Asignar recursos

Se añaden nombres de recursos al proyecto usando el cuadro de diálogo *Asignar recursos* (Figura 9.1).

- En el *Diagrama de Gantt*, seleccionar previamente la tarea deseada y pulsar el botón *Asignar recursos* del grupo *Asignaciones* en la ficha *Recurso*. Se abrirá, entonces, el cuadro de diálogo *Asignar recursos*.

Figura 9.1. Cuadro de diálogo Asignar Recursos

- Escribir el nombre del recurso, por ejemplo *Carpintero*, y pulsar **INTRO**.

- Pulsar el botón *Aceptar*.

- En el caso de querer borrar uno de los recursos ya adjudicados previamente se seleccionará la casilla correspondiente, a continuación se pulsará la tecla **RETROCESO** y finalmente la tecla **INTRO**.

Introducción de recursos en la Hoja de recursos

También se pueden añadir otros recursos al proyecto usando la vista *Hoja de recursos* (Figura 9.2).

- En la *Barra de vistas*, pulsar la flecha hacia abajo hasta que aparezca el icono *Hoja de recursos* y, a continuación, hacer clic sobre el mismo (también se puede seleccionar la opción *Hoja de recursos* en el menú desplegable que aparece pulsando *Diagrama de Gantt* en el grupo *Ver* de la ficha *Tarea*).

- Escribir el *Nombre* del recurso y pulsar la tecla **INTRO**.

De este modo se introduce el nombre del recurso y la correspondiente información por omisión, susceptible de ser modificada.

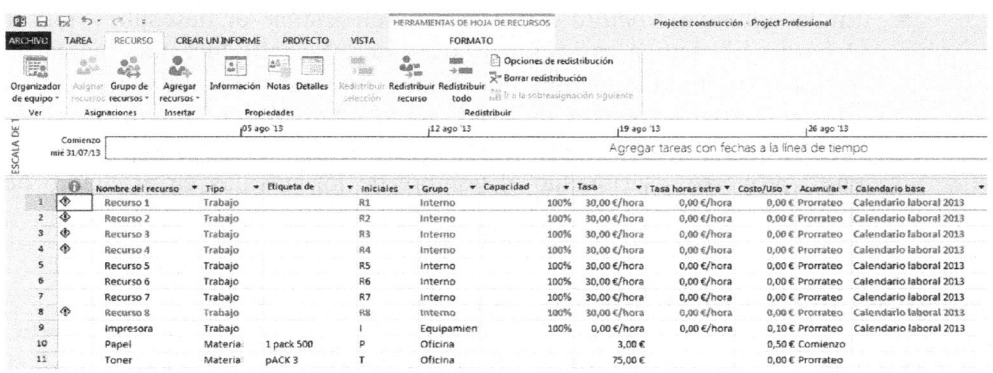

Figura 9.2. Hoja de recursos

Asignación de un recurso a una tarea (Figura 9.3)

En este caso, se asigna un recurso a una tarea.

- En la *Barra de vistas*, pulsar el icono *Diagrama de Gantt*.

- Seleccionar la tarea deseada.

- Pulsar el botón *Asignar recursos* del grupo *Asignaciones* en la ficha *Recurso*. Se abrirá, entonces, el cuadro de diálogo *Asignar recursos.*

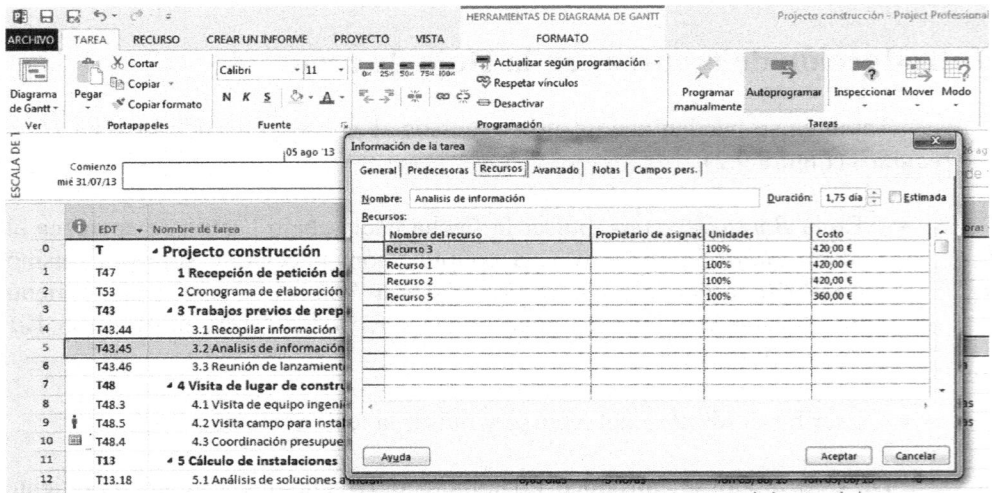

Figura 9.3. Asignación de un recurso a una tarea

- En la columna *Nombre del recurso*, seleccionar el deseado y pulsar *Asignar*. El recurso es asignado a la tarea. Se introduce una marca de verificación junto al nombre del recurso y un valor de unidad del 100%. El nombre del recurso es mostrado junto a la barra de *Gantt* de la tarea (también es posible añadir nuevos recursos, no utilizados anteriormente en el proyecto, escribiendo el nombre de los mismos en el cuadro de diálogo).

Asignación de una unidad de recurso

- Para la tarea deseada, en el *Diagrama de Gantt* pulsar el botón *Asignar recursos*, del grupo *Asignaciones*, en la ficha *Recurso*. Se abrirá, entonces, el cuadro de diálogo *Asignar recursos.*

- En el cuadro de diálogo introducir un nuevo valor, por ejemplo 200%, en el campo *Unidades,* para el recurso deseado.

- Hacer clic en cualquier otro sitio del cuadro de diálogo, o pulsar **INTRO**.

9.2 ASIGNACIÓN DE VARIOS RECURSOS

Usando el cuadro de diálogo *Asignar recursos*, se pueden asignar fácilmente varios recursos a una tarea individual.

Al seleccionar una tarea, el cuadro de diálogo *Asignar recursos* refleja las asignaciones de recursos. Se muestra una marca de verificación y también el número de unidades junto al nombre del recurso.

Si hay varios recursos asignados a una tarea, se mostrará una casilla de verificación junto al nombre de cada recurso asignado.

9.3 INTRODUCCIÓN DE DETALLES DE RECURSOS

Los detalles de los recursos ofrecen información adicional sobre un recurso y pueden introducirse en la *Hoja de recursos*, o bien, en el cuadro de diálogo *Información del recurso*.

Introducción de información de recursos en la Hoja de recursos

- En la barra de vistas, pulsar la flecha hacia abajo (↓) hasta que aparezca el icono *Hoja de recursos* y hacer clic sobre él (también en el grupo *Ver*, de la ficha *Tarea*, pulsar en *Diagrama de Gantt* y seleccionar *Hoja de recursos* del menú desplegable).

- Se presenta la hoja de recursos donde se deben introducir los datos correspondientes en cada uno de los apartados.

Uso del cuadro de diálogo Información del recurso (Figura 9.4)

- Hacer doble clic sobre el nombre del recurso en la *Hoja de recursos* o, alternativamente, seleccionar el recurso y pulsar la opción *Información* en el grupo *Propiedades* de la ficha *Recurso*.

- Se abre el cuadro de diálogo *Información del recurso* donde se pueden ver todos los detalles del recurso.

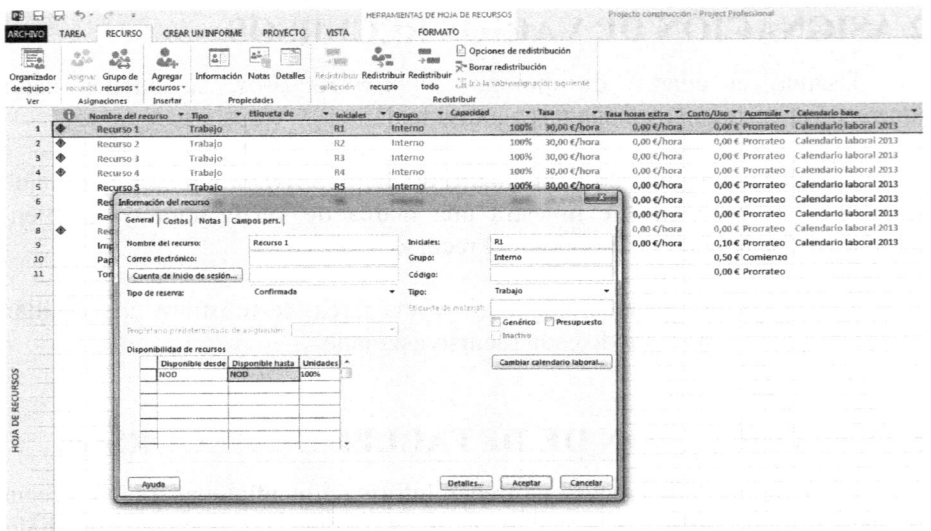

Figura 9.4. Cuadro de diálogo Información del recurso

9.4 MANEJO DE LOS COSTES DE RECURSOS

En **Microsoft Project 2013** hay varios tipos de costes: costes de recurso y costes fijos (asociados a las tareas). Basándose en la información de coste introducida, se puede calcular el coste para cada tarea y para todo el proyecto.

Para cada recurso se puede tener asociado un coste, como una tarifa por hora, un salario anual o el alquiler de un equipo. La *Hoja de recursos* permite introducir los costes básicos de los recursos. Para introducir información adicional, usar la ficha *Costes* del cuadro de diálogo *Información del recurso*.

Los *Costes por uso* son costes asociados a un recurso de trabajo o de material que se cargan una sola vez en cada tarea que son utilizados.

El *Coste fijo* se usa cuando la tarea en sí tiene un coste asociado; los costes fijos no son dependientes del tiempo necesario para realizar la tarea. Los costes fijos se introducen en el campo *Coste fijo* de la tabla *Costo*.

Introducción de un coste fijo para una tarea (Figura 9.5)

En este ejemplo, desde el *Diagrama de Gantt*, se introduce un coste fijo para una tarea específica.

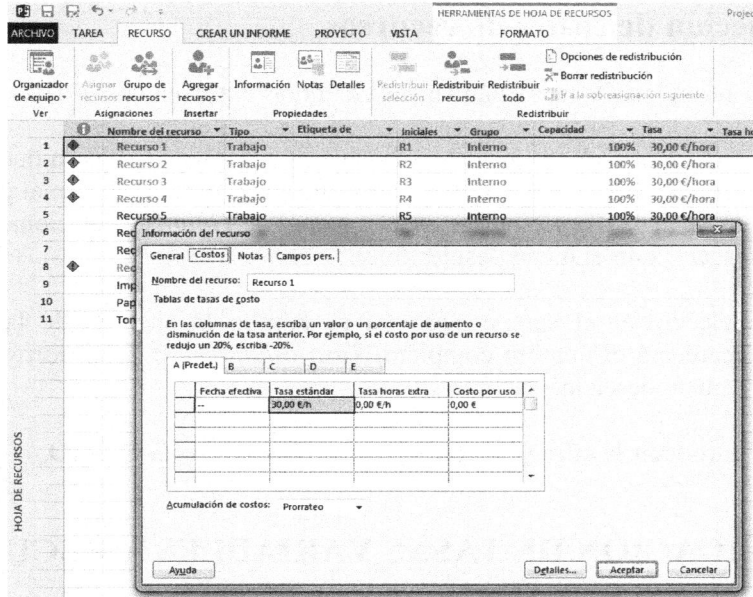

Figura 9.5. Introducción de costes fijos

- En el grupo *Datos* de la ficha *Vista*, señalar la opción *Tablas* y, luego, pulsar *Coste*.

- Para la tarea deseada, hacer clic en el campo *Coste fijo*.

- Introducir el coste y luego pulsar la tecla **INTRO**.

- Pulsar la flecha del menú desplegable que se encuentra en el campo *Acumulación de costes fijos*.

- Seleccionar la opción *Fin* y pulsar la tecla **INTRO**. El coste de la tarea no será cargado al proyecto hasta que se termine la tarea.

- Para retornar a la vista por defecto del *Diagrama de Gantt*, en el grupo *Datos* de la ficha *Vista*, señalar la opción *Tabla* y, luego, hacer clic sobre la opción *Entrada*.

- Es importante hacer notar que se puede cambiar el método de acumulación de costes fijos predeterminado para todas las nuevas tareas de este proyecto, así como las de futuros proyectos, en la pestaña *Programación* del cuadro de diálogo *Opciones de proyecto* (*Archivo > Opciones > Programación*)

Introducción de costes de recursos

Se introducirá la tasa estándar, o la de horas extra, en la *Hoja de recursos*.

- En la *Barra de vistas*, pulsar la flecha hacia abajo (↓) hasta que aparezca el icono *Hoja de recursos* y hacer clic sobre él (también en el grupo *Ver*, de la ficha *Tarea,* pulsar en *Diagrama de Gantt* y seleccionar *Hoja de recursos* en el menú desplegable).

- Seleccionar el campo *Tasa* (si se amplía la anchura de la columna aparecerá el nombre completo, *Tasa estándar*), o *Tasa horas extra* del recurso deseado.

- Introducir la cifra y, posteriormente, pulsar la tecla **INTRO**.

9.5 APLICACIÓN DE TASAS VARIABLES A RECURSOS

Utilizando tasas variables de recursos, se pueden controlar los cambios en las tasas de los recursos a lo largo del proyecto, incluyendo las fechas correspondientes, de modo que las nuevas tasas se aplican al proyecto en el momento adecuado.

La tasa inicial de coste de un recurso puede introducirse en la *Hoja de recursos* o en la ficha *Costes* del cuadro de diálogo *Información del recurso*. Cualquier cambio de las tasas que vaya a tener efecto en el proyecto, una vez que se haya iniciado, debe introducirse en la ficha *Costes*. Cuando llegue la fecha de efecto del nuevo coste del recurso, la información de coste de la *Hoja de recursos* es actualizada automáticamente.

Aplicación de una nueva tasa de recursos (Figura 9.6)

Se introduce una nueva tasa estándar y de horas extra para un recurso, que surtirá efecto a partir de un día determinado.

- Seleccionar el nombre del recurso en la *Hoja de recursos*.

- En el grupo *Propiedades* de la ficha *Recurso* hacer clic en la opción *Información*, con lo que aparecerá el cuadro de diálogo *Información del recurso* (se consigue el mismo efecto haciendo directamente doble clic sobre el recurso correspondiente).

- Hacer clic en la pestaña *Costes*.

- Hacer clic en la segunda fila del campo *Fecha efectiva*.

- Escribir la fecha efectiva. Esta es la fecha, a partir de la cual, será efectiva la nueva tasa de coste para el recurso.

- Rellenar los diferentes campos con los datos adecuados y hacer clic en el botón *Aceptar*.

Figura 9.6. Nueva tasa del recurso

9.6 ASIGNACIÓN DE TABLAS DE TASAS DE COSTE

Un recurso debe poder realizar diferentes tipos de trabajo con tasas diferentes. Usando las tablas de tasas de coste, Figura 9.7, cada recurso puede tener hasta cinco tasas de coste distintas, que se crean en el cuadro de diálogo *Información del recurso*, seleccionando la pestaña *Costes*. La tabla de costes por omisión es la tabla **A**. Las tablas adicionales están rotuladas de la **B** a la **E**. Cada tabla adicional está vacía hasta que se utiliza.

La tabla de tasas de coste usada para calcular los costes de recursos de una tarea puede ser una de las cinco tablas de costes disponibles para cada recurso.

Para ello, desde la vista *Uso de tareas*, accesible desde la *Barra de vistas* (también en el grupo *Ver*, de la ficha *Tarea,* pulsar en *Diagrama de Gantt* y seleccionar *Uso de tareas* en el menú desplegable), se seleccionará, dentro de la tarea correspondiente, y se hará doble clic directamente sobre el recurso deseado.

Aparecerá el cuadro de diálogo *Información de la asignación* y, dentro de la ficha *General,* se pulsará la flecha que despliega el cuadro *Tabla de tasas de coste* y se escogerá la tabla deseada (Figura 9.8).

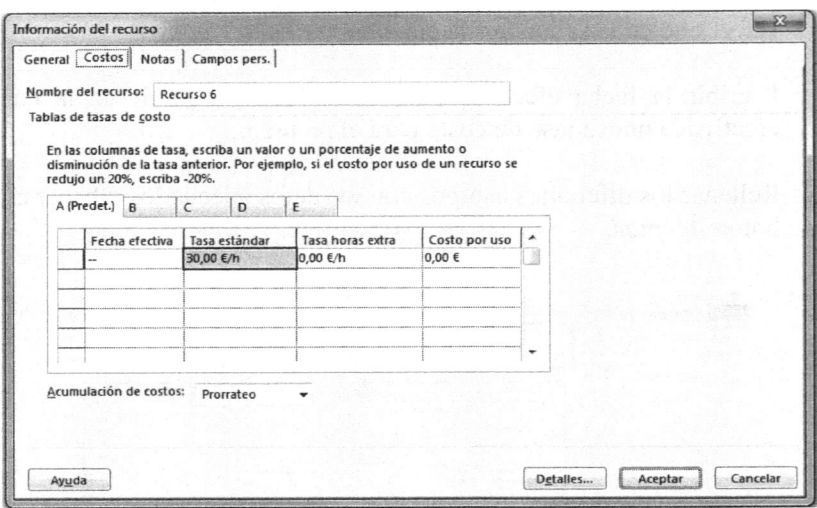

Figura 9.7. Asignación de tasas de coste

9.7 CREACIÓN DE UNA NUEVA TABLA DE COSTES

Se realiza igual que el ejercicio anterior, pero introduciendo los datos en una tabla de tasas de costes distinta a la **A**, por ejemplo la **B**.

Las tarifas de la tabla **B** no tienen efecto sobre las tarifas de la tabla **A**.

Aplicar una tabla de costes de recurso a una tarea (Figura 9.8)

- En el grupo *Ver*, de la ficha *Tarea*, pulsar en *Diagrama de Gantt* y seleccionar *Uso de tareas* en el menú desplegable.

- Desplazarse hasta la tarea y, luego, seleccionar el nombre de recurso.

- En el grupo *Edición* de la ficha *Tarea*, pulsar el botón *Desplazarse a tarea*.

- Hacer doble clic directamente sobre el recurso deseado, con lo que se accede al cuadro de diálogo *Información de la asignación*.

- En la pestaña *General* hacer clic en la flecha que despliega el cuadro *Tabla de tasas de coste* y seleccionar **B**, **C**, **D** o **E** y pulsar sobre el botón *Aceptar*.

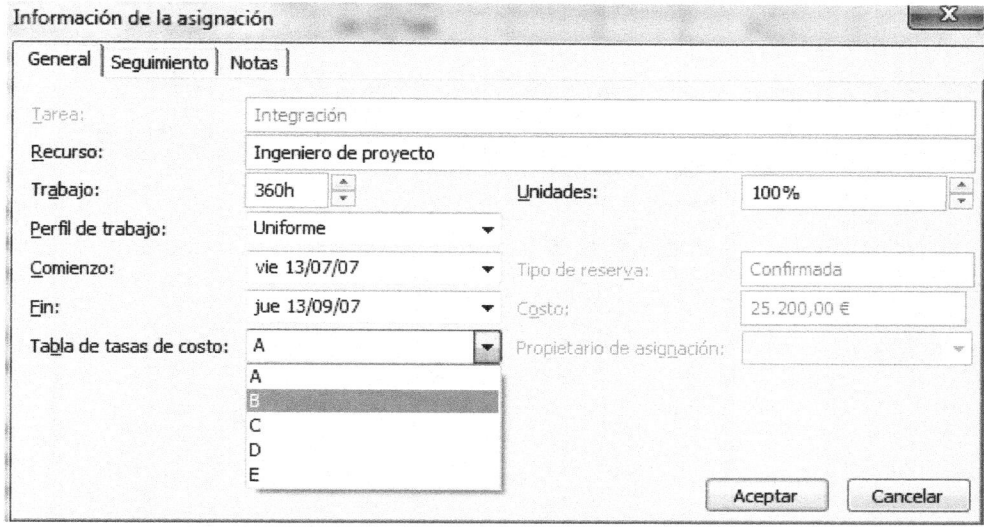

Figura 9.8. Cuadro de diálogo Información de la asignación

9.8 INTRODUCCIÓN DE UNA NOTA DE RECURSO

Las notas de recurso se utilizan para guardar información adicional sobre un recurso. Para crear una nota de recurso, usar el botón *Notas del recurso*.

Añadir una nota de recurso (Figura 9.9)

En este caso, se añadirá una nota a un recurso.

- Desde la vista *Hoja de recursos*, accesible desde la *Barra de vistas* (también en el grupo *Ver*, de la ficha *Tarea*, pulsar en *Diagrama de Gantt* y seleccionar *Hoja de recursos* en el menú desplegable.

- Comprobar que se tiene seleccionado el recurso deseado.

- En el grupo *Propiedades* de la ficha *Recurso*, hacer clic en el botón *Notas*.

- Hacer clic en el cuadro *Notas*.

- Introducir la nota y pulsar el botón *Aceptar*.

	Recurso 1	Trabajo	R1	Interno	100%	30,00 €/hora	0,00 €/hora	0,00 € Prorrateo
	Recurso 2	Trabajo	R2	Interno	100%	30,00 €/hora	0,00 €/hora	0,00 € Prorrateo
	Recurso 3	Trabajo	R3	Interno	100%	30,00 €/hora	0,00 €/hora	0,00 € Prorrateo
	Recurso 4	Trabajo	R4	Interno	100%	30,00 €/hora	0,00 €/hora	0,00 € Prorrateo
	Recurso 5	Trabajo	R5	Interno	100%	30,00 €/hora	0,00 €/hora	0,00 € Prorrateo
	Recurso 6	Trabajo	R6	Interno	100%	30,00 €/hora	0,00 €/hora	0,00 € Prorrateo
	Recurso 7	Trabajo	R7	Interno	100%	30,00 €/hora	0,00 € Prorrateo	
	Recurso 8	Trabajo						rrateo
	Impresora	Trabajo						rrateo
	Papel	Material						mienzo
	Toner	Material						rrateo

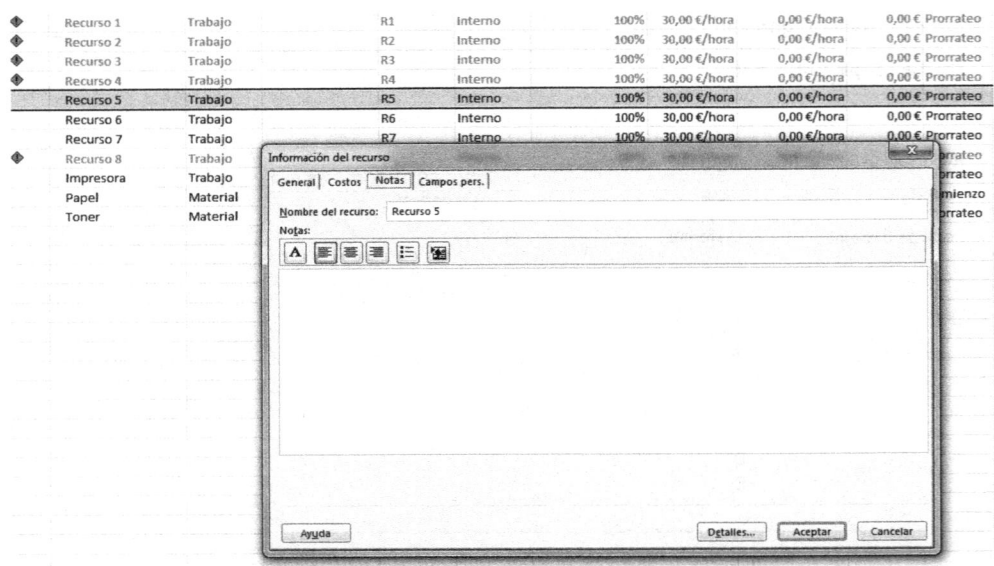

Figura 9.9. Añadir nota al recurso

Capítulo 10

UTILIZACIÓN DE CALENDARIOS

Al programar un proyecto, se necesita saber cuándo pueden realizar sus tareas los distintos recursos. Usando calendarios, se puede determinar cuándo trabajan y cuándo no lo hacen los recursos de un proyecto. En Microsoft Project 2013, los calendarios definen el período laborable y no laborable del proyecto y de cada recurso asignado al proyecto. Cuando se realiza una modificación en un calendario, Microsoft Project 2013 reprograma automáticamente todas las tareas modificadas, siempre y cuando las tareas se hayan programado en ese modo.

10.1 USO DE CALENDARIOS

Las tareas y los recursos son programados mediante un calendario. En Microsoft Project 2013 se dispone de dos tipos de calendarios: base y de recursos.

El calendario base por omisión es el calendario *Estándar*. Cuando se incorpora un recurso a un proyecto, el calendario *Estándar* es definido como calendario base de recurso. Microsoft Project 2013 incorpora otros dos calendarios de este tipo: *24 horas* y *Turno de noche*, que pueden ser asignados a un proyecto o a un recurso. También se pueden crear nuevos calendarios base para grupos de recursos.

Ver las opciones de calendario por omisión (Figura 10.1)

En este caso, se verán los valores por omisión de las opciones de calendario.

- En la ficha *Archivo*, hacer clic sobre *Opciones*.

- Seleccionar *Programación*. En el apartado *Opciones de calendario para este proyecto* se muestran las opciones de calendario por omisión.

- Hacer clic en el botón *Cancelar*.

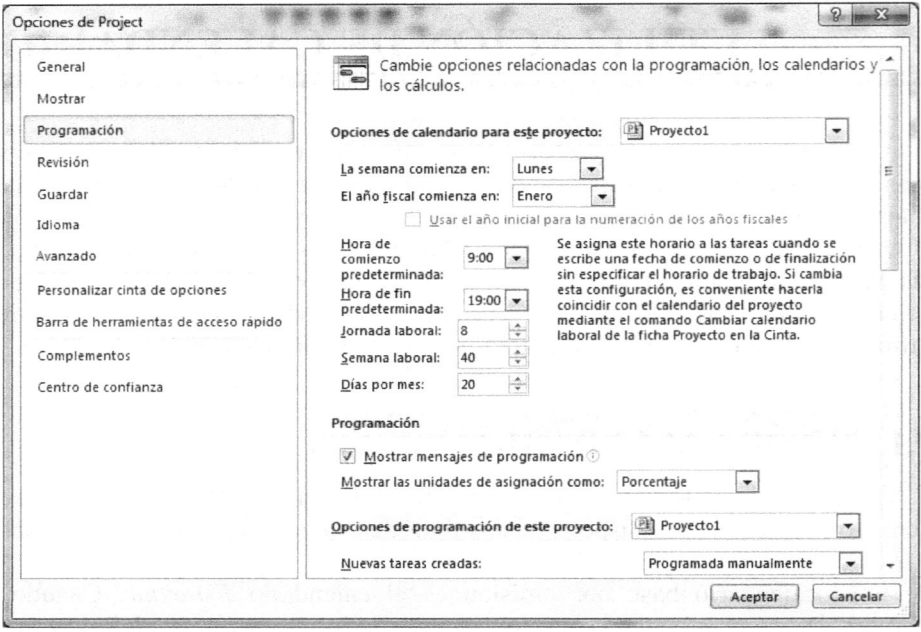

Figura 10.1. Opciones de calendario por omisión

10.2 CAMBIO DE CALENDARIO BASE

El calendario *Estándar* tiene una jornada laboral de 9:00 a 19:00 horas, de lunes a viernes, sin día festivo. El calendario base de un proyecto debe ser personalizado para incluir los cambios necesarios en las horas y días laborables. Los cambios realizados en un calendario base se reflejan automáticamente en cualquier calendario de recurso que tenga asignado dicho calendario base.

Cambio de horario laboral (Figura 10.2)

En este caso, se cambia el horario laboral para todos los recursos en una/s fecha/s determinada/s.

- En el grupo *Propiedades* de la ficha *Proyecto* seleccionando la opción *Cambiar tiempo de trabajo* aparece el cuadro de diálogo *Cambiar calendario laboral*.

- Seleccionar el/los día/s y, en la pestaña *Excepciones*, asignarle un nombre.

- Teniendo seleccionado el citado período, pulsar el botón *Detalles*, marcar la opción *Períodos laborables*, modificar los horarios de calendario y hacer clic en *Aceptar* en los dos cuadros de diálogo abiertos.

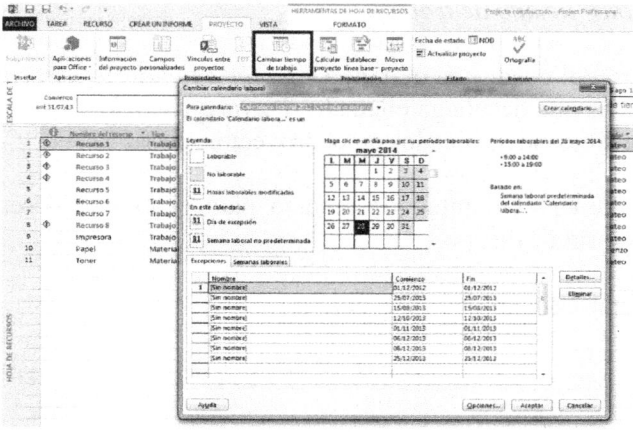

Figura 10.2. Cambiar calendario laboral

Definición de días no laborables

- Comprobar que se tiene en pantalla el cuadro de diálogo *Cambiar calendario laboral* con la opción *Para calendario: Estándar*.

- Seleccionar el/los día/s y, en la pestaña *Excepciones*, asignarle un nombre.

- Teniendo seleccionado el citado período, pulsar el botón *Detalles*, marcar la opción de período *No laborable* y hacer clic en *Aceptar* en los dos cuadros de diálogo abiertos.

10.3 CALENDARIO DE RECURSOS

Los calendarios de recursos se utilizan para controlar la disponibilidad de recursos individuales.

Por otra parte, un calendario de recursos siempre comienza como una copia del calendario base asignado a recurso, por lo que el calendario de recursos sólo debe incluir las excepciones para dicho recurso.

Por ello, Microsoft Project 2013 permite llevar a cabo las modificaciones necesarias en este calendario de recursos de forma que se pueda ajustar a las necesidades específicas de cada caso.

Edición de un calendario de recursos (Figura 10.3)

- En el grupo *Propiedades* de la ficha *Proyecto* seleccionar la opción *Cambiar tiempo de trabajo*.

- Dentro del cuadro de diálogo *Cambiar calendario laboral,* hacer clic en la flecha que despliega el cuadro *Para calendario*, en el que se muestran los recursos identificados en el proyecto.

- Seleccionar el nombre de recurso para el que se desea modificar su calendario de disponibilidad.

- Realizar los cambios deseados.

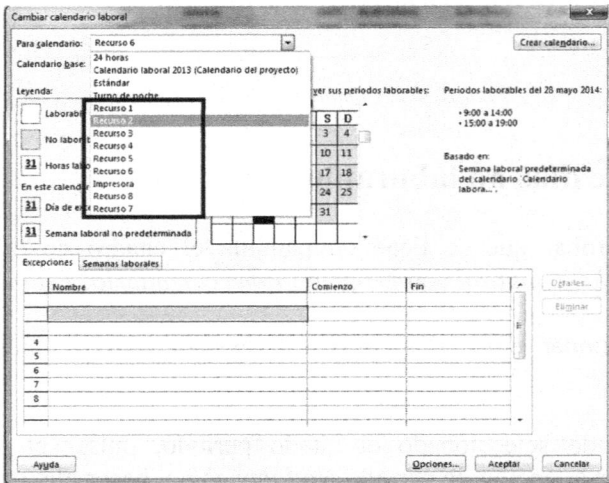

Figura 10.3. Calendario de recursos

10.4 CREACIÓN DE UN NUEVO CALENDARIO BASE

Se pueden crear nuevos calendarios base cuando ninguno de los calendarios base disponibles satisfaga las necesidades del proyecto o cuando un grupo de recursos trabaja en días y horas distintos del resto de recursos del proyecto.

Crear un nuevo calendario base (Figura 10.4)

- En el grupo *Propiedades* de la ficha *Proyecto* seleccionar la opción *Cambiar tiempo de trabajo*.

- Hacer clic en *Crear calendario*.

- En el cuadro *Nombre*, seleccionar el nombre del nuevo calendario.

- Seleccionar la opción *Crear nuevo calendario base* o la opción *Hacer una copia del calendario Estándar* y pulsar *Aceptar*.

- Desplazarse al mes y año a editar.

- Seleccionar el día o días a editar y, en la pestaña *Excepciones*, asignarle un nombre.

- Teniendo seleccionado/s el/los citado/s día/s, pulsar el botón *Detalles* y seleccionar la opción *No laborable* o editar la leyenda de *Períodos Laborables* y rellenarla con los valores deseados.

- Para finalizar, hacer clic en *Aceptar* en los dos cuadros de diálogo abiertos.

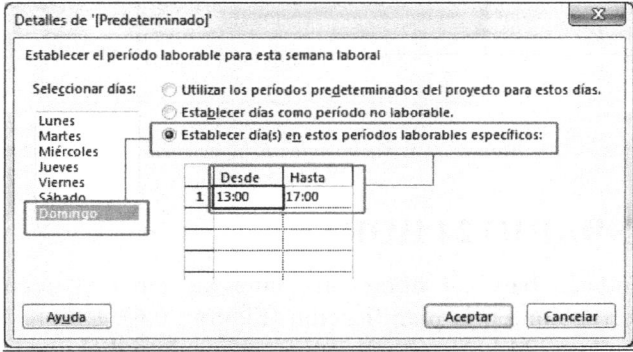

Figura 10.4. Creación de nuevo calendario base y especificación de los detalles

10.5 ASIGNACIÓN DE RECURSOS A DIFERENTES CALENDARIOS BASE

Una vez definidos los calendarios base adicionales del proyecto, estos pueden ser asignados a todo el proyecto o a un recurso específico.

Asignación de un nuevo calendario a un recurso (Figura 10.5)

- Situarse en la vista *Hoja de recursos*, accesible desde la *Barra de vistas* (también desde el desplegable *Diagrama de Gantt*, en el grupo *Ver* de la ficha *Tarea*).

- Hacer doble clic sobre el recurso.

- Comprobar que se tiene seleccionada la pestaña *General* y pulsar *Cambiar calendario laboral*.

- Hacer clic sobre la flecha que despliega el cuadro *Calendario base* y elegir el deseado.

- Pulsar el botón *Aceptar* de los dos cuadros de diálogo abiertos.

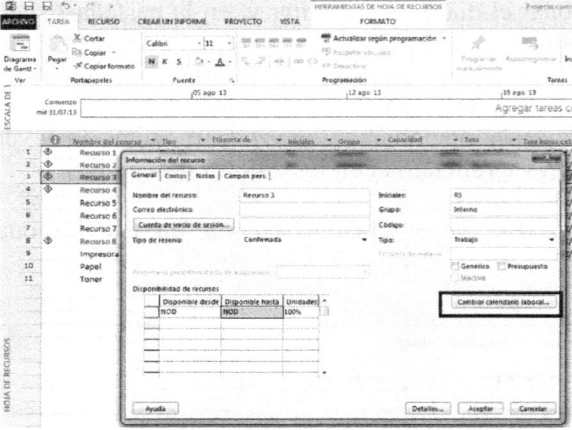

Figura 10.5. Nuevo calendario de recurso

10.6 CALENDARIO 24 HORAS

El calendario base 24 horas programa las tareas y recursos para que trabajen sin interrupción en la planificación (Figura 10.6). Un proyecto que tenga asignado el calendario 24 horas, o un recurso asignado a dicho calendario, trabaja siete días a la semana, 24 horas al día. En el calendario 24 horas se elimina cualquier período no laborable.

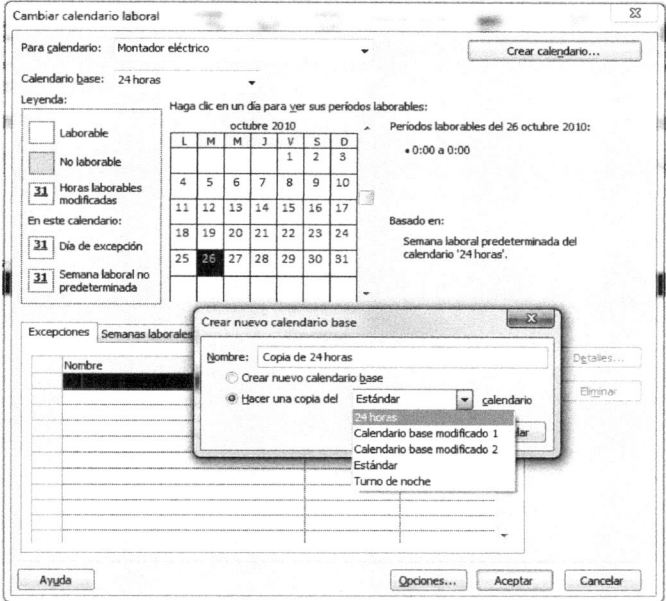

Figura 10.6. Creación del calendario 24 horas

Capítulo 11

PROGRAMACIÓN CON RECURSOS

En Microsoft Project 2013, cuando se modifica una asignación, la programación es recalculada para mostrar inmediatamente las modificaciones. Se puede trabajar con el método de modificaciones sobre las asignaciones iniciales de recursos. También se puede cambiar la carga de trabajo de programación y la configuración del tipo de tarea a la hora de asignar los recursos para que refleje con más exactitud cómo trabajan estos en la tarea[3].

11.1 USO DE LA PROGRAMACIÓN CONDICIONADA POR EL ESFUERZO

La respuesta de una tarea a la inclusión o supresión de recursos está definida por el método de programación (ficha *Archivo → Opciones → Programación*) y la configuración del tipo de tarea (Figura 11.1). En Microsoft Project 2013 el método de programación por omisión ya no es, al contrario que en versiones anteriores, la programación condicionada por el esfuerzo (si se quiere activar esta opción debe seleccionarse la casilla *Las tareas están condicionadas por el esfuerzo* y pulsar *Aceptar*).

---

[3] Al contrario que en versiones anteriores, el modo de tarea predeterminado es *Programada manualmente,* que puede cambiarse para todas las tareas nuevas. En el grupo *Tareas,* de la ficha *Tarea*, hacer clic en *Modo* y, a continuación, en *Autoprogramar*. Todas las tareas nuevas especificadas en este proyecto a partir de este momento tendrán un modo de tarea predeterminado de *Programada automáticamente*. Todas las explicaciones y ejercicios de este capítulo, y en general de todo el libro, se realizan en este modo de configuración.

La programación condicionada por el esfuerzo prolonga o disminuye la duración de una tarea para adaptarla a cambios en los recursos, pero no modifica el trabajo total de la tarea (excepto en el caso de variar las *Unidades* de un mismo recurso en una tarea de *Duración fija*). El trabajo es la cantidad de esfuerzo o número de horas dedicadas por un recurso a una tarea.

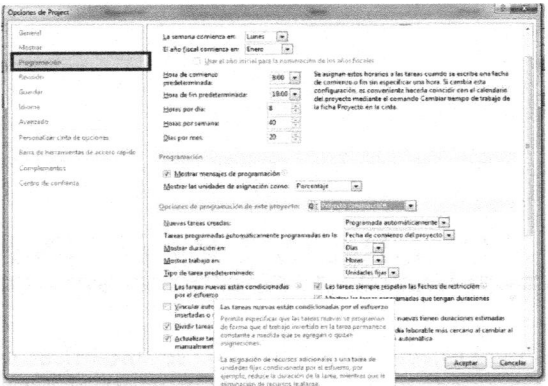

Figura 11.1. Métodos de programación

El trabajo total de una tarea está determinado por la duración esperada de una tarea y la asignación inicial de recursos.

La configuración del tipo de tarea también influye en la forma en que se programan. Hay tres tipos de tareas: *Unidades fijas*, *Duración fija* y *Trabajo fijo*. Usando uno de estos tipos de tareas, se puede controlar cualquier variable de la ecuación estándar **Trabajo = Duración × Unidades**.

Recuérdese que por unidades se entiende el porcentaje de uso de un recurso. Si las unidades del recurso *Arquitecto* son, por ejemplo, 100% se supone que el arquitecto trabaja 8 horas diarias para el proyecto; si fueran 200% significaría que trabajan dos arquitectos para el proyecto, y si fuesen solamente 50% se entendería que el arquitecto solamente trabaja media jornada para el proyecto.

11.2 UNIDADES FIJAS

El tipo de tarea de *Unidades fijas* es el tipo de tarea por omisión en Microsoft Project 2013. Cuando se añaden o se suprimen recursos en una tarea de *Unidades fijas*, generalmente se modifica la duración de la tarea, manteniéndose el número de horas total. Se exceptúa el caso de una tarea *no condicionada por el esfuerzo* a la que se añaden unidades de un recurso distinto de los ya asignados; en este caso aumenta el número total de horas del proyecto (ver apéndice G).

Vista Entrada de tarea (Figura 11.2)

Se visualizará la vista *Entrada de tarea* para ver las asignaciones de recursos a las tareas.

- En la *Barra de vistas*, pulsar *Más vistas* (también en el grupo *Ver*, de la ficha *Tarea*, pulsar en *Diagrama de Gantt* y seleccionar *Más vistas* en el menú desplegable).

- En el cuadro de diálogo *Más vistas*, seleccionar *Entrada de* tarea (es posible que tenga que utilizarse la barra vertical de desplazamiento) y, a continuación, hacer clic en el botón *Aplicar*.

Figura 11.2. Vista Entrada de tarea

Añadir una unidad adicional a una tarea de Unidades fijas
(Figura 11.3 y Figura 11.4)

Al añadir otra unidad del mismo recurso a una tarea de *Unidades fijas* y *Condicionada por el esfuerzo* se comprobará que varía la duración de la tarea, por ejemplo *Visita de equipo de Ingeniería*, pero no el trabajo del recurso (en la figura del ejemplo 8 h)[4].

- En el grupo *Tareas*, de la ficha *Tarea*, hacer clic en *Modo* y luego en *Autoprogramar*. Todas las tareas nuevas especificadas a partir de este momento tendrán un modo de tarea predeterminado de *Programada*

---

[4] Al contrario que en versiones anteriores, el modo de tarea predeterminado es *Programada manualmente*, que puede cambiarse para todas las tareas nuevas.

automáticamente. Igualmente se debe modificar el *Modo de tarea* de las ya existentes seleccionándolas y pulsando la opción *Autoprogramar* del grupo *Tareas* en la ficha *Tarea*.

- En el panel inferior (Formulario de tareas), marcar la casilla *C. por el esfuerzo* y *Unidades fijas* en el *Tipo de tarea*[5]. Pulsar *Aceptar*.

- En la sección inferior, seleccionar 100% en la columna *Unidades del recurso*.

- Hacer clic sobre la flecha hacia arriba o hacia abajo hasta alcanzar la cifra deseada, por ejemplo 200% (equivalente a decir que trabajarán 2 operarios en lugar de uno).

- Hacer clic en el botón *Aceptar*.

- En la sección superior de la vista, seleccionar la tarea, se puede comprobar que su duración ha pasado a ser la mitad.

Figura 11.3. Añadir un recurso a una tarea de Unidades fijas (1)

11.3 TAREA DE DURACIÓN FIJA

Si una tarea está configurada con el tipo de *Duración fija*, la duración de la tarea es siempre la misma cuando se añade o elimina un recurso. Las horas totales de una tarea de *Duración fija* quedarán modificadas siempre, excepto, como se

---

[5] Si, por error, la tarea todavía está *Programada manualmente* las dos celdas se visualizarán en marca de agua y no serán accesibles.

verá en el ejemplo, en el caso de que se añada una unidad de un recurso distinto a una tarea *Condicionada por el esfuerzo*, en cuyo caso se modificará el porcentaje de utilización (*Unidades*) de cada uno de los recursos implicados.

Cambio de la especificación del tipo de tarea

A continuación se cambiará la especificación del tipo de tarea del valor por omisión de *Unidades fijas* a *Duración fija*.

- En la sección superior seleccionar, por ejemplo, la tarea *Recopilar información*.

- En la sección inferior, se marcará la casilla *C. por el esfuerzo*.

- A continuación, hacer clic en la flecha que despliega el cuadro *Tipo de tarea* y seleccionar el tipo *Duración fija*. Finalmente, hacer clic en el botón *Aceptar*.

Figura 11.4. Añadir un recurso a una tarea de Unidades fijas (2)

Asignación de una unidad de un nuevo recurso a una tarea de Duración fija (Figura 11.5)

En este caso, se asignará una unidad de recurso adicional a una tarea *Condicionada por el esfuerzo* y de *Duración fija* y se comprobará que no varía la duración de la tarea ni el trabajo del recurso (en la figura del ejemplo 0,5 días), pero sí que disminuirán las unidades de los recursos (en el ejemplo propuesto el número de horas por día es la mitad de una jornada laboral), que anteriormente tenía asignada la tarea.

- En la sección superior seleccionar, de nuevo, la tarea *Visita de equipo de ingeniería*.

- En el grupo *Asignaciones*, de la ficha *Recurso*, hacer clic en la opción *Asignar recursos*.

- Seleccionar el recurso adicional que se desea añadir a la tarea, hacer clic en el botón *Asignar*, y chequear el efecto conseguido.

Nótese que se ha realizado el ejercicio con el único caso excepcional en que se mantienen las horas totales para tareas de *Duración fija*, ya que en cualquiera de las otras tres opciones (añadir *Unidades* del mismo recurso o en tareas *No condicionadas por el esfuerzo* en sus dos variantes) se habría variado el trabajo total, manteniéndose las horas de cada recurso. Se invita al lector a realizar sencillos ejemplos, probando las otras tres posibilidades (ver apéndice G).

Figura 11.5. Asignación de un nuevo recurso a una tarea de Duración fija

11.4 TAREA DE TRABAJO FIJO

Si una tarea tiene especificado el tipo de tarea *Trabajo fijo*, el trabajo total de la tarea será el mismo cuando se añadan o eliminen otros recursos. En una tarea de *Trabajo fijo*, se modifican la duración y las unidades de recursos. Una tarea de este tipo siempre tiene que estar *Condicionada por el esfuerzo*.

Cambio de especificación del tipo de tarea

En este caso, se cambiará la especificación del tipo de tarea del valor por omisión, *Unidades fijas*, a *Trabajo fijo*.

- En la sección superior seleccionar, por ejemplo, la tarea *Análisis*.

- En la sección inferior hacer clic en la flecha que despliega el cuadro *Tipo de tarea*, a continuación, seleccionar el tipo *Trabajo fijo* y hacer clic en el botón *Aceptar*.

Asignación de una unidad de un nuevo recurso a una tarea de Trabajo fijo (Figura 11.6)

En este ejercicio se asignará una unidad de recurso adicional a una tarea de *Trabajo fijo* y se comprobará que varía la duración de la tarea pero no el trabajo total del recurso (en la figura del ejemplo 1 día de duración y 8 horas de trabajo).

- En la sección superior, seleccionar la tarea *Análisis*.

- En el grupo *Asignaciones*, de la ficha *Recurso*, hacer clic en la opción *Asignar recursos*.

- Seleccionar el recurso adicional, por ejemplo, *Ingeniero de proyecto* y hacer clic en *Asignar*. A continuación, chequear que la duración de la tarea es ahora la mitad (comparar con Figura 11.2).

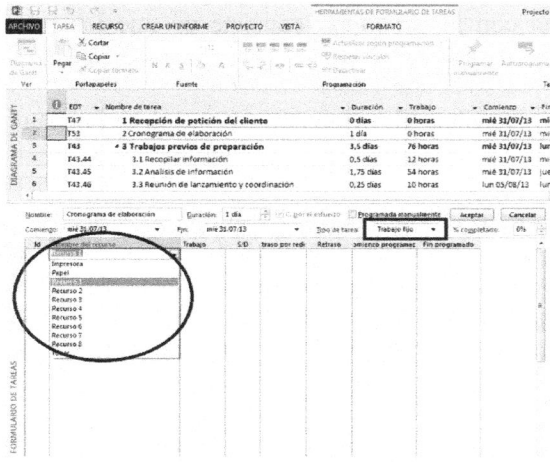

Figura 11.6. Asignar un nuevo recurso a una tarea de Trabajo fijo

11.5 CREACIÓN DE PERFILES DE TRABAJO

Los perfiles que se pueden crear son los siguientes:

- **Uniforme**. El número de horas de trabajo se distribuye de forma uniforme a lo largo de la duración de la tarea.

- **Creciente**. El número de horas por período de tiempo es bajo al principio y se incrementa gradualmente hasta un 100% hacia el final de la tarea. La mayoría del trabajo está asignado al final.

- **Decreciente**. El número de horas por período de tiempo es de un 100% hacia el principio de la tarea y disminuye gradualmente hacia el final del proyecto.

- **Dos picos**. El número de horas por período de tiempo se incrementa dos veces al 100% a lo largo de la duración de la tarea.

- **Pico inicial**. El número de horas por período de tiempo se incrementa al 100% en el primer cuarto de la duración de la tarea.

- **Pico final**. El número de horas por período de tiempo se incrementa al 100% en el último cuarto de la duración de la tarea.

- **Campana**. El número de horas por período de tiempo se incrementa al 100% hacia la mitad de la duración de la tarea. Los porcentajes de trabajo iniciales y finales son bajos.

- **Campana achatada**. El número de horas por período de tiempo se incrementa al 100% hacia la mitad de la duración de la tarea. La diferencia con la *Campana* consiste en que los porcentajes iniciales y finales son más altos.

Al utilizar perfiles de trabajo, se tendrán presentes las siguientes indicaciones:

1. Una vez aplicado un perfil específico, al añadir nuevos valores de trabajo total se aplica de nuevo, de forma automática, el patrón de perfil por omisión. Los nuevos valores de trabajo de la tarea son distribuidos primero a lo largo del período de tiempo afectado y, luego, se asignan nuevos valores de trabajo a los recursos de la tarea.

2. Si se modifica la fecha de comienzo de una tarea o un recurso, el perfil es aplicado de nuevo, basándose en la nueva fecha. Se distribuyen todos los valores de trabajo.

3. Si se modifica la duración de una tarea, se incrementa el perfil para incluir el período de tiempo añadido.

4. Si se edita manualmente un valor de trabajo, el perfil ya no es aplicado, pero se puede volver a aplicar un perfil para redistribuir los valores de trabajo.

5. Si se ha introducido información sobre el trabajo actual de una tarea o recurso, las modificaciones de trabajo total o restante se redistribuyen sobre los valores de trabajo restantes, no sobre el trabajo actual.

Presentación de vistas de uso

Se usará la *Barra de vistas* para mostrar la vista *Uso de recursos* y, luego, se presentará la vista *Uso de tareas* (Figura 11.7).

- Para salir de la vista combinada *Entrada de tarea*, en la que se finalizó el ejercicio anterior, hacer doble clic sobre la barra de división situada en la parte derecha de la pantalla, entre las secciones superior e inferior de la vista combinada.

- Pulsando la combinación de teclas **Ctrl + Inicio**, se accede a la primera tarea de la tabla de entrada y, a continuación, la combinación **Alt + Inicio** desplaza la escala de tiempos del *Diagrama de Gantt* al principio del proyecto.

- En la *Barra de vistas*, hacer clic en la flecha hacia abajo hasta que se vea el icono *Uso de recursos* y, a continuación, hacer clic sobre el mismo y se verá la vista *Uso de recursos* (también en el grupo *Ver*, de la ficha *Tarea,* pulsar en *Diagrama de Gantt* y seleccionar *Uso de recursos* en el menú desplegable).

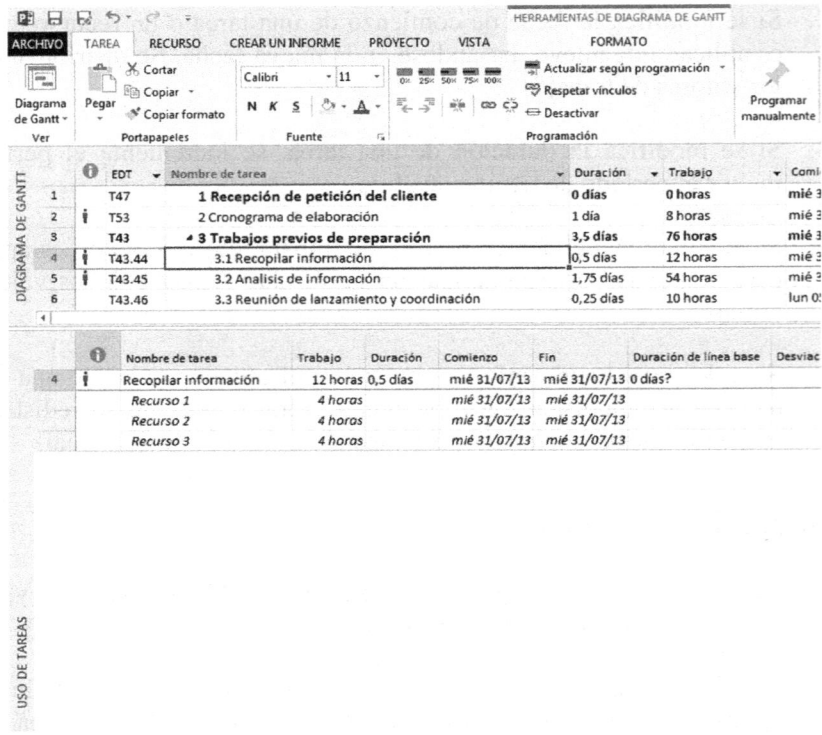

Figura 11.7. Vista Uso de tareas

- Para visualizar la vista *Uso de tareas*, en la *Barra de vistas*, hacer clic sobre el icono *Uso de tareas* (o, de igual modo que en el caso anterior, en el menú desplegable).

- Arrastrar la barra de división vertical hacia la izquierda o derecha para tapar las columnas *Comienzo* y *Fin*.

Creación de un perfil

- En la vista *Uso de tareas*, seleccionar el recurso deseado bajo la tarea apropiada.

- En la parte derecha de la pantalla, hacer manualmente las modificaciones adecuadas en los valores del trabajo.

- Alternativamente hacer doble clic sobre el recurso y, en la pestaña *General* del cuadro de diálogo *Información de la asignación*, seleccionar el valor deseado en el campo *Perfil de trabajo*.

Cambio de la opción Programar a partir de

En este caso, se anotarán las fechas de comienzo y fin actuales del *proyecto*, se cambiará la opción *Programar* a partir de la *Fecha de fin del proyecto* (Figura 11.8) y, volviendo a abrir el cuadro de diálogo, se verá la nueva fecha de comienzo del proyecto.

- En el grupo Propiedades de la ficha Proyecto, seleccionar Información de proyecto.

- Hacer clic sobre la flecha que despliega el cuadro Programar a partir de y hacer clic en la Fecha de finalización del proyecto, e introducir la fecha. Finalmente hacer clic en el botón *Aceptar*.

- En el grupo Propiedades de la ficha Proyecto, seleccionar Información de proyecto y comprobar los cambios de fechas. Hacer clic en el botón *Cancelar*.

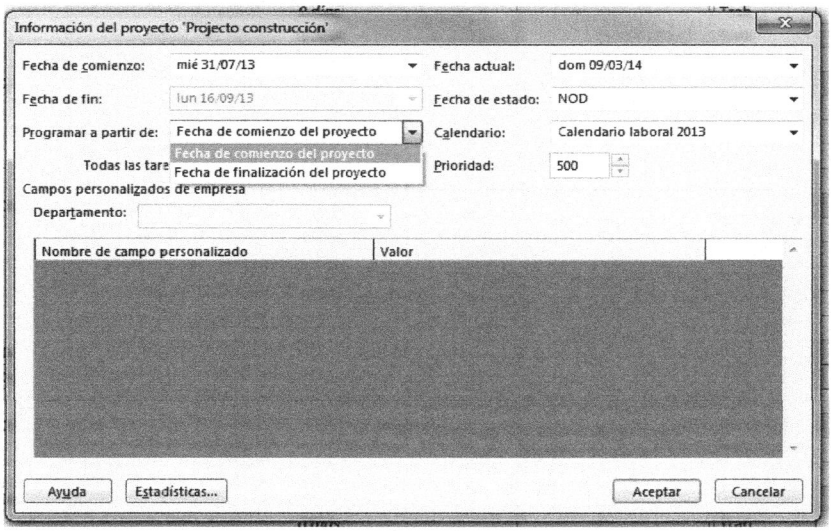

Figura 11.8. Modificación de la opción Programar a partir de

Capítulo 12

GESTIÓN DE LAS CARGAS DE TRABAJO DE RECURSOS

Al asignar recursos a las tareas de un proyecto, pueden darse conflictos en los recursos. Un conflicto de recursos se produce cuando uno de ellos está programado para realizar más trabajo del que puede llevar a cabo en el período laborable disponible. Un conflicto de recursos puede darse como resultado de una asignación a una tarea individual o de varias asignaciones. Con Microsoft Project 2013 se pueden identificar rápidamente los conflictos de recursos usando varias vistas diferentes, ya que destaca la información del conflicto en rojo y muestra un identificador de redistribución. Cuando se producen conflictos de recursos, se puede usar Microsoft Project 2013 para realizar ajustes automáticos en la programación, retrasando o dividiendo asignaciones de recursos o tareas. Igualmente, los conflictos de recursos también pueden resolverse de forma manual usando técnicas de programación dentro de Microsoft Project 2013.

12.1 VISUALIZACIÓN DE LAS CARGAS DE TRABAJO DE RECURSOS Y ASIGNACIONES DE TAREA

La visualización de las cargas de trabajo de recursos (Figura 12.1) ayuda a identificar hasta qué punto un recurso está sobrecargado o infrautilizado. La información obtenida al ver las cargas de trabajo ayuda a resolver conflictos de recursos dentro de una programación. Un recurso está sobrecargado (o sobreasignado) cuando tiene asignado más trabajo del que puede realizar en su horario laboral previsto.

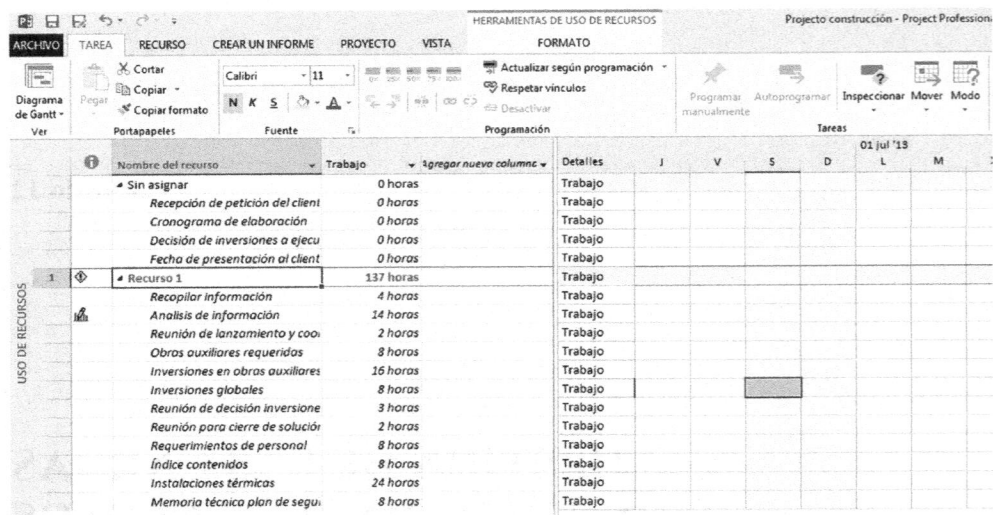

Figura 12.1. Visualización de cargas de trabajo en la vista Asignación de recursos

Cuando un recurso está sobreasignado, el texto se destaca en rojo y, en las vistas de recursos, se muestra un indicador de redistribución.

Se usan las vistas *Uso de recursos* y *Asignación de recursos* (accesibles desde la opción *Más vistas* de la *Barra de vistas* y también en el grupo *Ver*, de la ficha *Tarea,* pulsando en *Diagrama de Gantt* y seleccionando *Más vistas* en el menú desplegable) para identificar y resolver sobreasignaciones de recursos. También se puede usar el *Gráfico de recursos*, que muestra el porcentaje de uso de los recursos en un formato de gráfico de barras.

En versiones anteriores, hasta Microsoft Office Project 2007 inclusive, se incluía la barra de herramientas *Administración de recursos* (*Ver → Barras de Herramientas → Administración de Recursos*), donde se agrupaban una serie de herramientas para resolver sobreasignaciones de recursos, así como para asignar recursos. Desde Project 2010 se ha adaptado por completo la interfaz al nuevo diseño, aspecto que sigue presente en Project 2013.

Por su importancia en la gestión de las cargas de trabajo, a continuación, se describen algunas de las más importantes, así como su nueva ubicación.

- **Vista Asignación de recursos**. Muestra la vista *Asignación de recursos*, que consta de la vista *Uso de recursos* en la parte superior y la vista *Gantt de redistribución* en la parte inferior. Accesible desde el cuadro de diálogo *Más vistas* (ficha *Tarea → grupo Ver → Diagrama de Gantt → Más vistas*).

- **Vista Entrada de tarea.** Muestra la vista *Entrada de tarea*, que consta de la vista *Diagrama de Gantt* en la parte superior y la vista *Formulario de tareas* en la parte inferior. El acceso es idéntico al caso anterior.

- **Ir a la sobreasignación siguiente.** Se desplaza a la siguiente sobreasignación, accesible desde el grupo *Redistribuir* de la ficha *Recurso* (también **Alt + F5**).

- **Asignar recursos.** Abre el cuadro de diálogo *Asignar recursos,* accesible desde el grupo *Asignaciones* de la ficha *Recurso* (también **Alt + F10**).

- **Asistente para la sustitución de recursos.** Asistente que ayuda a resolver la sobreasignación de recursos. El uso de este comando requiere la conexión a Project Server y está disponible en el grupo *Asignaciones* de la ficha *Recurso.*

- **Libreta de direcciones.** Muestra la libreta de direcciones de correo electrónico para localizar recursos. Se accede a esta opción en el desplegable que se abre pulsando *Agregar recursos* en el grupo *Insertar* de la ficha *Recurso.*

- **Active Directory.** Agrega un recurso desde *Active Directory.* El acceso es idéntico al caso anterior.

- **Detalles.** Divide la pantalla y muestra el panel de detalles en la parte inferior de la pantalla, con información adicional sobre la tarea o el recurso seleccionado. Se puede elegir esta opción marcando la casilla *Detalles* del grupo *Vista en dos paneles* de la ficha *Vista.*

- **Utilizando recurso.** Filtra las tareas de un recurso con el filtro *Que utilizan el recurso.* Esta opción no está disponible en las cintas de opciones estándar. Para disponer de ella se deberá seleccionar *Opciones* en la ficha *Archivo* y, a continuación, incluirla en alguna *Cinta personalizada* o en la *Barra de herramientas de acceso rápido.*

- **Opciones de redistribución.** Muestra el cuadro de diálogo *Redistribuir recursos* con un conjunto de procedimientos para redistribuir recursos. Accesible desde el grupo *Redistribuir* de la ficha *Recurso.*

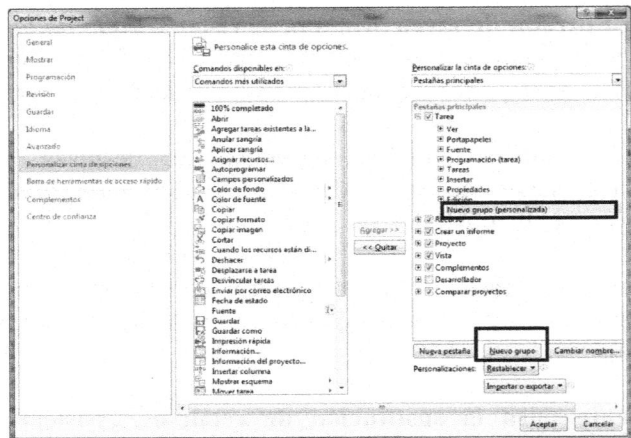

Figura 12.2. Personalizar cinta de opciones

Si el lector considera interesante "conservar" agrupadas algunas o todas las funciones incluidas en la barra de herramientas *Administración de recursos* se puede "fabricar a medida", añadiendo una nueva *Ficha personalizada* que incluya todas aquellas opciones o utilidades que se deseen.

Para ello se seleccionará, en la ficha *Archivo*, el icono *Opciones → Personalizar cinta de opciones → Nueva ficha* y aparecerá en el cuadro izquierdo una Nueva ficha (personalizada), con un *Nuevo grupo* (*personalizada*). Figura 12.2.

Resulta muy fácil e intuitivo añadir y agrupar los comandos que se desee en la nueva ficha. Para ver todos los comandos disponibles se debe seleccionar en el desplegable *Comandos disponibles en* la opción *Todos los comandos*.

A título de ejemplo se muestra la Figura 12.3, en la que se han creado dos grupos personalizados. Esto es de utilidad para gestionar de una forma rápida aquellos comandos que se usan de una forma más habitual, facilitando el trabajo diario.

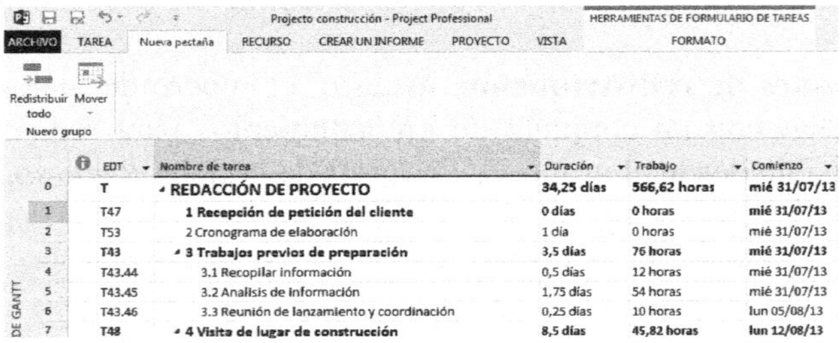

Figura 12.3. Cinta de opciones personalizada

Visualización de cargas de trabajo en la vista Uso de recursos

Con este ejercicio se cambia a la vista *Uso de recursos* (Figura 12.4) y se localiza una asignación.

- En la *Barra de vistas*, hacer clic en la fecha hacia abajo hasta mostrar el icono *Uso de recursos* y, luego, hacer clic sobre el icono *Uso de recursos* (también en el grupo *Ver*, de la ficha *Tarea,* pulsar en *Diagrama de Gantt* y seleccionar *Uso de recursos* en el menú desplegable).

- Seleccionar el recurso deseado.

- Seleccionar *Desplazarse a tarea* en el grupo *Edición* de la ficha *Tarea*.

- Pulsar la tecla **F5** (Ir a).

- Hacer clic sobre la flecha que despliega el cuadro *Fecha*, seleccionar la fecha a la que desee desplazarse y hacer clic sobre el botón *Aceptar*.

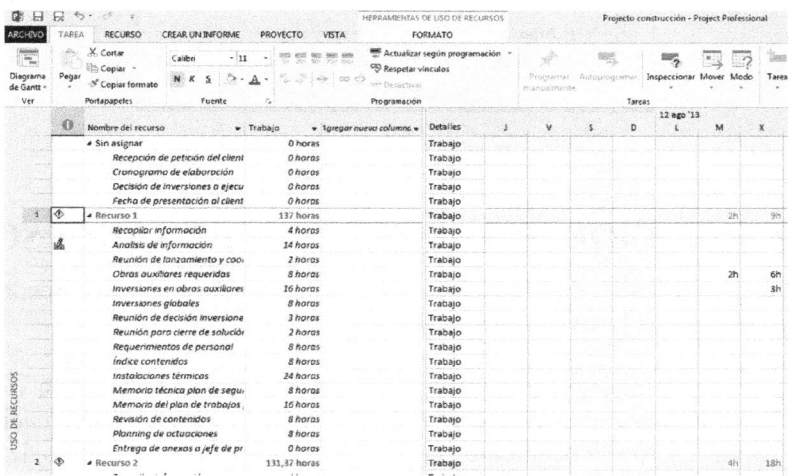

Figura 12.4. Visualización de cargas de trabajo en la vista Uso de recursos

Localización de sobreasignación de recursos

En este caso se cambiará a la vista *Asignación de recursos* y se localizará una sobreasignación, además se puede observar cómo se produce una distribución más adecuada una vez que se han redistribuido los recursos de una forma adecuada (Figura 12.5).

- Seleccionar la opción *Más vistas* de la *Barra de vistas* o, alternativamente, en el grupo *Ver*, de la ficha *Tarea*, pulsando *Más vistas* en el menú desplegable *Diagrama de Gantt*.

- En el cuadro de diálogo *Más vistas* seleccionar *Asignación de recursos* y pulsar *Aplicar*.

- Arrastrar el cuadro de desplazamiento a la izquierda.

- Desplazarse a la sección superior y seleccionar el recurso deseado.

- Hacer clic en cualquier lugar de la sección inferior.

- En el grupo *Redistribuir*, de la ficha *Recurso*, hacer clic sobre el botón *Ir a la sobreasignación siguiente*.

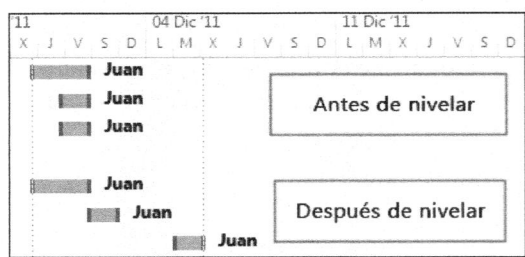

Figura 12.5. Sobreasignaciones de recurso

12.2 RESOLUCIÓN DE CONFLICTOS DE RECURSOS

Los conflictos de recursos se producen cuando un recurso está sobreasignado en una tarea o en un proyecto.

Las sobreasignaciones pueden resolverse de forma automática o manual. Una vez que comienza el proyecto y se finalizan las tareas, la programación tiene que ser revisada periódicamente para comprobar la existencia de nuevas sobreasignaciones.

12.3 REDISTRIBUCIÓN AUTOMÁTICA DE LOS RECURSOS

La redistribución es una estrategia que se utiliza frecuentemente para resolver las sobreasignaciones de recursos retrasando o dividiendo tareas. Las sobreasignaciones de recursos pueden ser redistribuidas automáticamente por

Microsoft Project 2013. Éste examina las sobreasignaciones estudiando las dependencias, el tiempo de demora, las flechas, prioridades y restricciones de las tareas, y determina si una tarea puede ser retrasada o dividida para resolver un conflicto de recursos.

El cuadro de diálogo *Redistribuir recursos* se abre seleccionando *Opciones de redistribución* en el grupo *Redistribuir* de la ficha *Recurso*, se utiliza para realizar ajustes de redistribución en Microsoft Project 2013. El cuadro de diálogo *Redistribuir recursos* tiene tres áreas de opciones: cálculos de redistribución, ámbito de redistribución y resolución de sobreasignaciones.

En el área *Redistribución* (Figura 12.6), puede configurarse Microsoft Project 2013 para realizar la redistribución de forma automática o manual y localizar las sobreasignaciones basándose en un período de tiempo. La opción manual solo realiza la sobreasignación cuando se pulsa el botón *Redistribuir ahora*. La opción automática realiza la redistribución a medida que se realizan cambios en la planificación.

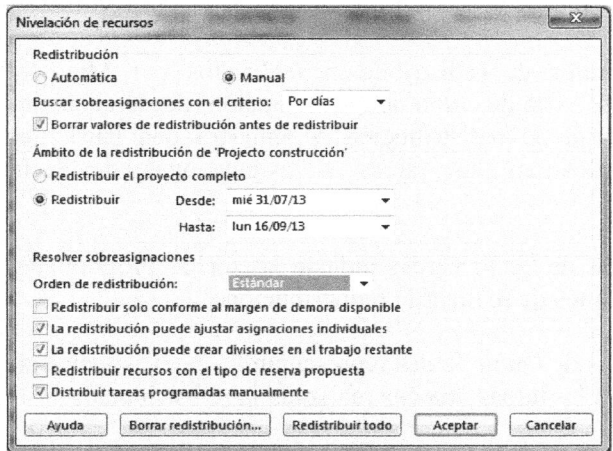

Figura 12.6. Cuadro de diálogo Redistribuir recursos

En el área *Ámbito de la redistribución...* se puede seleccionar todo el proyecto, o bien, solo las tareas que tienen lugar en un rango de fechas determinado.

En el área *Resolver sobreasignaciones* se configura el orden de redistribución, el margen de demora permisible, las asignaciones y la división de tareas. Las opciones de órdenes de redistribución son: *Sólo identificador*, *Estándar* y, por último: *Prioridad, estándar*.

El orden *Sólo identificador* comprueba las tareas según el orden ascendente de su identificador (Id).

El orden *Estándar*, que es el predeterminado, comprueba las tareas en el orden de dependencias con las predecesoras, márgenes de demora disponibles, fechas, prioridades y, por último, restricciones.

La opción *Prioridad, estándar* comprueba primero la prioridad de la tarea y, luego, comprueba dependencias con las predecesoras, márgenes de demora disponibles, fechas, prioridades y restricciones.

La opción *Redistribuir sólo conforme al margen de demora disponible* redistribuye exclusivamente aquellas tareas que no afectan a la fecha de finalización del proyecto. La opción *La redistribución puede ajustar asignaciones individuales* redistribuye un recurso independiente de los restantes recursos que trabajen en la misma tarea. La opción *La redistribución puede crear divisiones en el trabajo restante* permite interrumpir las tareas creando divisiones en el trabajo restante, en las tareas o asignaciones de recursos. Se pueden apreciar las opciones por omisión en la Figura 12.6.

Los cambios de redistribución realizados por Microsoft Project 2013 pueden verse en la vista de *Gantt* de redistribución (desde el cuadro de diálogo *Más vistas*). En la vista de redistribución se muestra una barra que representa los cambios realizados en las tareas y asignaciones de recurso durante la redistribución.

Las barras de *Gantt* verdes indican las fechas programadas de comienzo y fin de una tarea antes de realizar la redistribución.

Las barras de *Gantt* azules representan las nuevas fechas de comienzo y fin programadas para las tareas una vez realizada la redistribución.

Las líneas en color verde oliva indican un retraso y las líneas en color azul indican un margen de demora.

Obviamente puede suceder que los cambios propuestos por Microsoft Project 2013, cuando se realiza una redistribución automática, no resulten aceptables debido a las circunstancias reales y concretas del proyecto. En ese caso se podrá suprimir la última operación de redistribución pulsando *Borrar redistribución...*; habrá que optar entonces por una redistribución manual.

Redistribución de todo el proyecto (Figura 12.7)

En este ejercicio, desde la *Vista Asignación de recursos*, accesible desde el cuadro de diálogo *Más vistas,* se revisará la fecha actual de fin del proyecto y se revisarán las opciones de redistribución.

- En el grupo *Propiedades*, de la ficha *Proyecto*, seleccionar el comando *Información del proyecto*.

- Comprobar y anotar la fecha actual de fin del proyecto y, luego, pulsar el botón *Cancelar*.

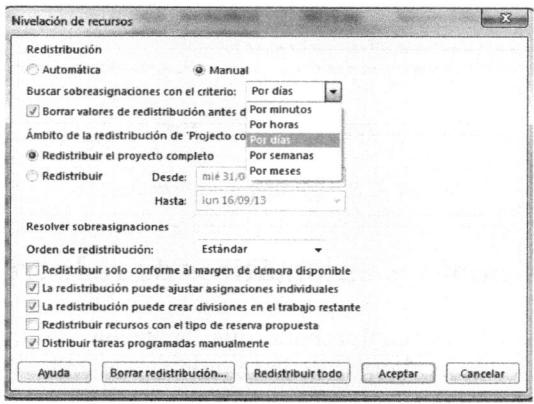

Figura 12.7. Redistribución de un proyecto

- Comprobar que la sección activa es la sección inferior.

- En el grupo *Redistribuir*, de la ficha *Recurso*, seleccionar el comando *Opciones de redistribución*.

- Comprobar que están seleccionadas las opciones por omisión, indicadas en la Figura 12.7.

Revisión de los mensajes de redistribución (Figura 12.8)

En este ejercicio se comenzará el proceso de redistribución y se examinarán los mensajes de redistribución generados a medida que se va programando la misma[6].

---

[6] Para comprobar el funcionamiento del programa, se utilizará un ejemplo que, previamente, tenga sobreasignados algunos recursos.

- Seleccionar la opción *Redistribuir todo*, en el grupo *Redistribuir* de la ficha *Recurso*.

- Siempre que se tenga un recurso sobreasignado y Project no pueda resolver la sobreasignación aparecerá un mensaje indicando esta circunstancia, se pulsará *Omitir* tantas veces como aparezca.

- Las sobreasignaciones no resueltas deberán resolverse manualmente a posteriori.

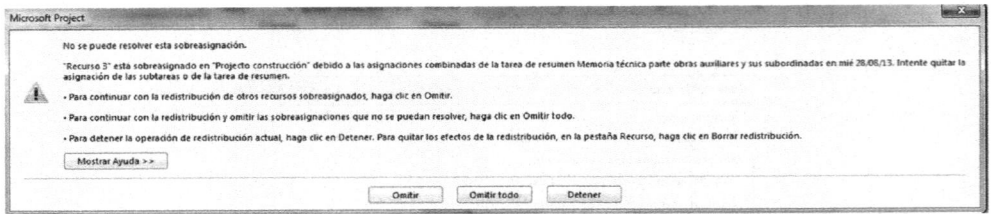

Figura 12.8. Mensajes de redistribución

Revisión de los cambios automáticos de redistribución

A continuación, se comprobará que la fecha de fin del proyecto ha cambiado y, luego, se verán algunos de los cambios realizados por la redistribución automática.

- Seleccionar el comando *Información del proyecto*, del grupo *Propiedades* en la ficha *Proyecto*, y comprobar la nueva fecha de fin del proyecto.

- Pulsar el botón *Cancelar*.

- En la sección superior, comprobar que está seleccionado el recurso deseado.

- Desplazarse a las "fechas conflictivas", en la sección inferior de la vista de *Gantt* de redistribución, para ver las modificaciones realizadas en las tareas.

- En la sección superior seleccionar otro recurso diferente.

- Desplazarse a la izquierda en la vista de *Gantt* de redistribución para ver las modificaciones realizadas en las tareas.

12.4 RESOLUCIÓN MANUAL DE SOBREASIGNACIONES DE RECURSO

Dado que el uso de Microsoft Project 2013 para realizar operaciones de redistribución, en algunas ocasiones, puede no resultar suficiente para resolver todos los conflictos de recursos de un proyecto (Figura 12.9), pueden usarse otras técnicas de programación para resolver las sobreasignaciones de forma manual.

Estas son algunas sugerencias para la redistribución manual:

- **Incrementar la capacidad máxima del recurso**. Incrementar las unidades de un recurso reduce el número de horas que necesita trabajar cada unidad del recurso en la tarea. Antes de incrementar la capacidad máxima de un recurso, comprobar que se dispone de las unidades extra en el proyecto y determinar el impacto en el coste del proyecto.

- **Programar la tarea que ha creado la sobreasignación**. Se puede retrasar el comienzo de una tarea hasta que se disponga de un recurso o se pueda dividir una tarea. La división de una tarea interrumpe la tarea y la reanuda cuando vuelva a estar disponible el recurso. Ambas acciones retrasarán las tareas sucesoras y pueden afectar a la fecha de fin del proyecto.

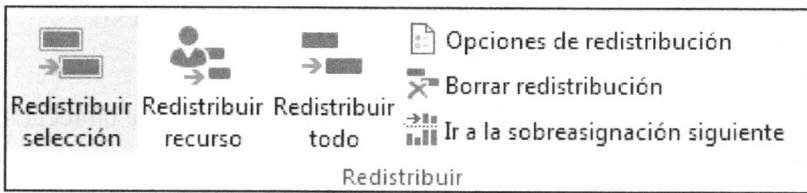

Figura 12.9. Acceso a opciones de redistribución de recursos

- **Añadir horas extra**. Al añadir horas extra, el horario es programado por encima del horario laboral regular de un recurso, pero no se añade trabajo adicional. La asignación de horas extra reduce la duración de una tarea. Antes de asignar horas extra, hay que determinar el impacto en el coste del proyecto.

- **Ajustar las dependencias o restricciones de las tareas**. La modificación de las dependencias entre tareas puede suprimir el solapamiento entre tareas que usan el mismo recurso, lo que podría afectar a la fecha de fin de proyecto.

- **Suprimir el recurso si no es importante para la tarea**. Eliminar un recurso de una tarea puede modificar la duración de la tarea, con lo que el trabajo asignado al recurso eliminado sería redistribuido entre los restantes recursos asignados a la tarea.

- **Sustituir el recurso sobreasignado por un recurso infrautilizado**. La sustitución de recursos puede eliminar una sobreasignación siempre que el nuevo recurso esté disponible durante el período de sobreasignación y pueda desarrollar las tareas requeridas. Dependiendo del recurso, el coste del proyecto puede aumentar o disminuir.

- **Ajustar el calendario para ampliar días y horas laborables del proyecto recurso**. Al ampliar las horas y días disponibles para un proyecto, se puede realizar más trabajo. Dependiendo de los cambios, la ampliación de las horas y días puede disminuir la necesidad de horas extra.

- **Disminuir la cantidad de trabajo asignado al recurso**. Se puede reducir la cantidad de trabajo asignado a un recurso. Si el recurso sobreasignado es el único recurso asignado a la tarea, la duración de la tarea resultará afectada.

Incremento de la capacidad máxima de un recurso
(Figura 12.10)

En este ejercicio se incrementará la capacidad máxima de un recurso:

- En la sección superior de la vista *Asignación de recursos*, seleccionar el recurso sobreasignado deseado.

- Arrastrar el cuadro de desplazamiento a la izquierda y, luego, pulsar en la sección inferior.

- En el grupo *Redistribuir*, de la ficha *Recurso*, pulsar el botón *Ir a la sobreasignación siguiente*.

- En la sección superior, hacer doble clic en el recurso seleccionado.

- En el área *Disponibilidad de recursos*, hacer doble clic sobre la flecha hacia arriba del cuadro *Unidades* aumentando el valor inicial, por ejemplo, al doble.

- Pulsar el botón *Aceptar*.

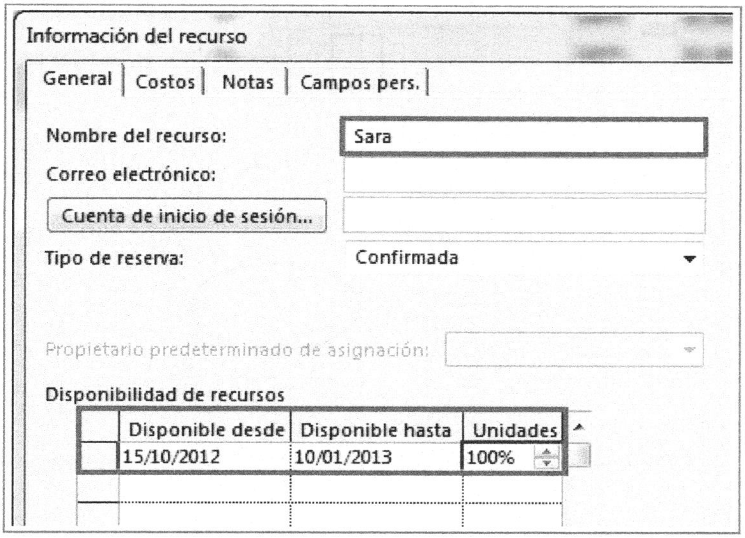

Figura 12.10. Incremento de la capacidad máxima de un recurso

Modificación de trabajo en asignación de tarea (Figura 12.11)

En este ejercicio, desde la vista *Asignación de recursos*, se modificarán las horas de trabajo de un recurso determinado en una tarea concreta.

- En la sección superior, seleccionar el recurso deseado.

- Arrastrar el cuadro de desplazamiento a la izquierda y, luego, pulsar el panel inferior.

- En el grupo *Redistribuir* de la ficha *Recurso*, pulsar *Ir a la sobreasignación siguiente*.

- En la escala temporal de la sección superior, hacer clic sobre las horas de trabajo para la tarea identificada.

- Introducir el nuevo valor de horas de trabajo y pulsar la tecla **INTRO**. Téngase en cuenta que, con este cambio, la tarea habrá cambiado su duración total en horas. Por tratarse de un ajuste manual, Microsoft Project 2013 no hace ningún reajuste automático adicional sobre la tarea.

- Guardar el archivo.

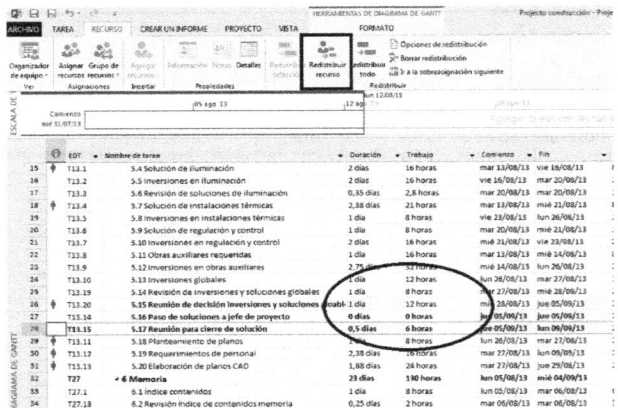

Figura 12.11. Modificación de trabajo en una asignación de tarea

Comprobación de la programación (Figura 12.12)

En este ejercicio se visualiza y se navega por la sección superior de la vista *Asignación de recursos*, para determinar si se han resuelto todas las sobreasignaciones. Luego se comprueba la fecha de fin de proyecto, para asegurar que siguen cumpliéndose los objetivos del proyecto.

- En la sección superior, desplazarse para localizar cualquier otra sobreasignación. Deberán resolverse las sobreasignaciones que aparezcan, de acuerdo a lo indicado en los apartados anteriores, hasta que todas queden resueltas.

- Seleccionar el comando *Información del proyecto*, del grupo *Propiedades* de la ficha *Proyecto*, y comprobar la nueva fecha de finalización del mismo.

- Pulsar el botón *Cancelar* y, a continuación, *Guardar* el archivo.

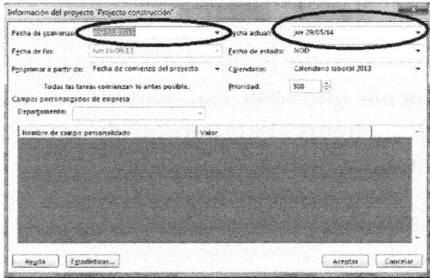

Figura 12.12. Comprobación de la programación

12.5 PRESENTACIÓN DE DIFERENTES NIVELES DE DETALLE DE TAREAS Y ASIGNACIONES

Las vistas de uso, como son las vistas *Uso de tareas*, *Gráfico de recursos* y *Uso de recursos* (en el grupo *Ver*, de la ficha *Tarea*, pulsar en *Diagrama de Gantt* y seleccionar *Más vistas* del menú desplegable), pueden ser formateadas para mostrar información detallada adicional en la sección de la escala temporal de la vista. La presentación de información tal como el coste, la disponibilidad y el trabajo real pueden ofrecer rápidamente los detalles necesarios. Dentro de la ficha *Formato*, el grupo *Detalles* lista varios tipos de información adicional que puede ser mostrada. Si se necesita mostrar información distinta a la ofrecida por el submenú, se podrán cambiar los estilos de detalles de uso para incluir otros campos pulsando *Agregar detalles*. También pueden modificarse la fuente de letra, el color de fondo de las celdas y su diseño.

Añadir detalles de uso

Partiendo de la vista *Asignación de recursos*, del ejercicio anterior, en este apartado se suprime la vista combinada y se cambiará la vista seleccionando uno de los detalles de uso que se encuentran en el grupo *Detalles* de la ficha *Formato* (Figura 12.13).

- Con objeto de suprimir la vista combinada, y visualizar únicamente la vista *Uso de recursos*, hacer doble clic sobre la barra de división horizontal.

- En el grupo *Detalles* de la ficha *Formato*, seleccionar la opción *Disponibilidad restante*. Con esta acción se añade la fila *Disp. Rest.* para cada recurso en la escala temporal de la vista *Uso de recursos*.

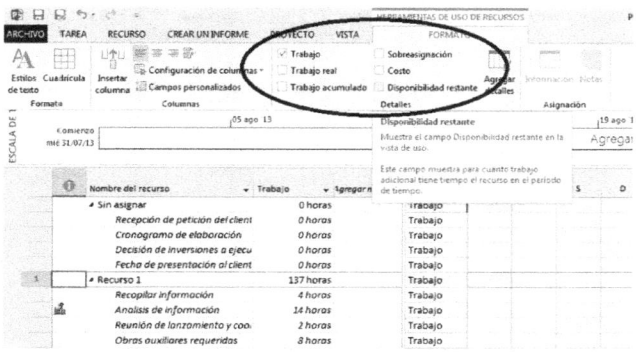

Figura 12.13. Añadir detalles de uso

Modificación de los estilos de detalle para el detalle añadido

Continuando con el mismo ejercicio, se modifica el color de las celdas de la parte de la escala temporal de la vista para los valores de disponibilidad restante (Figuras 12.13 y 12.14).

- En el grupo *Detalles* de la ficha *Formato*, seleccionar el comando *Agregar detalles* y aparecerá el cuadro de diálogo *Estilos de detalle*.

- En el cuadro *Mostrar estos campos*, seleccionar *Disponibilidad restante*.

- En el área *Valores del campo*, en *Disponibilidad restante*, hacer clic en la flecha hacia abajo del cuadro *Fondo de celda*.

- Seleccionar otro color diferente, por ejemplo, *Rojo*.

- Pulsar el botón *Aceptar*.

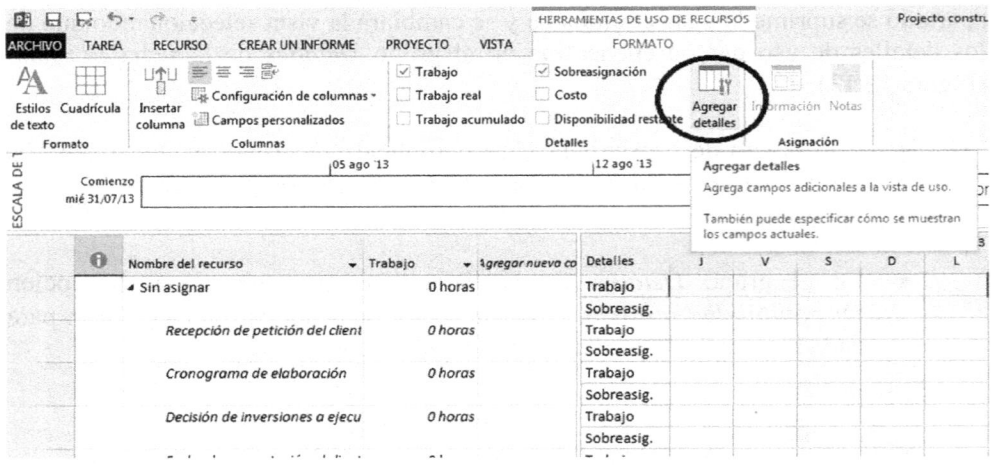

Figura 12.14. Modificar estilos de detalle

Capítulo 13

PROGRAMACIÓN DE LAS RESTRICCIONES DE TAREAS

Cuando se impone una limitación en la fecha de comienzo o fin de una tarea, disminuye la capacidad de esa tarea para adaptarse a cambios en la programación. En Microsoft Project 2013, todas las tareas son programadas para que ocurran tan pronto como sea posible, sobre la base de una fecha de comienzo dada del proyecto. Si es necesario imponer limitaciones de fechas en las tareas, Microsoft Project 2013 controlará la limitación propuesta y mostrará un mensaje en caso de que exista la posibilidad de que la redistribución genere un conflicto en la programación. Una vez completada la preparación de la programación, y antes de comenzar la primera tarea del proyecto, tomará una instantánea del plan programado para su comparación posterior con las fechas en curso.

13.1 RESTRICCIÓN CON FECHAS DE COMIENZO Y FIN DE UNA TAREA

Cuando se introduce inicialmente una tarea en Microsoft Project, la fecha por omisión de comienzo de la tarea es la fecha de comienzo del proyecto. Si un proyecto está siendo programado a partir de la fecha de finalización, la fecha por omisión de fin de la tarea será la fecha de fin del proyecto. Una vez vinculadas las tareas y asignados los recursos, Microsoft Project 2013 establece fechas de comienzo y fin basándose en las dependencias entre tareas y la disponibilidad de recursos.

En determinadas ocasiones, la programación necesita reflejar restricciones o delimitaciones del mundo real (Figura 13.1). Una restricción es una limitación impuesta en la fecha de comienzo o fin de una tarea.

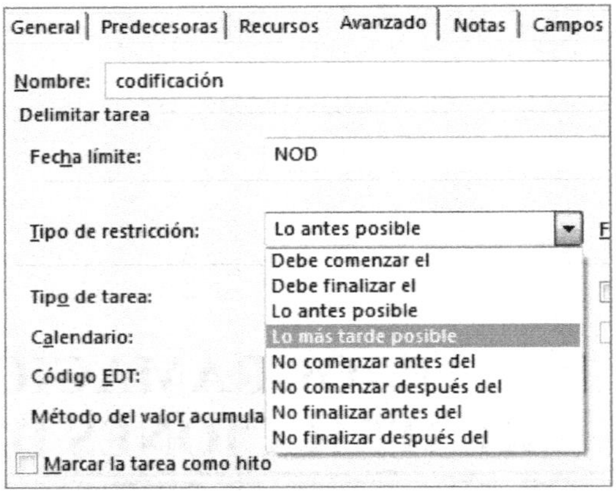

Figura 13.1. Restricción de una tarea para que empiece o acabe en una fecha concreta

Una restricción puede ser flexible o inflexible; la primera no está ligada a una fecha específica. En cambio, las restricciones inflexibles están ligadas a una fecha específica. Una restricción puede ser flexible o inflexible dependiendo de que el proyecto esté programado a partir de la fecha de comienzo o de la fecha de fin.

Las restricciones flexibles son llamadas también restricciones "blandas", mientras que las restricciones inflexibles son conocidas como restricciones "duras".

Si el proyecto está programado a partir de una fecha inicial dada, una vez que se llega a la tarea restringida, se podrá seguir retrasando la fecha de fin de proyecto. Esto hace que la restricción sea flexible.

Si el proyecto está programado a partir de una fecha final dada, una vez que se llega a la tarea restringida, la fecha de fin de proyecto no podrá ser retrasada. Esto hace que la restricción sea inflexible.

Se pueden aplicar restricciones a una tarea usando la ficha *Avanzado* del cuadro de diálogo *Información de la tarea*[7]. En el área *Delimitar tarea*, se selecciona el tipo de restricción y se introduce una fecha.

---

[7] Obsérvese que esto será posible siempre y cuando la tarea se programe automáticamente. Se puede modificar el modo de programación en la pestaña *General* del cuadro de diálogo *Información de la tarea*. Recuérdese que, en esta versión de Project, la programación por defecto es manual.

13.2 APLICACIÓN DE RESTRICCIONES FLEXIBLES

Todas las tareas tienen asignada una restricción. Si un proyecto está programado a partir de una fecha de comienzo, al introducir una tarea se le asignará por omisión una restricción *Lo antes posible* (**LAP**). La restricción *Lo antes posible* es una restricción flexible. Las restricciones flexibles de tarea no están ligadas a una fecha específica.

Hay varios tipos de restricciones cuando son flexibles:

- Lo antes posible (LAP).

  La tarea comienza lo antes posible, basándose en otras restricciones y dependencias. Es flexible para todos los proyectos.

- *Lo más tarde posible* (LMTP).

  La tarea comienza lo más tarde posible, basándose en otras restricciones y dependencias. Es flexible para todos los proyectos.

- *No finalizar antes del* (NFAD).

  La tarea finaliza en la fecha introducida o en una posterior. Es flexible para proyectos programados a partir de una fecha de comienzo.

- *No comenzar antes del* (NCAD).

  La tarea comienza en la fecha introducida o en una posterior. Es flexible para proyectos programados a partir de una fecha de comienzo.

- *No finalizar después del* (NFDD).

  La tarea finaliza en la fecha introducida o en una anterior. Es flexible para proyectos programados a partir de una fecha de fin.

- *No comenzar después del* (NCDD).

  La tarea comienza en la fecha introducida o en una anterior. Es flexible en proyectos programados a partir de una fecha de fin.

La restricción LAP es la restricción por omisión en proyectos programados a partir de una fecha de comienzo.

La restricción LMTP es la restricción por omisión para proyectos programados a partir de una fecha de fin.

Aplicación de una restricción flexible (Figura 13.2)

En este ejercicio, partiendo del *Diagrama de Gantt*, se aplicará una restricción de tarea flexible, *No comenzar antes del*, a una tarea que ya se ha definido anteriormente dentro del proyecto (supóngase que se trata de la tarea número 8 denominada *Visita de equipo de ingeniería)*.

- Pulsar la tecla **F5** (Ir a), introducir el valor 8 y, a continuación, pulsar la tecla **INTRO**.

- Hacer doble clic sobre la tarea 8, *Visita de equipo de ingeniería*.

- Comprobar que está seleccionada la ficha *General* y observar las fechas de comienzo y fin que están programadas en este caso para la tarea 12. Comprobar igualmente que está *Programada automática-mente*. En caso contrario seleccionar la opción, pulsar *Aceptar* y volver a comenzar el ejercicio.

- Hacer clic en la ficha *Avanzado*.

- Hacer clic sobre la flecha hacia abajo del cuadro *Tipo* y seleccionar *No comenzar antes del*, en el cuadro *Fecha de restricción* seleccionar, por ejemplo, *3 de marzo de 2014* y, finalmente, hacer clic sobre el botón *Aceptar*.

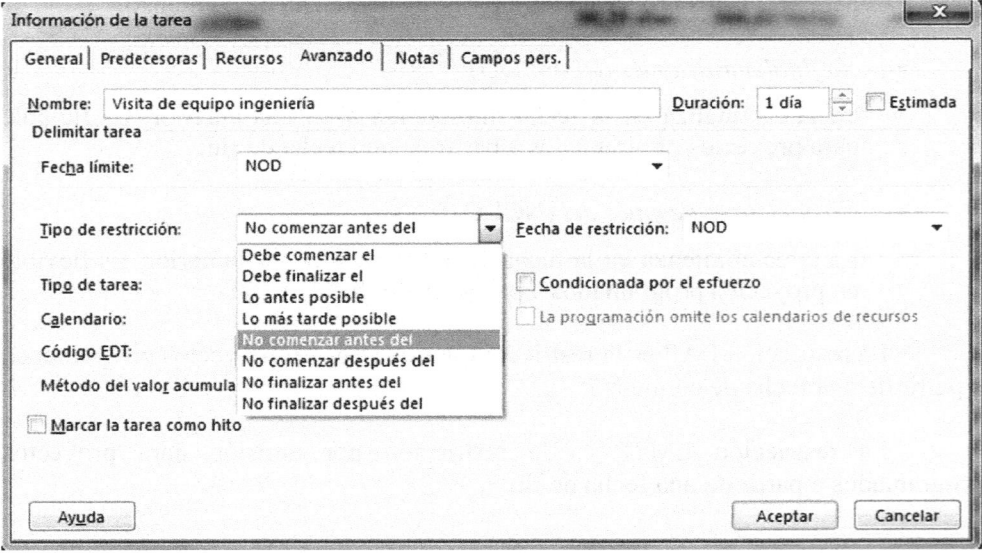

Figura 13.2. Aplicación de una restricción flexible

13.3 APLICACIÓN DE RESTRICCIONES INFLEXIBLES

Las restricciones inflexibles de tarea están ligadas a una fecha específica y deben ser usadas con la menor frecuencia posible porque le restan flexibilidad a la planificación. Las restricciones inflexibles se aplican generalmente cuando hay causas externas que imponen la fecha de comienzo o fin de una tarea.

Los tipos de restricciones inflexibles son los siguientes:

- *No finalizar antes del* (NFAD).

  La tarea finaliza en la fecha introducida o en una posterior. Es inflexible para proyectos programados a partir de una fecha de fin.

- *No comenzar antes del* (NCAD).

  La tarea comienza en la fecha introducida o en una posterior. Es inflexible para proyectos programados a partir de una fecha de fin.

- *No finalizar después del* (NFDD).

  La tarea comienza en la fecha introducida o en una anterior. Es inflexible para proyectos programados a partir de una fecha de comienzo.

- *No comenzar después del* (NCDD).

  La fecha comienza en la fecha introducida o en una anterior. Es inflexible para proyectos programados a partir de una fecha de comienzo.

- *Debe finalizar el* (DFE).

  La tarea finaliza en la fecha introducida. Es inflexible para todos los proyectos.

- *Debe comenzar el* (DCE).

  La tarea comienza en la fecha introducida. Es inflexible para todos los proyectos.

Aplicación de una restricción inflexible (Figura 13.3)

En este ejercicio se aplicará una restricción inflexible de tarea *No finalizar después del* a una tarea (supóngase que se trata de la tarea número 8 denominada *Visita de equipo de ingeniería*).

- Pulsar la tecla **F5** (Ir a), escribir 8 y pulsar la tecla **INTRO**.

- Hacer doble clic sobre la tarea 8, *Visita de equipo de ingeniería*.

- Hacer clic en la ficha *General,* comprobar que está *Programada automáticamente* y ver la fecha de comienzo y fin, programadas para la tarea 7 en este momento.

- Hacer clic en la ficha *Avanzado*.

- Hacer clic en la flecha hacia abajo *Tipo* y seleccionar *No finalizar después del*.

- Hacer clic en la flecha hacia abajo de *Fecha* y seleccionar, por ejemplo, *20 de abril de 2014*.

- Hacer clic en el botón *Aceptar*.

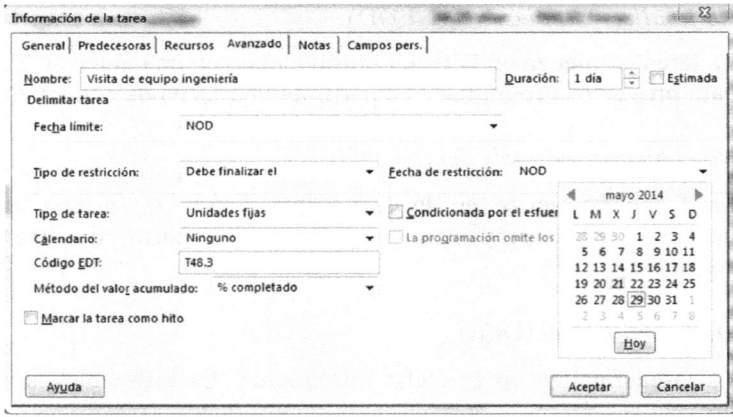

Figura 13.3. Aplicación de una restricción inflexible

13.4 PROGRAMACIÓN DE RESTRICCIONES QUE CREAN CONFLICTOS

Cuando se definen restricciones de tarea, quizás se produzcan conflictos que pueden afectar a la fecha de fin del proyecto o a una dependencia de tarea. Cuando se produce un conflicto, se muestra el *Asistente para planificación*, indicando que va a producirse un conflicto si se aplica la restricción. El asistente para planificación monitoriza las actividades de programación y ofrece sugerencias cuando resulta adecuado.

Aplicación de una restricción que no se ajusta a la programación (Figura 13.4)

En este ejercicio se aplica una restricción DCE sobre una tarea.

- Hacer doble clic sobre una tarea, que no sea la primera, del proyecto.

- Hacer clic en la pestaña *General* y ver las fechas de comienzo y fin programadas en este momento para la tarea.

- Hacer clic en la pestaña *Avanzado*.

- Hacer clic en la flecha hacia abajo del menú desplegable *Tipo de restricción* y seleccione *Debe comenzar el*.

- Hacer clic en la flecha hacia abajo del menú desplegable *Fecha de restricción* y seleccione una fecha anterior a la planificada por omisión.

- Aparece el *Asistente para planeamiento*[8]. Hacer clic sobre el botón *Aceptar*.

- Comprobar que está seleccionada la opción *Cancelar*. No se aplica restricción alguna a la tarea seleccionada.

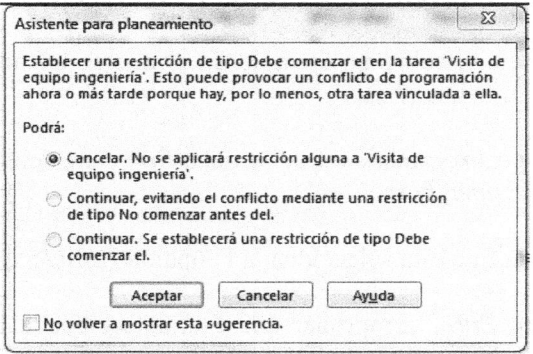

*Figura 13.4. Aplicación de una restricción que no se ajusta
a la programación*

---

[8] Obsérvese que esto será posible siempre y cuando la tarea se programe automáticamente. Se puede modificar el modo de programación en la pestaña *General* del cuadro de diálogo *Información de la tarea*. Recuérdese que, en esta versión, la programación por defecto es manual.

13.5 DEFINICIÓN DE UNA LÍNEA BASE

Una vez creada una programación de un proyecto y resueltos los conflictos a nivel de recursos y tareas, la programación obtenida presenta la mejor estimación de cómo debe llevarse a cabo el proyecto, así como de los recursos que va a necesitar. Antes de comenzar la primera tarea del proyecto, es necesario definir una línea base. Una línea base es una grabación, o "instantánea", tomada en un momento específico del proyecto. La definición de la línea base es un paso crítico en el proceso de programación.

A medida que un proyecto va progresando, las fechas de comienzo, fechas de fin y asignaciones de recursos pueden cambiar. Una línea base resulta útil para comparar la planificación programada, planificada inicialmente, con versiones posteriores de la programación y ver los cambios ocurridos. Cuando se define una línea base, estas fechas, horas y otros elementos críticos de información se guardan y no se modifican. Para almacenar una línea base, se puede utilizar el *Asistente para planificación*, o bien, la orden *Guardar línea base*.

Si se guarda una línea base antes de terminar la planificación de la programación, se podrá guardar una nueva línea base sobre la línea base existente. En el grupo *Programación* de la ficha *Proyecto*, seleccionar el comando *Establecer línea base* y, luego, la opción *Guardar línea base*. Esto solo debe hacerse para anular una línea base guardada accidentalmente.

Definición de una línea base (Figura 13.5)

En este ejercicio, sobre un ejemplo en el que se hayan resuelto todos los conflictos, se define una línea base.

- En el grupo *Programación* de la ficha *Proyecto*, seleccionar el comando *Establecer línea base*.

- Comprobar que está seleccionada la opción *Establecer línea base*.

- En el área *Para*, comprobar que está seleccionada la opción *Proyecto completo* y hacer clic sobre el botón *Aceptar*.

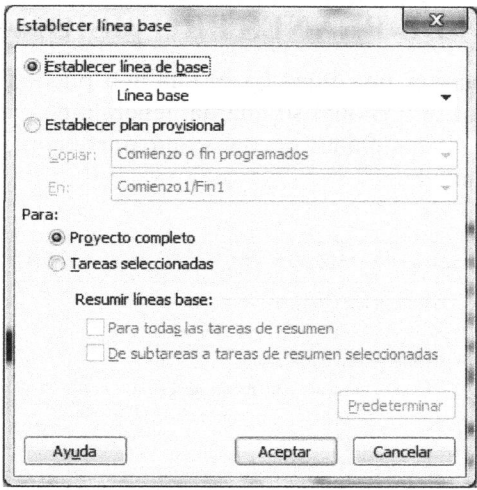

Figura 13.5. Establecer una línea base

Visualización de estadísticas de una línea base (Figura 13.6)

En este ejercicio se verá la información de resumen de la línea base en el cuadro *Estadísticas del proyecto.*

- En el grupo Propiedades, de la ficha Proyecto, pulsar sobre Información del proyecto.

- Seleccionar Estadísticas.

- Hacer clic en el botón *Cerrar*.

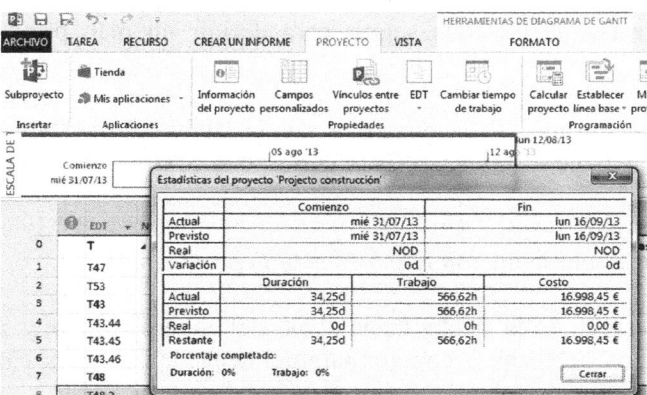

Figura 13.6. Visualización de estadísticas de la línea base

13.6 CREACIÓN DE PLANES PROVISIONALES

Además de guardar una línea base, también pueden almacenarse "planes provisionales". Un plan provisional se guarda generalmente en ciertas fases de un proyecto (Figura 13.7). Estos planes pueden compararse con el plan de línea base y con la programación actual.

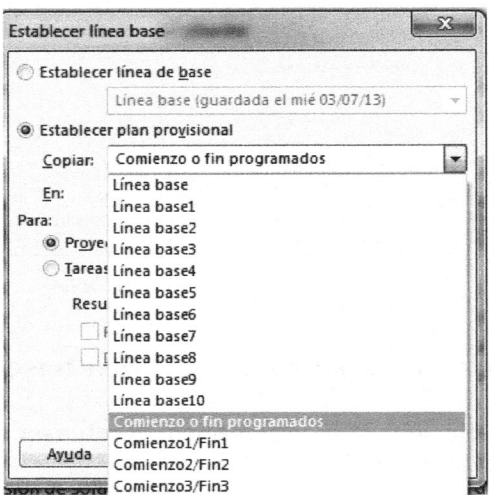

Figura 13.7. Creación de un plan provisional

Los datos almacenados en un plan provisional incluyen las fechas de comienzo y fin y las fechas de división. En un plan provisional no se guardan datos de recursos ni de asignaciones.

Microsoft Project 2013 permite definir hasta 10 planes provisionales.

Los pasos que hay que seguir para definir un plan provisional son los siguientes:

- En el grupo *Programación* de la ficha *Proyecto*, seleccionar el desplegable *Establecer línea base* y, a continuación, *Establecer línea base*.

- Seleccionar la opción *Establecer plan provisional*.

- Hacer clic en la flecha hacia abajo del cuadro *Copiar* y seleccionar los campos de fecha a copiar (habitualmente los campos *Comienzo o Fin programados*).

- Hacer clic en la flecha hacia abajo del cuadro *En* y seleccionar el campo de fecha en el que se desea copiar (si se trata del primer plan provisional se escogerá *Comienzo1/Fin1*, si por el contrario fuera el segundo, será escogido *Comienzo2/Fin2* y así sucesivamente).

- En el área *Para*, comprobar que está seleccionada la opción *Proyecto completo*.

- Hacer clic sobre el botón *Aceptar*.

13.7 PRESENTACIÓN DE LAS RESTRICCIONES DEL PROYECTO

Microsoft Project 2013 permite presentar de varias formas diferentes la información sobre restricciones de tarea. Si se ha aplicado una restricción a una tarea, el campo *Indicadores* mostrará un icono de restricción. Cuando se sitúa el ratón sobre un icono indicador, se muestra una *Sugerencia* con detalles sobre el indicador.

Una restricción inflexible tiene un punto rojo y una restricción flexible tiene un punto azul. Las tareas que no son terminadas dentro de sus restricciones tienen un signo de admiración en el icono de restricción. Además, las restricciones también pueden verse aplicando la tabla *Fechas de restricción* (ficha *Vista* → grupo *Datos* → *Tablas* → *Más tablas)*, que muestra los campos *Nombre de tarea*, *Duración*, *Tipo de restricción* y *Fecha de restricción*.

Ver las fechas de restricción (Figura 13.8)

En este ejercicio se verá información de las restricciones en *Sugerencias* y, luego, se aplicará la tabla *Fechas de restricción* en la vista de *Hoja*.

- Situar el puntero del ratón sobre el icono indicador de restricción de la tarea, por ejemplo la tarea 7 *Montaje planta piloto* propuesta en el apartado 13.3, aparecerá una sugerencia mostrando el tipo y fecha de restricción de la tarea.

- En la *Barra de vistas*, pulsar la flecha hacia abajo hasta mostrar el icono *Más vistas* y, luego, hacer clic sobre él.

- En el cuadro *Vistas*, seleccionar *Hoja de tareas* y, luego, hacer clic sobre el botón *Aplicar*.

- En el grupo *Datos* de la ficha *Vista*, desplegar *Tablas* y, luego, pulsar *Más tablas*.

- En el cuadro de diálogo *Más tablas*, hacer doble clic en *Fechas de restricción*.

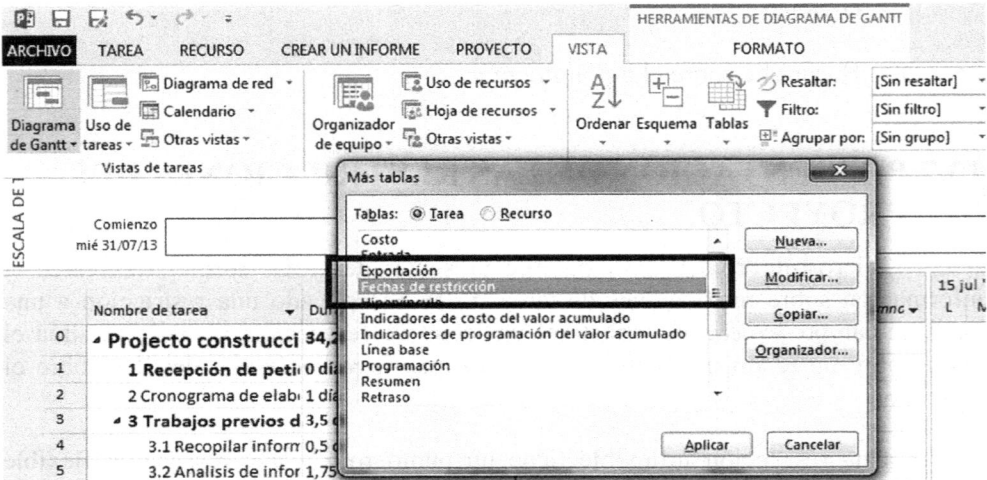

Figura 13.8. Fechas de restricción

Capítulo 14

CONTROL DE UN PROYECTO

Una vez comenzada la primera tarea de un proyecto, es el momento de empezar a seguir el progreso real de las tareas y recursos. El seguimiento es el proceso de recoger e introducir información de las tareas en la programación como fechas reales de comienzo y fin. Al realizar el seguimiento del progreso de las tareas, se puede rentabilizar y optimizar el tiempo ahorrado en tareas que se adelantan respecto a lo previsto. Con Microsoft Project 2013 se puede actualizar la programación de forma fácil y rápida mediante varias prestaciones interesantes.

La información puede ser utilizada para comparar el plan con el progreso real del proyecto. El plan y la información actualizada se pueden comparar de forma gráfica. Las tablas muestran la información numérica y los filtros localizan rápidamente tareas y recursos que podrían estar retrasados en la programación o por encima de lo presupuestado.

Hasta este punto hay varias tareas realizadas y es hora de introducir información real sobre el estado actual del proyecto. Para ello, se introduce la información real basándose en la información ofrecida por tareas individuales. Se dividirá una tarea en la que se ha detenido el trabajo y se actualizará el resto del proyecto según lo programado.

14.1 SEGUIMIENTO DEL PROGRESO

Antes de comenzar la realización de un proyecto, es necesario desarrollar completamente la programación asociada al mismo y, entonces, establecer un plan de línea base. A partir de este punto, el progreso de las tareas debe ser controlado a lo largo de todo el proyecto (Figura 14.1).

La frecuencia de la actualización depende del control que se necesite en el proyecto. Si se controla el progreso frecuentemente será más fácil identificar los problemas y solucionarlos.

Las tareas que no tienen lugar según lo programado necesitan un seguimiento manual, debiéndose introducir la información real del progreso para las tareas individuales. También podrían identificarse nuevas tareas, no previstas inicialmente, una vez comenzado el proyecto.

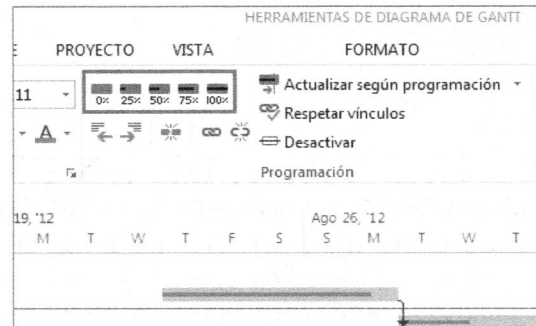

Figura 14.1. Especificación del progreso de una tarea en forma de porcentaje

Cuando se introduce el progreso real del proyecto, éste se recalcula automáticamente y las tareas que no han progresado son reprogramadas en base a los datos actuales.

Hay tres tipos de fechas para cada tarea:

- Prevista ==> fechas planificadas inicialmente (línea base).

- Real ==> tareas que están en progreso o han terminado.

- Actual ==> tareas que aún no han comenzado o están en progreso (pueden ir cambiando a medida que avanza el proyecto y se recalcula la programación, en función de las incidencias surgidas).

Cuando la programación del proyecto está en la etapa de planificación, las únicas fechas existentes son las actuales. Una vez establecida una línea base, las fechas actuales se convierten en fechas previstas (visibles en la línea base). A medida que se van realizando tareas, las fechas actuales (programadas que aún no han comenzado o están en progreso) y las fechas reales van coincidiendo, de forma que cuando termina el proyecto, coinciden. A final del proyecto se pueden comparar las fechas previstas (del plan original y reflejadas en la línea base), con las reales y actuales.

14.2 INTRODUCCIÓN DE LA INFORMACIÓN DEL PROGRESO REAL

Existen cinco tipos de datos reales que se pueden introducir:

1. Fechas reales de comienzo y fin.

2. Porcentaje completado.

3. Duración real y duración restante.

4. Trabajo real y trabajo restante.

5. Costes reales y costes restantes.

Cuando se introduce una duración real también es necesario considerar la duración restante. Si se introduce una duración real menor que la duración prevista, **Microsoft Project 2013** calculará la diferencia entre las dos y esta diferencia se convierte, por omisión, en la duración restante.

Si una tarea finaliza en un tiempo menor del programado es necesario introducir cero en la duración restante. Al contrario, si la duración real es superior a la programada y continúa en curso, forzosamente se ha de introducir un valor en la duración restante para no considerarla finalizada antes de tiempo.

Los mismos principios se aplican a los valores reales de trabajo y coste.

Existen varias formas de actualizar los datos reales del proyecto:

1. El cuadro de diálogo *Actualizar tareas*.

2. El cuadro de diálogo *Información de la tarea*.

3. La tabla *Seguimiento* (ficha *Vista* → grupo *Datos* → *Tablas* → *Seguimiento)*.

Introducción de una fecha real de fin para las tareas

(Figura 14.2)

En este ejercicio se introduce la fecha real en la que finalizará una tarea.

- Tras seleccionar la tarea deseada, desde el grupo *Programación* de la ficha *Tarea*, abrir el desplegable (pulsando la flecha hacia abajo situada a la derecha) *Actualizar según programación* y, a continuación, seleccionar *Actualizar tareas*. Se abre el cuadro de diálogo *Actualizar tareas*.

- En el área *Estado real*, hacer clic sobre la flecha del menú desplegable del cuadro *Fin*.

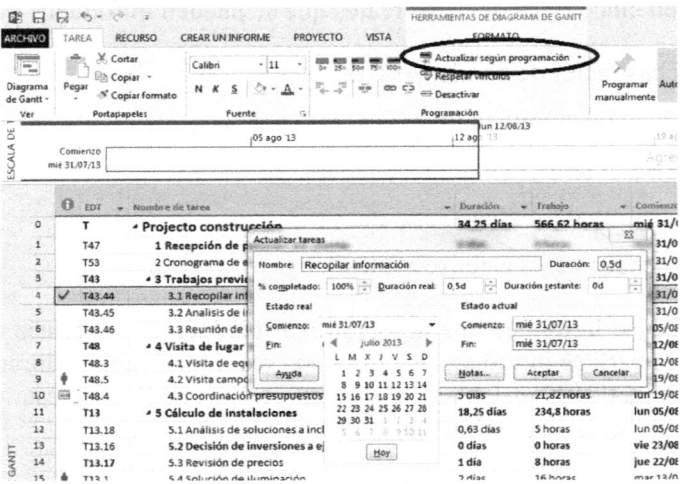

Figura 14.2. Introducción de fechas reales de comienzo y fin

- Seleccionar el día que se terminó realmente la tarea y hacer clic en el botón *Aceptar*. Ha quedado introducida la fecha real de terminación de la tarea; el campo de indicadores mostrará una marca de verificación para la tarea y en el *Diagrama de Gantt* se verá una barra de progreso sobre la misma.

- Volver al cuadro de diálogo *Actualizar tareas*, tal y como se indicó en el primer paso del ejercicio, y se podrán comprobar los cambios.

- Hacer clic sobre el botón *Cancelar*.

- Situar el puntero del ratón sobre el indicador de la tarea en el *Diagrama de Gantt* para ver la sugerencia relativa a la tarea.

Introducción del trabajo real (Figura 14.3)

En este ejercicio se introducen las horas de trabajo reales realizadas en una tarea.

- En la *Barra de vistas* hacer clic en la flecha hacia abajo hasta mostrar el icono *Uso de tareas* y, luego, seleccionar el icono *Uso de tareas*.

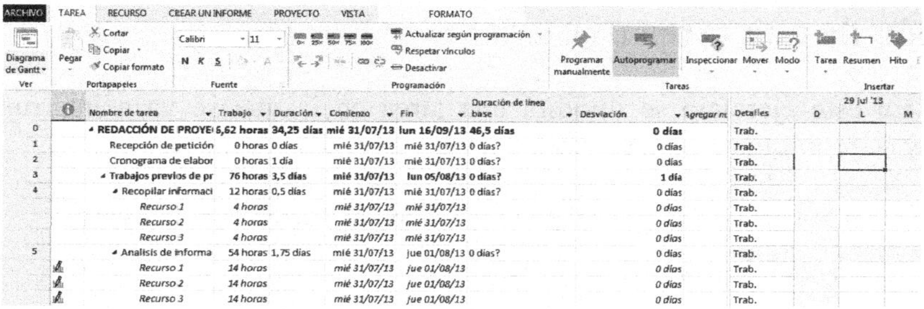

Figura 14.3. Introducción de horas reales de trabajo

- En el grupo *Detalles* de la ficha *Formato* marcar la opción *Trabajo real*.

- Pulsar la tecla **F5**, escribir el valor del identificador de la tarea que se desee actualizar y hacer clic sobre el botón *Aceptar*.

- Desplazarse en la sección de la escala temporal de la vista *Uso de tareas* hasta mostrar la fecha deseada y, entonces, hacer clic en el campo *Trabajo real* del recurso concreto.

- Introducir el valor real y pulsar la tecla **TAB**.

- Guardar el archivo.

14.3 DIVISIÓN DE TAREAS

Una tarea puede ser dividida o reprogramada para interrumpir el trabajo y reanudar el resto del mismo en un punto posterior de la programación.

Si una tarea va a ser interrumpida, podrá ser dividida al crearla. Pero si se produce una interrupción una vez comenzada la tarea, también se podrá dividir en el punto en que se interrumpe el trabajo, y el resto de la tarea se podrá reprogramar. Cuando una tarea está dividida, el *Diagrama de Gantt* muestra un hueco en la barra de *Gantt* en la tarea. La anchura del hueco representa la longitud de la interrupción del trabajo.

Para las tareas que se han completado parcialmente, Microsoft Project 2013 divide automáticamente la tarea entre el trabajo completado y el trabajo restante. La división no es visible en el *Diagrama de Gantt*.

Se puede reprogramar una tarea usando el ratón en la vista *Diagrama de Gantt* o el cuadro de diálogo *Actualizar proyecto* (grupo *Estado* de la ficha *Proyecto*).

División de una tarea (Figura 14.4)

En este ejercicio se dividirá una tarea en la que se va a interrumpir el trabajo y se reprograma para su reanudación varios días después.

- En la barra de vistas seleccionar el icono *Diagrama de Gantt*.

- Seleccionar la tarea a dividir.

- En el grupo *Programación* de la ficha *Tarea* hacer clic sobre el botón *Dividir tarea*[9].

- Situar el puntero del ratón a lo largo de la barra de *Gantt* de la tarea seleccionada y pulsar su botón izquierdo cuando se muestre la fecha de comienzo de la división deseada en la *Sugerencia*. Su pantalla mostrará un aspecto similar al de la Figura 14.4.

- Mantener pulsado el botón izquierdo del ratón y arrastrar la barra de *Gantt* dividida a la derecha hasta que se muestre la fecha de fin deseada en la *Sugerencia*. La tarea se divide en dos secciones.

- Guardar el archivo.

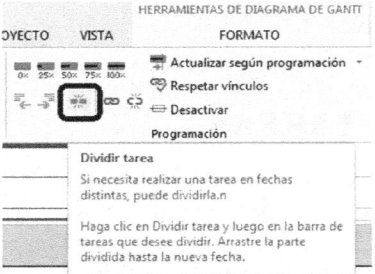

Figura 14.4. Cuadro de inicio de separación de tareas

14.4 ACTUALIZACIÓN DEL RESTO DEL PROYECTO

Las tareas que no tienen lugar según lo previsto deben ser actualizadas antes que el resto de la programación, y las que tienen lugar según lo previsto deben ser actualizadas usando el cuadro de diálogo *Actualizar proyecto* pulsando el botón *Actualizar proyecto* del grupo *Estado* en la ficha *Proyecto*.

---

[9] El botón *Dividir tarea* no tiene texto asociado. Para identificarlo basta con pasar lentamente el ratón por encima de los diferentes botones del grupo *Programación*, al detenerse unos segundos sobre cada uno de ellos se visualizará una nota asociada con el nombre del mismo y una breve explicación de la función que realiza.

El cuadro de diálogo *Actualizar proyecto* permite actualizar las tareas *Por porcentaje completado*, o bien, *Sólo al 0% o al 100%*. Cuando se actualiza usando la opción *Sólo al 0% o al 100%*, únicamente se actualizan las tareas completadas al 100%. Las tareas restantes permanecen al 0%.

Las tareas pueden ser actualizadas para el proyecto completo, o bien, pueden actualizarse sólo las que se encuentren seleccionadas.

Usando el botón *Actualizar según programación* en el grupo *Programación* de la ficha *Tarea*, las tareas seleccionadas son actualizadas automáticamente al porcentaje real completado.

Si la información real introducida en el proyecto está basada en una fecha diferente de la actual, ésta deberá modificarse en el campo *Fecha de hoy* del cuadro de diálogo *Información del proyecto,* accesible desde el grupo *Propiedades* de la ficha *Proyecto*, antes de pulsar el botón *Actualizar según programación*.

También se puede modificar seleccionando el dato en el cuadro de diálogo *Fecha de estado* accesible desde el grupo *Estado* de la ficha *Proyecto*.

14.5 COMPARACIÓN DE LA LÍNEA BASE CON LOS DATOS REALES

La línea base del proyecto ofrece la base para comparar los costes, trabajo y fechas para todas las tareas y recursos que se han identificado dentro de él.

Al comparar el progreso del proyecto con la línea base, éste puede ser controlado para comprobar que las tareas se están desarrollando según la programación realizada inicialmente.

Mostrar el Diagrama de Gantt de seguimiento (Figura 14.5)

En este ejercicio se utilizará el *Diagrama de Gantt* de seguimiento para ver diferentes datos del proyecto.

Se utilizará como punto de partida el ejercicio realizado tal y como se detalla en los apartados 14.3 y 14.4.

No se olvide de definir una línea base previamente, como se indica en el apartado 13.5.

- En la barra de vistas hacer clic sobre la flecha hacia abajo para ver el icono *Gantt de seguimiento* y pulsarlo a continuación.

- Pulsar la tecla **F5**, introducir el valor numérico de la tarea que se dividió en el ejercicio propuesto en el apartado 14.3 y pulsar la tecla **INTRO**. Se muestra la mencionada tarea, que ya fue dividida previamente.

- Desplazarse a lo largo del *Diagrama de Gantt* para ver el resto de la programación. Se observará que las tareas que no han comenzado o están en progreso se representan con trama.

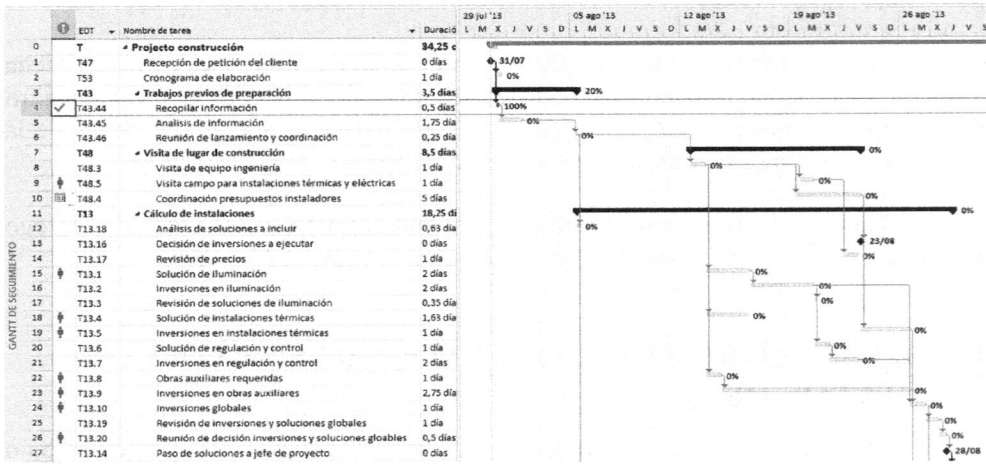

Figura 14.5. Vista gráfica de datos del proyecto

Exportación de valores acumulados a Excel
(Figura 14.6)

En este ejercicio se realiza una exportación de datos a la aplicación **Microsoft Excel**.

- En el menú *Archivo* seleccionar el comando *Guardar como*.

- En el cuadro de diálogo *Guardar como* hacer clic sobre la flecha hacia debajo del cuadro *Tipo* y seleccionar *Libro de Excel*.

- Introducir un nombre para el nuevo archivo y seleccionar el comando *Guardar*.

- Aparecerá un *Asistente para exportación*, donde se seleccionarán las opciones que resulten de interés.

- Seleccionar el comando *Finalizar*.

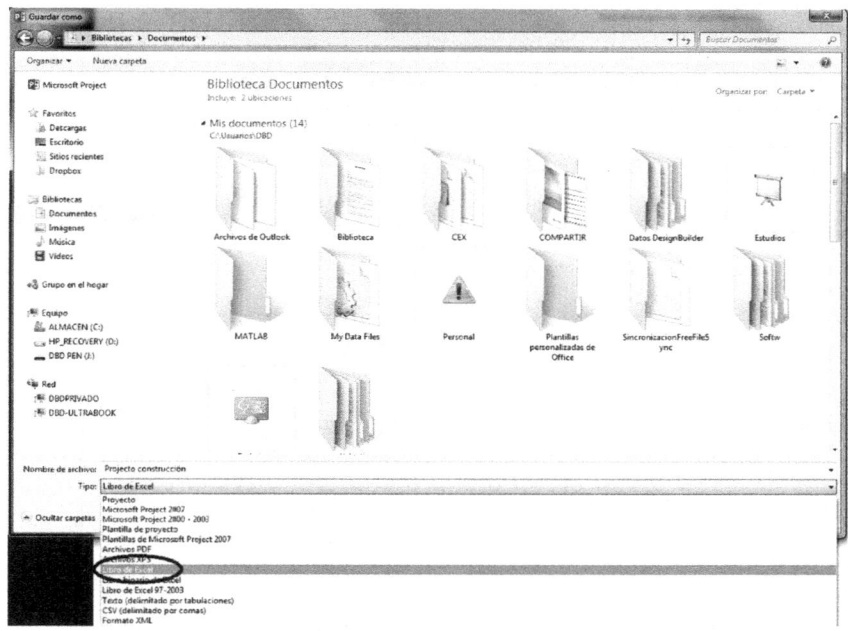

Figura 14.6. Exportar datos a Excel

Capítulo 15

APLICACIÓN DE FILTROS Y ORDENACIÓN DE DATOS

Durante un proyecto, es necesario ver información específica de una planificación tanto para evaluar áreas del plan como para monitorizar el progreso del proyecto. Se puede usar el filtrado y la ordenación para extraer rápidamente la información que se necesita. El filtrado y la ordenación de datos muestran la información específica de la programación de un proyecto. Los filtros personalizados permiten adaptarse a los requerimientos específicos que se definan para un proyecto concreto. También se pueden ordenar los datos por uno o más criterios para organizar la información del proyecto.

15.1 FILTRADO DE LAS TAREAS Y RECURSOS DEL PROYECTO

Los filtros permiten centrarse en tareas o recursos específicos de un proyecto. Un filtro solo muestra las tareas o recursos que cumplen los criterios de filtrado. Microsoft Project 2013 ofrece 34 filtros predefinidos para tareas y 25 para recursos. La aplicación de un filtro no modifica los datos del proyecto, sino que solo afecta a la presentación.

15.1.1 Aplicación de autofiltros

La opción *Autofiltro* (accesible en la opción *Mostrar autofiltro* del desplegable *Filtro*, dentro del grupo *Datos* de la ficha *Vista*) ofrece una forma rápida de localizar información en un campo. Cuando se aplica un *Autofiltro* a una columna, la flecha hacia abajo se sustituye por el símbolo del autofiltro (Figura 15.1). También pueden aplicarse a varias columnas.

La opción *Autofiltro* incluye dos filtros comunes:

- **Todas**. Se utiliza para suprimir cualquier criterio de filtrado.

- **Personalizado**. Se usa para filtrar una columna por más de un criterio, o bien, para aplicar operadores.

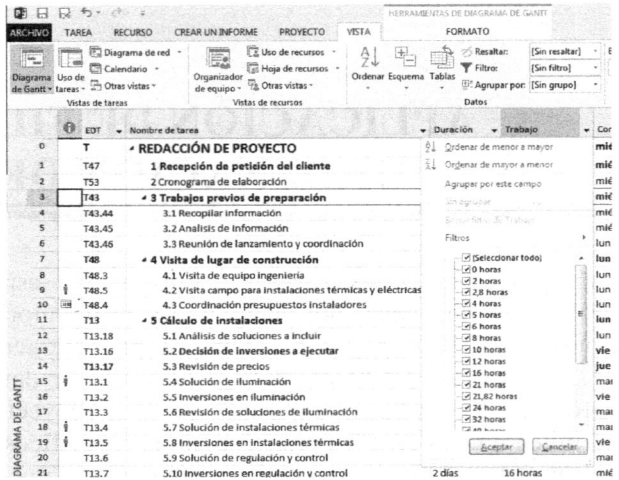

Figura 15.1. Autofiltro

15.1.2 Especificación de criterios de filtrado

Los filtros pueden ser específicos o interactivos. Los filtros interactivos muestran un cuadro de diálogo durante el proceso de filtrado y utilizan la información introducida para completar el criterio de filtrado. La creación de un filtro interactivo es preferible a la duplicación de un filtro existente. Un ejemplo de ello sería el filtrado frecuente a las tareas asignadas a ciertos recursos.

Uso de un filtro interactivo (Figura 15.2)

En este ejercicio se muestra cómo aplicar un filtro interactivo.

- Seleccionar *Intervalo de fechas...* del desplegable *Filtro*, dentro del grupo *Datos* de la ficha *Vista*, introducir la fecha inicial, hacer clic en el botón *Aceptar* y, posteriormente, seleccionar la fecha final; finalmente, pulsar el botón *Aceptar*.

- Se muestran las tareas que comienzan o terminan entre las fechas inicial y final seleccionadas.

- Seleccionar *[Sin filtro]* del desplegable *Filtro*, dentro del grupo *Datos* de la ficha *Vista*, con lo que se volverán a ver todas las tareas.

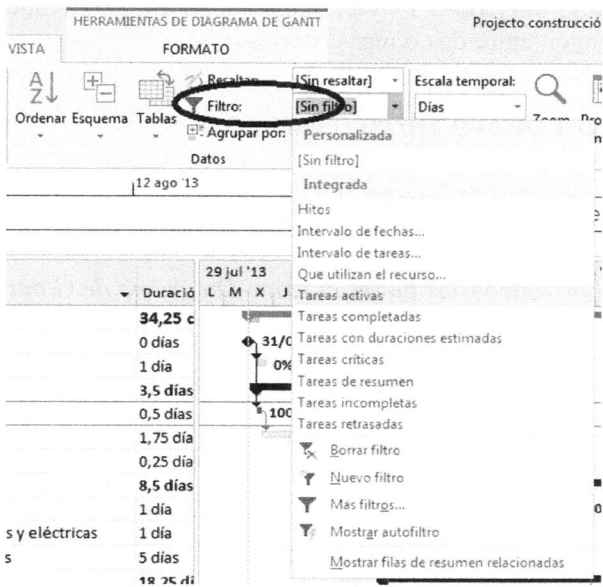

Figura 15.2. Vista de la aplicación de un filtro interactivo

15.1.3 Filtrado de tareas para un recurso específico

Los filtros de recursos permiten mostrar tareas asignadas a un recurso, o bien, modificar información sobre recursos. Por ejemplo, se ha cambiado el código de un grupo de recursos.

Se puede aplicar un filtro para mostrar sólo las tareas que tienen el código actual. En este caso se puede introducir el nuevo código sin tener que desplazarse por toda la lista de recursos.

15.2 CREACIÓN DE UN FILTRO PERSONALIZADO

Si un filtro predefinido no satisface determinados criterios, se podrá crear un filtro personalizado, bien creándolo desde cero, bien editando un filtro existente o bien creando un nuevo filtro a partir de uno preexistente.

Para crear un filtro personalizado, se utiliza el cuadro de diálogo *Definición de filtro*. En dicho cuadro es necesario dar un nombre al filtro, seleccionar las opciones y definir los criterios. La información necesaria se introduce desde la *Barra de entrada*.

Un filtro puede tener uno o varios criterios; estos se combinan mediante operadores, como el operador "Y" y el operador "O". Los operadores se usan para especificar la relación entre dos o más criterios.

Creación de un nuevo filtro (Figura 15.3)

En este ejercicio se creará un nuevo filtro para tareas que comienzan después de una fecha específica.

- En la *Barra* de vistas pulsar el icono *Diagrama de Gantt*.

- Seleccionar *Más filtros* del desplegable *Filtro*, dentro del grupo *Datos* de la ficha *Vista*.

- Pulsar *Nuevo*.

- Con el cuadro *Nombre*, se comprueba que tiene el texto seleccionado y, entonces, se introduce, por ejemplo, *Actividades comenzadas a partir del 09/08/2013*.

- Se rellenarán los campos pertinentes y se pulsará *Aceptar* y, posteriormente, *Aplicar*.

15.3 ORDENACIÓN DE TAREAS Y RECURSOS

Por defecto, las tareas y recursos se muestran en orden ascendente por su número de identificación, de menor a mayor. La ordenación crea una presentación alternativa de la orden de las tareas o recursos basada en un campo específico. Cuando la información del campo de ordenación está duplicada, la ordenación puede realizarse sobre varias claves, que son los campos por los que se ordena la información. Por ejemplo, si hay varias tareas que tengan el mismo coste, el campo *Coste* será la clave primaria y el campo *Duración* podría ser la clave secundaria. Cuando dos o más tareas tengan el mismo coste total, serán ordenadas por su duración.

La ordenación puede incluir otros parámetros, como el orden ascendente o descendente, teniendo en cuenta o no la estructura de esquema. Por defecto, la ordenación se realiza teniendo en cuenta la estructura de esquema. Si se realiza una ordenación ignorándola, las subtareas y las tareas de resumen serán ordenadas independientemente.

Tras realizar una ordenación ascendente sobre el campo *Nombre del recurso*, se pueden renumerar permanentemente los recursos para que estén ordenados alfabéticamente. Sin embargo, si se renumeran permanentemente las tareas al ordenarlas, las dependencias serán eliminadas.

Las diferentes opciones de ordenación son accesibles seleccionando *Ordenar* del grupo *Datos* de la ficha *Vista*.

15.4 UN PASO MÁS: APLICACIÓN DE UN FILTRO PARA RESALTAR

Por defecto, cuando se filtran las tareas y recursos, son ocultadas aquellas que no cumplen los criterios de filtrado. También se puede aplicar un filtro para resaltar que muestra todas las tareas y recursos que cumplen los criterios. Generalmente, un filtro para resaltar muestra en azul la información que cumple los criterios (Figura 15.4).

Se accede a esta opción seleccionando *Más filtros* del desplegable *Filtro*, dentro del grupo *Datos* de la ficha *Vista*. Entonces se abrirá el cuadro de diálogo *Más filtros*, una vez seleccionado el filtro deseado, se debe pulsar *Resaltar*.

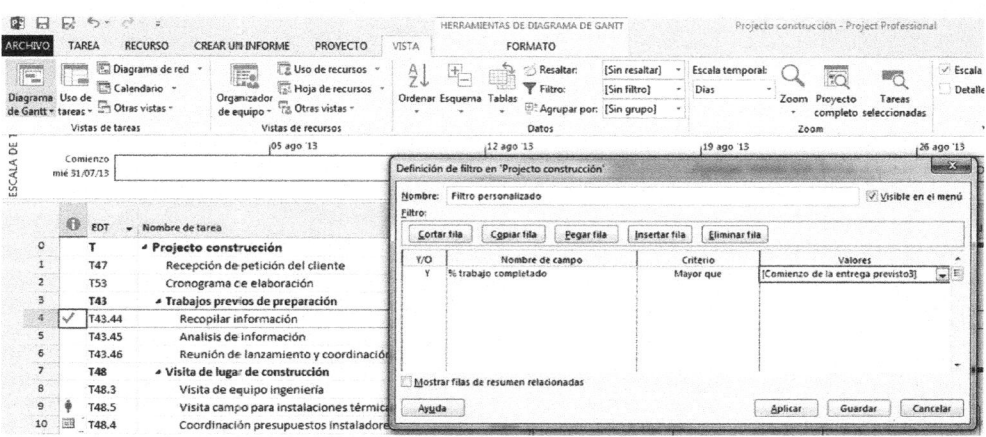

Figura 15.3. Creación de un nuevo filtro

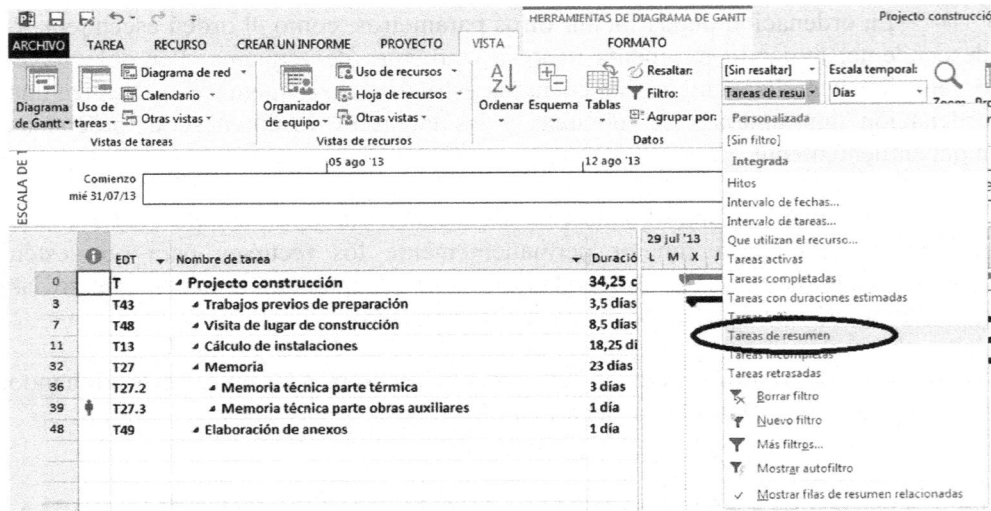

Figura 15.4. Aplicación de filtros: tareas de resumen

Capítulo 16

PERSONALIZACIÓN DE TABLAS, VISTAS E INFORMES

Una de las necesidades que se plantean, al trabajar con proyectos, es determinar sus requerimientos de información. Aunque la mayoría de estos requerimientos queden cubiertos por el *software* de planificación, puede que no todos ellos sean cubiertos. Para estos requerimientos especiales, se pueden crear sus propias tablas, vistas e informes y también personalizar estos elementos para cubrir las necesidades de los proyectos. Microsoft Project 2013 ofrece un soporte eficaz para la creación de elementos personalizados. Los cuadros de diálogo de definición para tablas y vistas están diseñados para facilitar al máximo posible el proceso de creación de elementos personalizados. También se pueden personalizar informes para imprimir la información formateada conforme a los requerimientos del usuario.

16.1 CREACIÓN DE UNA TABLA PERSONALIZADA

Las tablas están formadas por una distribución de filas y columnas que contienen la información que define la programación. Si ninguna de las tablas predefinidas ofrece la información necesaria, se podrá crear una tabla personalizada para mostrar la información requerida.

Las tablas personalizadas pueden crearse a partir de cero, o bien, a partir de la modificación de una tabla existente. También se crean definiendo el nombre del campo y la alineación, así como la anchura y el título de la columna para cada campo requerido en la tabla.

Eliminación de filas (Figura 16.1)

En este ejercicio se eliminan las columnas de información innecesarias de la definición de tabla.

- En el menú desplegable *Tablas*, del grupo *Datos* de la ficha *Vista*, seleccionar *Más tablas*.

- En el cuadro de diálogo *Más tablas*, seleccionar *Resumen* y pulsar *Copiar*, se abrirá el cuadro de diálogo *Definición de tabla en...*

- En el cuadro de *Nombre*, introducir *Resumen personalizado*.

- En la columna *Nombre de campo* seleccionar la opción *Duración* y, a continuación, hacer clic en *Eliminar fila*.

- En la columna *Nombre de campo* seleccionar la opción *Fin* y, a continuación, hacer clic en *Eliminar fila*.

- En la columna *Nombre de campo* seleccionar la opción *Trabajo* y, a continuación, hacer clic en *Eliminar fila*.

- Pulsar *Aceptar* y *Aplicar* para ver el resultado.

- Podrá accederse tantas veces como se quiera a la nueva tabla *Resumen personalizado* pulsando sucesivamente *Tablas* (en grupo *Datos* de la ficha *Vista*) → *Más tablas* → *Resumen personalizado* → *Aplicar*.

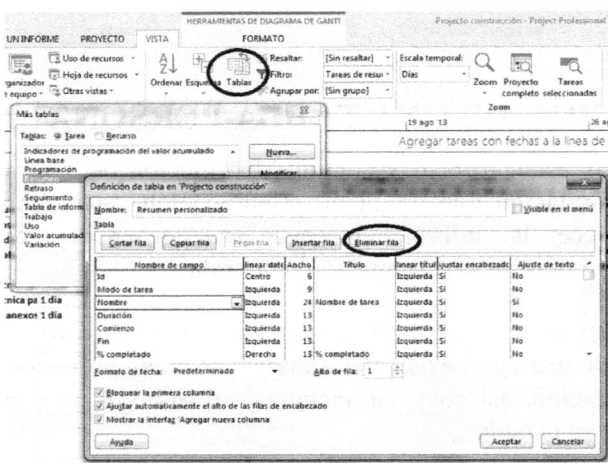

Figura 16.1. Quitar filas tabla personalizada

16.2 DEFINICIÓN DE VISTAS PERSONALIZADAS

Una vista organiza la información de programación para su introducción y presentación. Microsoft Project 2013 ofrece 27 vistas predefinidas. Si ninguna de las vistas predefinidas cumple las necesidades del proyecto, pulsando la secuencia *Otras vistas* (en el grupo *Vistas de tareas* de la ficha *Vista*) → *Más vistas* → *Nueva*, se podrán crear vistas personalizadas, tal como se muestra en la Figura 16.2.

Básicamente, hay dos tipos de vistas:

1. **Vistas individuales**. Combina una pantalla, una tabla, un grupo y un filtro para crear una vista.

2. **Vistas combinadas**. Combina dos vistas individuales en una ventana dividida en secciones, una vista en la sección superior y otra en la sección inferior.

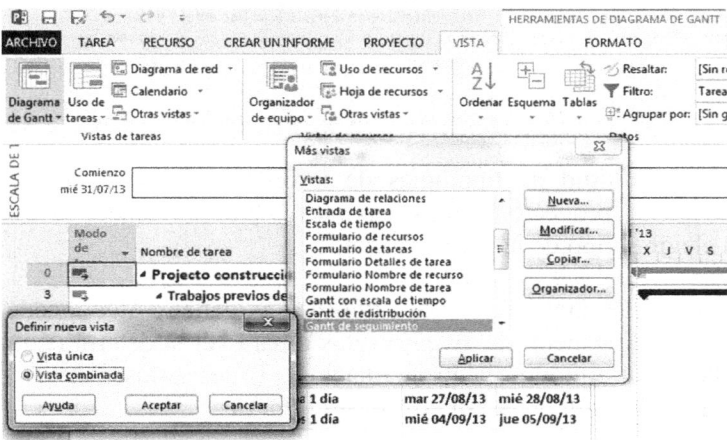

Figura 16.2. Definir vistas personalizadas

16.3 CREACIÓN DE UN INFORME PERSONALIZADO

Microsoft Project 2013 incorpora informes utilizados para imprimir información del proyecto en formatos distintos o para ofrecer información que no se muestra en una tabla o vista predefinida. A título de ejemplo, se puede comprobar que no es posible imprimir el cuadro de diálogo *Estadísticas del proyecto (Información del proyecto*, del grupo *Propiedades* de la ficha *Proyecto* → *Estadísticas)*. En su lugar, se puede imprimir el informe *Resumen*, que contiene la misma información.

Una de las novedades principales de Project 2013 radica en su nueva sección de informes, que juegan ahora un papel primordial dentro del programa. Prueba de ello es que en la versión de Project 2013, frente a la anterior versión, se ha incluido una nueva ficha que agrupa todas las funciones para la creación de informes, ficha *Crear un Informe*, Figura 16.3 y Figura 16.4.

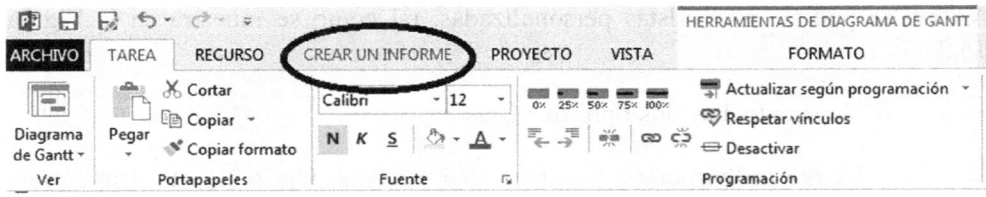

Figura 16.3. Ficha Crear un Informe

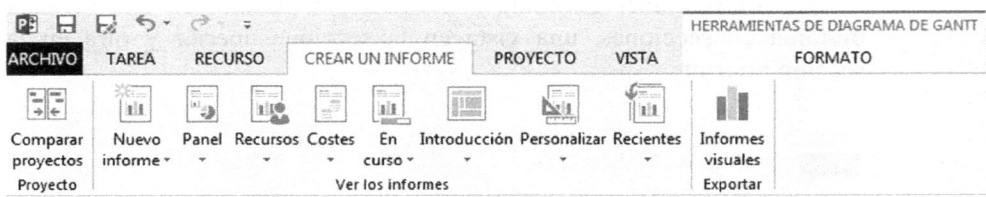

Figura 16.4. Grupos dentro de la ficha Crear un Informe

Existen multitud de tipologías de informes que se pueden elaborar en función del tipo de proyecto. Una de las claves para visualizar la evolución del proyecto es elegir el tipo de informe adecuado.

Project 2013 incluye nuevos informes y paneles que puede usar para comprobar el estado general de los proyectos o para ver si determinadas partes del proyecto están conformes a la programación. Todos estos nuevos informes y paneles los encontrará en la pestaña *Crear un Informe*.

Informes del panel

Para ver todos los informes del panel haga clic en *Crear un Informe* → *Panel*, Figura 16.5.

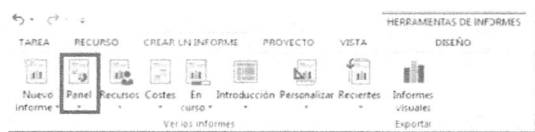

Figura 16.5. Informes del panel

La Tabla 16.1 resume las principales características de cada tipo de informes del panel.

Tipo de informe	Características
Evolución	Muestra el trabajo realizado, las tareas completadas y el trabajo que queda por hacer. Para obtener más información acerca de este informe, vea Crear un informe de evolución.
Información general de costes	Este informe muestra el estado actual de costes de su proyecto y de las tareas de nivel superior. Además, muestra los costes planeados, restantes, reales, acumulados y de línea de base, así como el porcentaje de finalización. De este modo, podrá determinar si su proyecto se ajustará al presupuesto.
Información general del proyecto	Muestra el porcentaje de finalización del proyecto, los próximos hitos y las tareas cuya fecha de vencimiento ya se ha cumplido (tareas retrasadas).
Próximas tareas	Muestra el trabajo realizado en la semana actual, el estado de las demás tareas vencidas y las tareas que comienzan la semana próxima.
Información general del trabajo	Muestra una evolución del trabajo del proyecto, así como estadísticas de trabajo de todas las tareas de nivel superior para que sepa cuál es porcentaje de finalización y que tareas están aún pendientes de realizar.

Tabla 16.1. Características de informes del panel

Informes de recursos

Para ver todos los informes de recursos haga clic en *Crear un Informe →
Recursos*, Figura 16.6.

Figura 16.6. Informes de recursos

La Tabla 16.2 resume las principales características de cada tipo de informes de recursos.

Tipo de informe	Características
Recursos sobreasignados	Muestra el estado de trabajo de todos los recursos sobreasignados con información acerca del trabajo real y restante. Gracias a este informe, podrá intentar resolver estas sobreasignaciones en la Vista de planeador de equipo.
Visión general de los recursos	Muestra el estado de todas las personas (recursos de trabajo) que están trabajando en su proyecto para que sepa qué trabajo falta por completar y qué tareas están pendientes de realizar.

Tabla 16.2. Características de informes de recursos

Informes de costes

Para ver todos los informes de costes haga clic en *Crear un Informe* → *Costes*, Figura 16.7.

Figura 16.7. Informes de costes

La Tabla 16.3 resume las principales características de cada tipo de informes de costes.

Tipo de informe	Características
Flujo de caja	Muestra los costes y los costes acumulados por trimestre de todas las tareas de nivel superior. Use la opción *Lista de campos* para mostrar otros costes u otros periodos de tiempo.
Sobrecostes	Muestra la variación de costes de todas las tareas de nivel superior y recursos de trabajo e indica en qué punto superan los costes reales a los costes de línea de base.
Informe de valor acumulado	Muestra el valor acumulado, la variación y los índices de rendimiento durante un tiempo. Asimismo, compara los costes y las programaciones con una línea de base con el fin de determinar si el proyecto cumplirá la fecha prevista.

Visión general de coste de recursos	Muestra el estado del coste de los recursos de trabajo (personal y material). Asimismo, muestra los detalles de costes en una tabla y datos de distribución de costes en un gráfico.
Información general de costes de la tarea	Muestra el estado del coste de las tareas de nivel superior. Asimismo, muestra los detalles de costes en una tabla y datos de distribución de costes en un gráfico.

Tabla 16.3. Características de informes de costes

Informes de progreso

Para ver todos los informes de costes haga clic en *Crear un Informe → En Curso*, Figura 16.8.

Figura 16.8. Informes de progreso

La Tabla 16.4 resume las principales características de cada tipo de informes de progreso.

Tipo de informe	Características
Tareas críticas	Este informe muestra todas las tareas con programación ajustada que figuran como críticas en la ruta crítica de su proyecto, lo que indica que cualquier retraso en estas tareas provocará retrasos en la programación.
Tareas retrasadas	Muestra las tareas que han comenzado o finalizado con posterioridad a las fechas de inicio y finalización programadas y que cuyo progreso no es el planeado.
Informe de hito	Muestra todas las tareas del proyecto que tienen hitos. Este informe muestra qué tareas tienen retrasos, qué tareas han vencido o las que se han completado.
Tareas pospuestas	Muestra todas las tareas del proyecto que están tardando más de lo esperado en completarse y cuya fecha de finalización es posterior a la fecha de finalización de línea de base.

Tabla 16.4. Características de informes de progreso

Elegir una plantilla de informe para crear informes propios

En caso de que los informes predefinidos no se ajusten a sus necesidades, puede usar una de las siguientes nuevas plantillas de informes para crear sus propios informes de proyectos.

Para ver todas las plantillas de informes, haga clic en *Crear un Informe* → *Nuevo informe*. Figura 16.9.

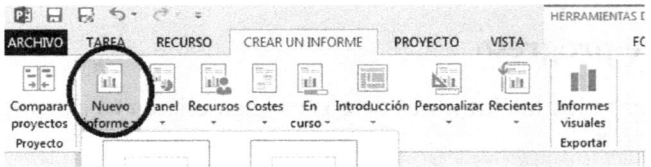

Figura 16.9. Informes propios

La Tabla 16.5 resume las principales características de cada tipo de informe propio que puede crearse en Project 2013.

Tipo de informe	Características
En blanco	Lienzo en blanco. Utilice la pestaña *Herramientas de informe*, *Diseño*, para agregar gráficos, tablas, texto e imágenes.
Gráfico	Muestra un gráfico de los datos de su proyecto que incluye el trabajo real, el trabajo restante y el trabajo predeterminado. Use la *Lista de campos* para seleccionar distintos campos para compararlos en el gráfico. Use los botones situados junto al gráfico para personalizarlo.
Tabla	Tabla de los datos del proyecto que muestra los campos Nombre, Inicio, Fin y % completado. Use la *Lista de campos* para seleccionar distintos campos para mostrarlos en la tabla. En el cuadro *Nivel de esquema*, elija el número de niveles de esquema que desea mostrar en la tabla. Use las pestañas *Herramientas de tabla* para personalizar la tabla.
Comparación	Dos gráficos en paralelo que muestran los mismos datos del proyecto. En uno de los gráficos, use la *Lista de campos* para elegir los campos que desea que se muestren en paralelo para compararlos con los campos del otro gráfico.

Tabla 16.5. Características de informes propios

Los informes que cree se mostrarán en la lista de informes personalizados. Para usarlos, haga clic en *Informe → Personalizado*.

Informes visuales instantáneos para Excel o Visio

En Project 2013, también puede ver datos específicos de proyectos en un informe visual en Excel o Visio, siempre que tenga estos programas instalados. Para ello, haga clic en *Crear un Informe → Informes visuales*, seleccione un informe de Excel o Visio para sus datos de proyecto y haga clic en Ver. Excel creará un archivo de cubo de procesamiento analítico en línea (OLAP) local y mostrará los datos en un gráfico dinámico de Excel o en un diagrama dinámico de Visio, Figura 16.10.

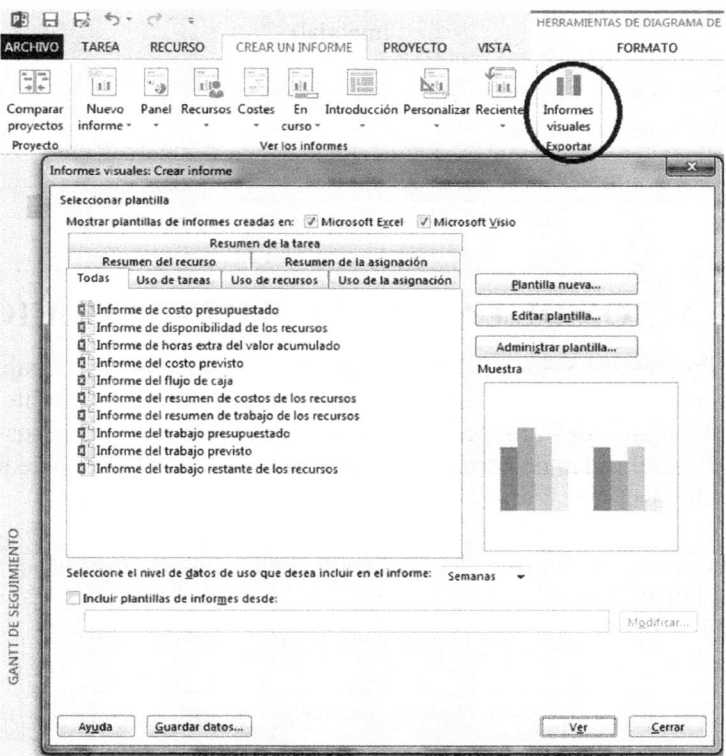

Figura 16.10. Informes visuales

En el cuadro de diálogo *Informes visuales*, podrá elegir una de las siguientes plantillas de informes que se resumen en la Tabla 16.6.

Plantillas para informes de Excel	Plantillas para Informes de Visio
• Informe de coste previsto • Informe de trabajo previsto • Informe de coste presupuestado • Informe de trabajo presupuestado • Informe de flujo de efectivo • Informe de valor acumulado a lo largo del tiempo • Informe de resumen de coste del recurso • Informe de trabajo restante del recurso • Informe de disponibilidad de trabajo del recurso • Informe de resumen de trabajo del recurso	• Informe de línea de base (sistema métrico o Imperial) • Informe de flujo de efectivo (sistema métrico o Imperial) • Informe de estado de tareas críticas (sistema métrico o Imperial) • Informe de disponibilidad de los recursos (sistema métrico o Imperial) • Informe de estado de los recursos (sistema métrico o Imperial) • Informe de estado de la tarea (sistema métrico o Imperial)

Tabla 16.6. Plantillas de informes visuales

16.4 CREACIÓN DE UN INFORME DE EVOLUCIÓN

En Project 2013, los informes de evolución comparan el trabajo planeado, completado y restante en un gráfico que se actualiza automáticamente según van cambiando los datos del proyecto. Estos informes ofrecen a usuarios y a partes interesadas la posibilidad de obtener con muy pocos pasos el estado de un proyecto en un golpe de vista.

Para crear un informe de evolución, haga clic en *Informe* → *Panel* → *Evolución*, Figura 16.11.

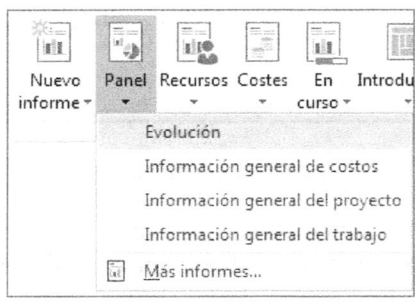

Figura 16.11. Crear un informe de evolución

- **Gráfico de evolución del trabajo contra gráfico de evolución de la tarea**

El informe de evolución predeterminado incluye dos gráficos: evolución del trabajo y evolución de la tarea. El gráfico de evolución del trabajo muestra la cantidad de trabajo que se ha finalizado, cuánto se ha programado para que se finalice antes de la fecha de finalización del proyecto y el cálculo estimado de línea base de la cantidad de trabajo que se completará en un punto del proyecto.

Configurar un gráfico de evolución del trabajo

Un gráfico de evolución del trabajo muestra el trabajo completado y el restante. Si la línea del trabajo acumulado restante es la más pronunciada significa que el proyecto va retrasado.

Tal y como venimos analizando a lo largo del libro Trabajo es el tiempo programado para que una tarea se complete, trabajo real es la cantidad de trabajo ya realizado en una tarea y trabajo restante es la diferencia entre los dos parámetros anteriores. Puede realizar el seguimiento del trabajo en días o en horas por persona.

Capturar información del trabajo

Los gráficos de evolución del trabajo comparan el trabajo planeado, el completado y el restante, por lo que deberá asegurarse de capturar toda esta información sobre el proyecto antes de crear el informe.

- Asigne recursos a tareas, sobre todo para capturar el trabajo realizado. Asegúrese de hacerlo antes de establecer una línea base.

- Establezca una línea base para obtener una instantánea del proyecto. Las líneas base de los informes de evolución muestran cuándo se planeó terminar las tareas y los trabajos.

El siguiente paso a llevar a cabo es agregar campos de trabajo para su seguimiento. Para añadir campos de trabajo para su seguimiento deben seguirse los siguientes pasos:

- Haga clic en *Vista, Uso de Recursos*

- Haga clic en *Formato de herramientas de uso de recursos, Agregar detalles*, Figura 16.12.

- Seleccione un campo del área *Campos disponibles* y haga clic en *Mostrar*, Figura 16.13.

- Cuando haya seleccionado los campos que desee, haga clic en *Aceptar*.

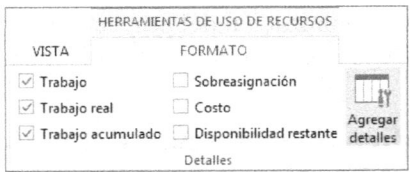

Figura 16.12. Agregar detalles de Uso de Recursos

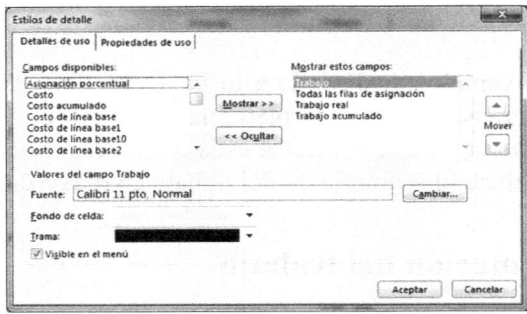

Figura 16.13. Campos disponibles

Existen diferentes campos de evolución del trabajo que se detallan en la Tabla 16.7, Tabla 16.8 y Tabla 16.9 para trabajo, trabajo real y trabajo acumulado, respectivamente.

Campo	Descripción
Trabajo	El tiempo total que: <ul><li>Se ha programado para todos los recursos en una tarea.</li><li>Se ha programado para un recurso en todas las tareas.</li><li>Se ha programado para un recurso en una tarea.</li></ul>
Trabajo restante	El tiempo que se precisa en un momento determinado para completar una tarea.
Trabajo previsto	El trabajo total planeado para una tarea, un recurso o una asignación a lo largo del tiempo.

Tabla 16.7. Campos disponibles de tipo Trabajo real

Campo	Descripción
Trabajo real	Trabajo completado de un recurso asignado a las tareas a lo largo del tiempo.
Trabajo real acumulado	El trabajo real que realizaron todos los recursos asignados a las tareas a lo largo del tiempo.
Trabajo real acumulado restante	El trabajo pendiente de completarse en las tareas de un proyecto tras restar el trabajo real acumulado a lo largo del tiempo.

Tabla 16.8. Campos disponibles de tipo Trabajo

Campo	Descripción
Trabajo acumulado	El tiempo programado para todos los recursos que se han asignado a las tareas, acumulado a lo largo del tiempo.
Trabajo acumulado previsto 0-10	El trabajo previsto programado para todos los recursos que se han asignado a las tareas, acumulado a lo largo del tiempo, en el momento de establecer la línea base.
Trabajo acumulado restante	El trabajo pendiente de completarse en las tareas de un proyecto tras restar el trabajo programado acumulado a lo largo del tiempo.
Trabajo acumulado restante previsto 0-10	El trabajo previsto pendiente de completarse en las tareas de un proyecto tras restar el trabajo previsto programado acumulado a lo largo del tiempo.

Tabla 16.9. Campos disponibles de tipo Trabajo acumulado

Configurar un gráfico de evolución de la tarea

Un gráfico de evolución de la tarea muestra las tareas completadas y las restantes. Si la línea de las tareas restantes es la más pronunciada significa que el proyecto va retrasado.

Los gráficos de evolución de la tarea comparan las tareas planeadas, las completadas y las restantes, por lo que deberá asegurarse de capturar toda esta información sobre el proyecto antes de crear el informe. Los pasos a llevar a cabo son:

- Establezca una línea base para obtener una instantánea del proyecto. Las líneas base de los informes de evolución muestran cuándo se planeó terminar las tareas y los trabajos.

- Marque las tareas completadas. Haga clic en una tarea y en la opción *Tarea* de la cinta de opciones. Seleccione un valor de porcentaje completado y recuerde que Project solo representará en el gráfico, como completadas, las tareas con un valor del 100 %.

Posteriormente se deben agregar campos de tarea para su seguimiento, para ello:

- Haga clic en *Vista*, *Uso de tareas*.

- Haga clic en *Formato de herramientas de uso de tareas, Agregar detalles*, Figura 16.14.

- Seleccione un campo del área *Campos disponibles* y haga clic en *Mostrar*, Figura 16.15.

- Cuando haya seleccionado los campos que desee, haga clic en *Acepta*r.

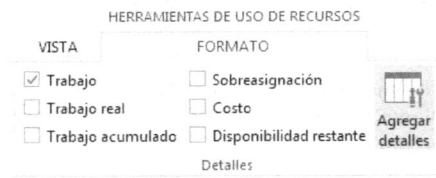

Figura 16.14. Agregar detalles de Uso de tareas

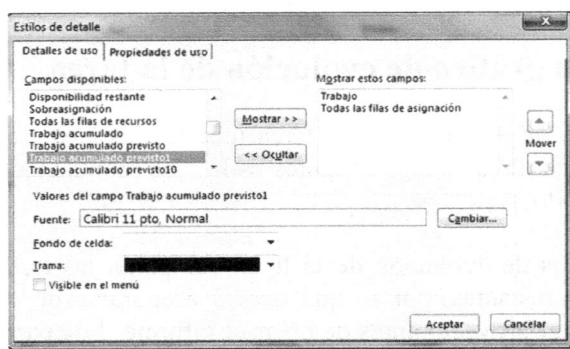

Figura 16.15. Agregar detalles de uso de tareas

Los gráficos de evolución de la tarea comparan las tareas planeadas, las completadas y las restantes, por lo que deberá asegurarse de capturar toda esta información sobre el proyecto antes de crear el informe.

Existen diferentes campos de evolución de la tarea que se detallan en la Tabla 16.10.

Campo	Descripción
Porcentaje (%) completado	El estado actual de una tarea como porcentaje de su duración.
Porcentaje (%) completado acumulado	El porcentaje acumulado completado de una tarea a lo largo del tiempo.
Tareas restantes previstas 0-10.	El número de tareas programadas que deben completarse en un momento determinado en el momento en que se estableció la línea base.
Tareas reales restantes	El número total de tareas reales que deben completarse en un momento determinado.
Tareas restantes	El número total de tareas programadas que deben completarse en un momento determinado.

Tabla 16.10. Campos disponibles de tipo Trabajo

Finalmente se pueden modificar los colores, forma de mostrar los datos, formas que contienen, agregar tablas o imágenes.

16.5 CREACIÓN DE UN INFORME DE PROYECTO

Una de las principales novedades incorporadas en **Project 2013** es la posibilidad de crear y personalizar informes gráficos muy llamativos utilizando los datos de cualquier proyecto y sin necesidad de recurrir a ningún otro *software*. A medida que trabaje en el proyecto, los informes cambiarán para reflejar la información más reciente, sin necesidad de actualizarla manualmente. Uno de los informes de mayor utilidad para analizar un proyecto es el denominado *Informe de proyecto*.

Para crear un informe de proyecto, haga clic en *Informe* → *Panel* → *Información general del proyecto*, Figura 16.16.

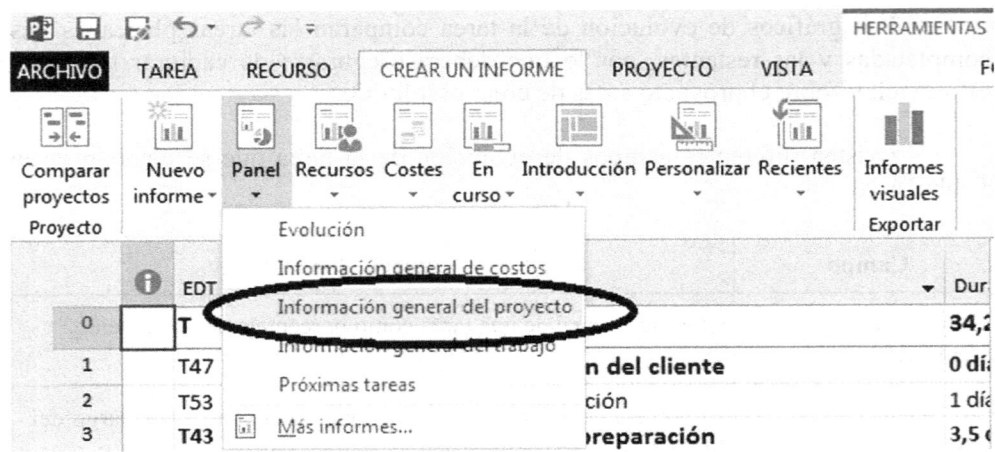

Figura 16.16. Acceso al menú de creación de informe general del proyecto

El informe Información general del proyecto combina gráficos y tablas para mostrar en qué punto se encuentra cada fase del proyecto, los próximos hitos y las tareas cuya fecha de vencimiento ya se ha cumplido. Project proporcione docenas de informes que puede usar directamente, pero no por eso debe sentir que tiene opciones limitadas. Puede personalizar el contenido y el aspecto de cualquier informe, o bien crear uno nuevo desde cero.

Cambiar los datos de un informe

Puede seleccionar los datos que Project 2013 muestra en cualquier parte de un informe. Para ello:

- Haga clic en la tabla o gráfico que desee cambiar.

- Utilice el panel *Lista de campos* en la parte derecha de la pantalla para seleccionar los campos que desee mostrar y filtrar la información.

En el informe *Información general del proyecto*, podrá cambiar el gráfico completado al % de manera que se muestren las subtareas críticas en vez de las tareas de resumen de nivel superior, para ello haga el siguiente ejercicio:

- Haga clic en cualquier parte del gráfico % completado.

- En el panel *Lista de campos*, vaya al cuadro *Filtrar* y haga clic en *Tareas críticas*.

- • En el cuadro *Nivel de esquema*, seleccione *Nivel 2*. En este ejemplo, será el primer nivel del contorno que tenga subtareas en vez de tareas de resumen.

En la Figura 16.7 se ilustra cómo llevar a cabo esta configuración del informe.

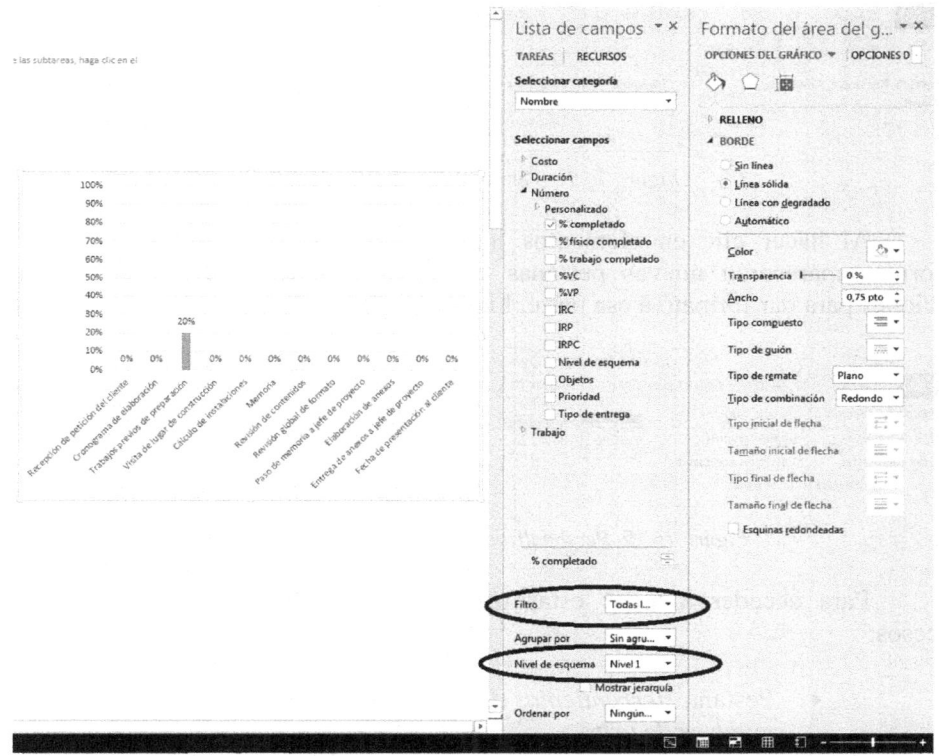

Figura 16.17. Configuración del gráfico de Información del proyecto

Cambiar el aspecto de un informe

Con Project 2013, puede controlar el aspecto de sus informes, desde un sencillo blanco y negro o incorporar colores y efectos. Puede hacer que un informe sea parte de una vista en dos paneles y así ver cómo el informe cambia en tiempo real a medida que trabaja en los datos del proyecto. Para ello haga clic en *Vista* y active la casilla *Detalles*. Al lado de la misma seleccione la vista que desee para mitad inferior de la pantalla.

Para personalizar un informe haga clic en cualquier parte del informe y luego en *Herramientas de informe → Diseño* para ver las opciones de modificación del aspecto de todo el informe. Desde esta pestaña, podrá cambiar la fuente, el color o el tema de todo el informe. También podrá agregar nuevas imágenes (incluyendo fotos), formas, gráficos o tablas, Figura 16.18.

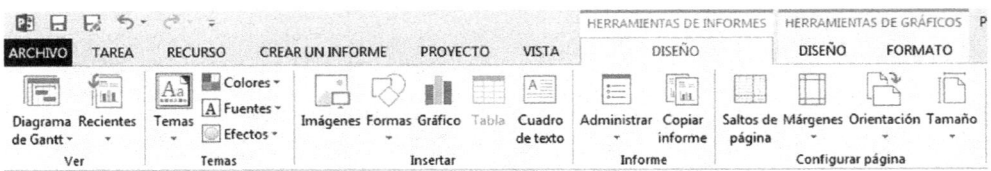

Figura 16.18. Personalización de informes

Al hacer clic en elementos individuales (gráficos, tablas, etc.) de un informe, aparecerán nuevas pestañas en la parte superior de la pantalla con opciones para dar formato a esa parte, Figura 16.19.

Figura 16.19. Personalización del diseño de los informes

Para acceder a todas estas opciones puede hacerlo en los siguientes accesos:

- Pestaña *Herramientas de dibujo → Formato. Formas de formato* y *cuadros de texto.*

- Pestaña *Herramientas de imagen → Formato. Agregar efectos a imágenes.*

- Pestañas *Herramientas de tabla → Diseño* y *Herramientas de tabla → Distribución.* Configurar y retocar tablas se lleva a cabo en Project 2013 igual que en otros programas de Office.

- Pestañas *Herramientas de gráfico → Diseño* y *Herramientas de gráfico → Formato. Configurar y retocar gráficos.*

El gráfico cambia según se seleccionan opciones.

Como ejercicio se plantea cómo renovar de forma completa el aspecto del gráfico *% completado*, en el informe *Información general del proyecto*.

Partiendo del gráfico estándar, Figura 16.20, se procede a cambiar el diseño a un aspecto 3D.

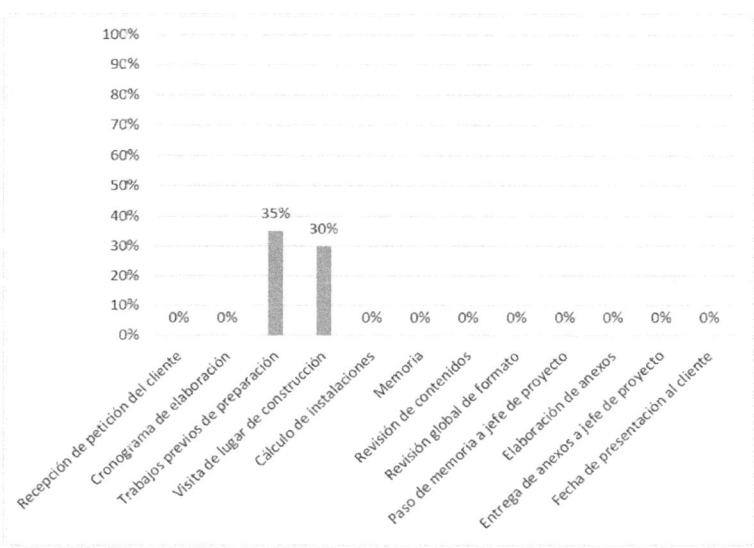

Figura 16.20. Gráfico estándar % completado, de Información general del proyecto

Para personalizarlo siga los siguientes pasos:

- Haga clic en cualquier punto del gráfico *% completado* y luego en *Herramientas de gráfico → Diseño*.

- Seleccione un nuevo estilo en el grupo *Estilos de gráfico*. Al hacerlo, se quitarán las líneas y se agregarán sombras a las columnas, Figura 16.21.

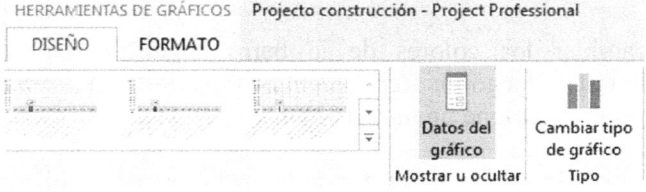

Figura 16.21. Acceso a herramientas de gráficos

- Para darle profundidad al gráfico haga clic en *Herramientas de gráfico* → *Diseño* → *Cambiar tipo de gráfico*, Figura 16.22.

- Haga clic en *Columnas* → *Columna 3D apilada*, Figura 16.23.

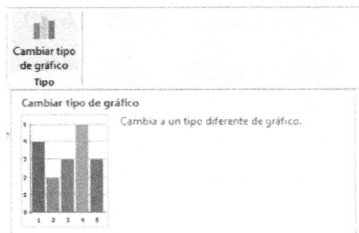

Figura 16.22. Cambiar tipo de gráfico

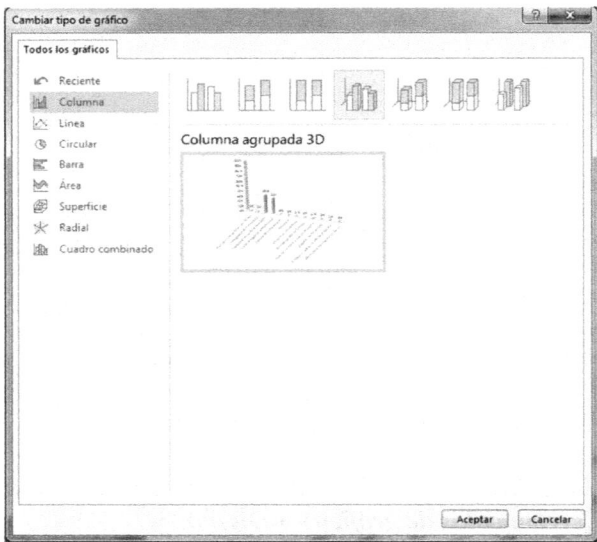

Figura 16.23. Cambiar tipo de gráfico a columna

- Para agregar un color de fondo haga clic en *Herramientas de gráfico* → *Formato* → *Relleno de forma* y seleccione un nuevo color.

- Para cambiar los colores de la barra haga clic en las barras para seleccionarlas, luego en *Herramientas de gráfico* → *Formato* → *Relleno de forma* y seleccione un nuevo color, Figura 16.24.

- Mueva los números que hay fuera de las barras. Haga clic en los números para seleccionarlos y luego arrástrelos hacia arriba. La vista final se muestra en la Figura 16.25.

Figura 16.24. Cambiar color del gráfico

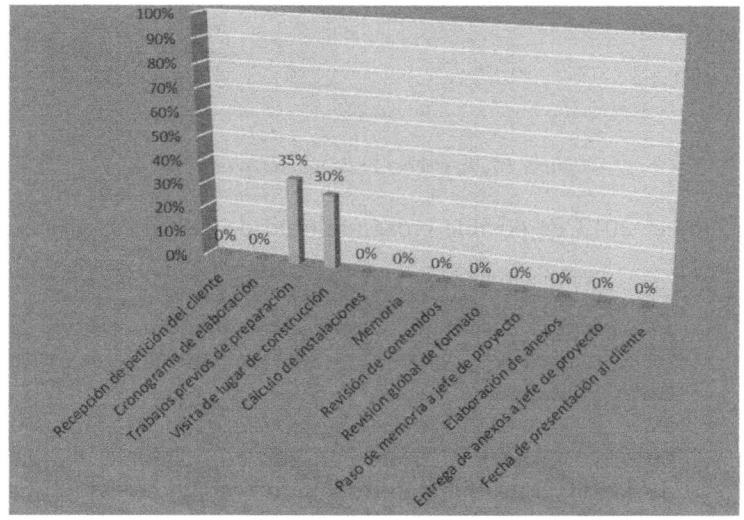

Figura 16.25. Cambiar color del gráfico

Crear un informe propio

En Project 2013 es posible crear multitud de informes propios, para ello:

- Haga clic en *Informe* → *Nuevo informe*.

- Seleccione una de las cuatro opciones y haga clic en *Seleccionar*.

- Dele un nombre a su informe y empiece a añadir información, Figura 16.26.

Figura 16.26. Creación de un nuevo informe

En Project 2013 es posible crear multitud de informes propios, partiendo de:

- *En blanco*: crea un lienzo en blanco. Utilice la pestaña *Herramientas de informe → Diseño* para agregar gráficos, tablas, texto e imágenes.

- *Gráfico*: Project 2013 crea un gráfico donde se comparan valores de Trabajo real, Trabajo restante y Trabajo predeterminado. Utilice el panel *Lista de campos* para seleccionar diferentes campos a comparar y utilizar los controles para cambiar el color y formato del gráfico.

- Tabla: utilice el panel *Lista de campos* para seleccionar qué campos se muestran en la tabla (Nombre, Iniciar, Finalizar y % completado aparecen de forma predeterminada). El cuadro *Nivel de contorno* permite seleccionar cuántos niveles del contorno del proyecto se mostrarán en la tabla. Puede cambiar el aspecto de la tabla en las pestañas *Herramientas de tabla → Diseño y Herramientas de tabla → Distribución*.

* Comparación: coloca dos gráficos uno junto al otro. En un principio, los gráficos tienen los mismos datos. Haga clic en un gráfico y seleccione los datos que desee en el panel *Lista de campos* para empezar a distinguirlos.

Cualquiera de los gráficos que cree desde cero son totalmente personalizables. Puede agregar y eliminar elementos o cambiar los datos según sus necesidades. Si finalmente desea compartir un informe puede hacerlo directamente siguiendo el procedimiento descrito:

* Haga clic en cualquier parte del informe.

* Haga clic en *Herramientas de informe → Diseño → Copiar informe*, Figura 16.27.

* Pegar el informe en cualquier programa que permita mostrar gráficos.

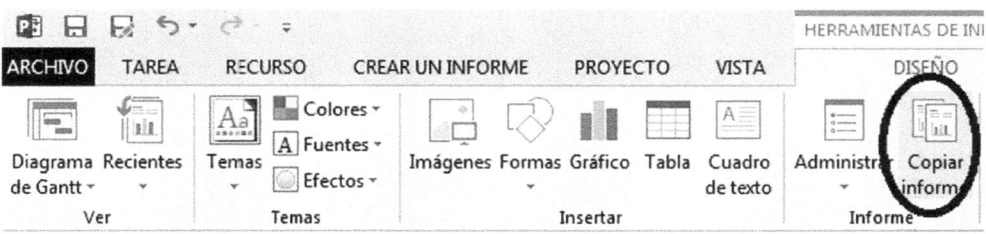

Figura 16.27. Compartir un informe

PREGUNTAS Y AUTOEVALUACIÓN

1. ¿Qué es un proyecto?

2. ¿Qué es una tarea?

3. ¿Para qué sirve y cómo está compuesto un esquema?

4. ¿Para qué se necesitan los calendarios? Explicar los distintos tipos de calendarios.

5. ¿Cuáles son los tipos de tareas y cómo actúan?

6. Definir los distintos tipos de perfiles de trabajo.

7. Explicar qué es un plan provisional y describir sus pasos.

8. Definir los siguientes conceptos:

    -   Conflicto de recursos.

    -   Asistente para planificación.

    -   Línea base.

    -   Restricciones duras.

9. Solo para quienes manejaban el Project 2007 o versiones anteriores: describir los botones de la barra de herramientas Administración de recursos (disponible hasta la versión 2007 de Microsoft Office Project), así como su nueva ubicación.

10. ¿Qué hay que hacer antes de comenzar un proyecto con Microsoft Project 2013?

RESPUESTAS A LA AUTOEVALUACIÓN

1. ¿Qué es un proyecto?

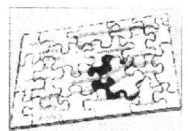 Un proyecto es una secuencia bien definida de eventos que tienen un principio y un final identificados y cuya meta es la de alcanzar un objetivo claro en el que el responsable del proyecto ha de llevar a éste a su correcta consecución, basándose en unos parámetros previamente establecidos, tales como tiempo, coste y recursos, manteniendo siempre el nivel de calidad especificado.

Se podría realizar una primera definición clásica, que dice que un proyecto es "el conjunto de todas las actividades necesarias para la ejecución de una cosa".

Otra definición mucho más técnica lo define como una "combinación de todos los recursos necesarios, reunidos en una organización temporal, para la transformación de una idea en una realidad".

Ambas definiciones están estrechamente relacionadas, si bien habría que afirmar que la primera está incluida en la segunda, mucho más ambiciosa que la tradicional.

Para llevar a buen recaudo un proyecto, hay que empezar por determinar los objetivos. También es importante que exista la figura del director de proyecto, que coordine, recopile y distribuya la información de éste.

El proyecto tiene una morfología constituida por una estructura vertical y cronológica, con una primera etapa de planificación, diseño e ingeniería, así como otra de producción y consumo.

La primera contiene las siguientes fases: estudio de viabilidad, proyecto preliminar y proyecto de desarrollo. La segunda contiene las fases de producción, distribución, consumo y retiro.

2. ¿Qué es una tarea?

Las tareas definen el ámbito del objetivo del proyecto; por ello, un paso importante en la planificación del proyecto es identificarlas. Primero se ha de comenzar por identificar los elementos o fases principales del proyecto, eso sí, teniendo en cuenta el objetivo del mismo.

Una vez identificados, hay que descomponer cada elemento o fase. Al identificar las tareas, se han de organizar éstas en una jerarquía o esquema, que liste las tareas a realizar en una secuencia determinada por la naturaleza del proyecto. Es importante destacar que ciertas tareas se suceden de forma secuencial, mientras que otras se pueden realizar de forma simultánea.

El tiempo necesario para realizar una tarea es su duración. Al crear la lista de tareas, hay que identificar también las duraciones de las mismas.

El plan de proyecto incluye la lista de tareas y el tiempo necesario para la realización de cada una de ellas. El plan dice cuándo está programado que empiece y acabe cada tarea, así como cuánto tiempo va a emplear.

La identificación de las tareas del propio proyecto es una parte importante del proceso de planificación. Es aconsejable identificar las tareas clave incluso antes de comenzar a introducir información.

3. ¿Para qué sirve y cómo está compuesto un esquema?

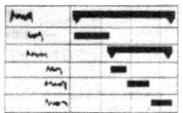
La creación de un esquema jerárquico organiza la lista de tareas del proyecto en grupos de tareas. Cada uno de ellos es precedido de una tarea de resumen que describe las tareas incluidas en el grupo. Cada nivel del esquema ofrece un nivel adicional de detalles para la tarea que se encuentra debajo.

Se puede crear un esquema para facilitar la lectura de una larga lista de tareas, para dividir un proyecto en varias fases, o bien, para crear una visión de alto nivel del proyecto para su gestión. Un esquema puede tener varias decenas de miles de niveles.

El esquema de la planificación de un proyecto suele comenzar con una tarea de resumen de éste. La tarea resumen principal consiste en una breve descripción del proyecto. Todas las tareas están subordinadas a la tarea de resumen del proyecto. Una tarea de resumen del proyecto resulta útil para identificar rápidamente un proyecto. También puede resultar útil al usar varios archivos de proyecto en un proyecto combinado.

La estructura del esquema puede ser ocultada o mostrada usando las opciones del desplegable *Esquema*, dentro del grupo *Datos* de la ficha *Vista*, o bien, los símbolos de esquema situados junto a cada tarea resumen. El símbolo de esquema menos (-) indica que se muestran todas las subtareas de la tarea resumen, mientras que un símbolo de esquema más (+) indica que las subtareas de la tarea resumen están ocultas.

4. ¿**Para qué se necesitan los calendarios**? **Explicar los distintos tipos de calendarios**

 Las tareas y los recursos son programados usando calendarios. En Microsoft Project 2013 se dispone de dos tipos de calendarios: base y de recursos. El calendario base por omisión es el calendario *Estándar*. Cuando se incorpora un recurso a un proyecto, el calendario *Estándar* es definido como calendario base de recurso. Microsoft Project 2013 incorpora otros dos calendarios base, el calendario *24 horas* y el calendario *Turno de noche*. También se pueden crear nuevos calendarios base para grupos de recurso.

El calendario *Estándar* tiene una jornada laboral de 9:00 a 13:00 y de 15:00 a 19:00, de lunes a viernes, sin días festivos. El calendario base de un proyecto debe ser personalizado para así poder contemplar los cambios necesarios en las horas y días laborables. Los cambios realizados en un calendario base se reflejan automáticamente en cualquier calendario de recurso que tenga asignado dicho calendario base.

Los calendarios de recursos se utilizan para controlar la disponibilidad de recursos individuales. Como un calendario de recursos comienza como una copia del calendario base asignado a recurso, el calendario de recursos solo debe incluir las excepciones para dicho recurso.

Es importante tener en cuenta que se deben crear nuevos calendarios base cuando ninguno de los calendarios base disponibles satisfaga las necesidades del proyecto, o bien, cuando un grupo de recursos trabaja en días y horas distintos del resto de recursos del proyecto.

El calendario base *24 horas,* programa las tareas y recursos para que trabajen sin interrupción en la planificación, con lo que se elimina cualquier período no laborable. En el calendario *Turno de noche* se muestran los horarios nocturnos en vez de diurnos.

5. ¿Cuáles son los tipos de tareas y cómo actúan?

 Microsoft Project 2013 ofrece tres tipos de tareas con el fin de que se puedan adaptar a las posibles necesidades que aparecen a la hora de planificar un proyecto. Los tres tipos de tareas son: *Unidades fijas, Duración fija* y *Trabajo fijo,* las cuales se definen a continuación:

- **Unidades fijas**. El tipo de tarea de *Unidades fijas* es el que aparece por omisión en Microsoft Project. Cuando se añade o se suprimen recursos en una tarea de *Unidades fijas,* generalmente se modifica la duración de la tarea. No obstante, la designación de una tarea como condicionada por el esfuerzo, o la incorporación o supresión de recursos, determina el efecto real sobre la duración de la tarea.

- **Duración fija**. Si una tarea está configurada con el tipo de *Duración fija,* la duración de la tarea será siempre la misma cuando se añade o elimina un recurso. Las unidades de recurso o las horas totales de una tarea de *Duración fija* se modifican dependiendo del método de programación.

- **Trabajo fijo**. Si una tarea tiene especificado el tipo de tarea *Trabajo fijo,* el trabajo total de la tarea será el mismo cuando se añadan o eliminen recursos. En una tarea de *Trabajo fijo* se modifica la duración y las unidades de recursos. Una tarea de *Trabajo fijo* está forzosamente condicionada por el esfuerzo.

6. Definir los distintos tipos de perfiles de trabajo

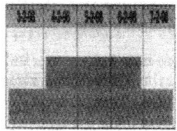 Los perfiles de trabajo que se pueden encontrar en Microsoft Project 2013 permiten establecer la distribución de trabajo a lo largo de la tarea. Los perfiles de trabajo predeterminados son los siguientes:

- **Uniforme**. El número de horas de trabajo se distribuye uniformemente a lo largo de la duración de la tarea.

- **Creciente**. El número de horas por período de tiempo es bajo al principio y se incrementa gradualmente hasta alcanzar un 100% hacia el final de la tarea. La mayoría del trabajo está asignado al final.

- **Decreciente**. El número de horas por período de tiempo es de un 100% hacia el principio de la tarea y disminuye gradualmente hacia el final del proyecto.

- **Dos picos**. El número de horas por período de tiempo se incrementa dos veces al 100% a lo largo de la duración de la tarea.

- **Pico inicial**. El número de horas por período de tiempo se incrementa hasta el 100% en el primer cuarto de la duración de la tarea.

- **Pico final**. El número de horas por período de tiempo se incrementa hasta el 100% en el último cuarto de la duración de la tarea.

- **Campana**. El número de horas por período de tiempo se incrementa hasta el 100% hacia la mitad de la duración de la tarea. Los porcentajes de trabajo iniciales y finales son bajos.

- **Campana achatada**. El número de horas por período de tiempo se incrementa hasta el 100% hacia la mitad de la duración de la tarea. La diferencia con la *Campana* consiste en que los porcentajes iniciales y finales son más altos.

7. Explicar qué es un plan provisional y describir sus pasos

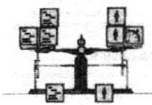 Un plan provisional se guarda generalmente en ciertas fases de un proyecto, y estos planes pueden compararse entonces con el plan de línea base y con la programación actual.

PASOS PARA DEFINIR UN PLAN PROVISIONAL

- En el grupo *Programación* de la ficha *Proyecto*, seleccionar el desplegable *Establecer línea base* y, a continuación, *Establecer línea base*.

- Seleccionar la opción *Establecer plan provisional*. Se activan los cuadros *Copiar* y *En*.

- Hacer clic sobre la flecha hacia abajo del cuadro *Copiar* y seleccionar campos de fecha a copiar. Generalmente, deben copiarse los campos *Comienzo/Fin*.

- Hacer clic sobre la flecha hacia abajo del cuadro *En* y seleccionar el campo de fecha en el que se desea copiar. Si se trata del primer plan provisional del proyecto, seleccionar *Comienzo1/Fin1*.

- En el área *Para*, comprobar que está seleccionada la opción *Proyecto completo*. También se puede definir un plan provisional para tareas específicas.

- Hacer clic sobre el botón *Aceptar*.

8. **Definir los siguientes conceptos**: **Conflicto de recursos, Asistente para planificación, Línea base y Restricciones duras**

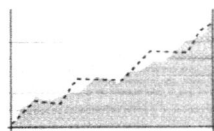

- **Conflicto de recursos**. Un conflicto de recursos se produce cuando un recurso está programado para realizar más trabajo del que puede llevar a cabo en el período laboral disponible. Un conflicto de recursos puede darse como resultado de una asignación a una tarea individual, o bien, de varias asignaciones.

- **Asistente para planificación**. El asistente para planificación es un asistente que monitoriza las actividades de programación y ofrece sugerencias cuando resulta adecuado.

- **Línea base**. Una línea base es una grabación o instantánea tomada en un momento específico del proyecto. Una línea base resulta útil para comparar la planificación programada con versiones posteriores con el fin de ver los cambios ocurridos.

- **Restricciones duras**. Nombre que reciben las restricciones inflexibles que se producen cuando el proyecto está programado a partir de una fecha final dada, y una vez que se llega a la tarea restringida, la fecha de fin de proyecto no puede ser retrasada. Por otra parte, cabe decir que las restricciones inflexibles están ligadas a una fecha específica.

9. Describir los distintos botones de la barra de herramientas Administración de recursos, disponible hasta la versión 2007 de Microsoft Office Project

Este aspecto es importante ya que aunque la versión abordada es Project 2013 existen multitud de usuarios y empresas que aún han estado utilizando Microsoft Office Project 2007. En versiones anteriores, hasta Microsoft Office Project 2007 inclusive, se incluía la barra de herramientas *Administración de recursos* (*Ver → Barras de Herramientas → Administración de Recursos*), donde se agrupaban una serie de herramientas para resolver sobreasignaciones de recursos, así como para asignar recursos.

Por su importancia en la gestión de las cargas de trabajo, a continuación, se describen algunas de las más importantes, así como su nueva ubicación.

- **Vista Asignación de recursos**. Muestra la vista *Asignación de recursos*, que consta de la vista *Uso de recursos* en la parte superior y la vista *Gantt de redistribución* en la parte inferior.

- **Vista Entrada de tarea**. Muestra la vista *Entrada de tarea*, que consta de la vista *Diagrama de Gantt* en la parte superior y la vista *Formulario de tareas* en la parte inferior.

- **Ir a la sobreasignación siguiente**. Se desplaza a la siguiente sobreasignación. Accesible desde el grupo *Redistribuir* de la ficha *Recurso* (también **ALT + F5**).

- **Asignar recursos**. Abre el cuadro de diálogo *Asignar recursos*. Accesible desde el grupo *Asignaciones* de la ficha *Recurso* (también **ALT + F10**).

- **Asistente para la sustitución de recursos**. Asistente que ayuda a resolver la sobreasignación de recursos. El uso de este comando requiere la conexión a Project Server y está en el grupo *Asignaciones* de la ficha *Recurso*.

- **Libreta de direcciones**. Muestra la libreta de direcciones de correo electrónico para localizar recursos. Se accede a esta opción en el desplegable que se abre pulsando *Nuevo recurso de* en el grupo *Insertar* de la ficha *Recurso*.

- **Active Directory**. Agrega un recurso desde *Active Directory*. El acceso es idéntico al caso anterior.

- **Detalles**. Divide la pantalla y muestra el panel de detalles en la parte inferior de la pantalla, con información adicional sobre la tarea o el recurso seleccionado.

- **Utilizando recurso**. Filtra las tareas de un recurso con el filtro *Que utilizan el recurso*. Esta opción no está disponible en las cintas de opciones estándar. Para disponer de ella se deberá seleccionar *Opciones* en la ficha *Archivo* y, a continuación, incluirla en alguna *Cinta personalizada* o en la *Barra de herramientas de acceso rápido*.

- **Opciones de redistribución**. Muestra un cuadro de diálogo con un conjunto de procedimientos para redistribuir recursos. Accesible desde el grupo *Redistribuir* de la ficha *Recurso*.

Si se considera interesante "conservar" agrupadas algunas o todas las funciones incluidas en la barra de herramientas *Administración de recursos* se puede "fabricar a medida", añadiendo una nueva *Ficha personalizada* que incluya todas aquellas opciones o utilidades que se deseen.

10. ¿Qué hay que hacer antes de comenzar un proyecto con Microsoft Project 2013?

 Antes de comenzar un proyecto, es necesario desarrollar completamente la programación y definir un plan de línea base. El progreso debe ser controlado a lo largo de todo el proyecto. La frecuencia de la actualización depende del control que se necesite en éste. Si se controla el progreso, será más fácil identificar problemas.

Las tareas que no tienen lugar según lo programado necesitan un seguimiento manual, por lo que debe introducirse la información real del progreso para las tareas individuales. Podrían identificarse nuevas tareas una vez comenzado el proyecto.

Cuando se introduce el progreso real de las tareas que no han progresado, son reprogramadas en base a los datos actuales.

Hay tres tipos de fechas para cada tarea:

1. **Prevista**: fechas planificadas inicialmente (línea base).

2. **Real**: tareas que están en progreso o han terminado.

3. **Actual**: tareas que aún no han comenzado o están en progreso (pueden ir cambiando a medida que avanza el proyecto y se recalcula la programación, en función de las incidencias surgidas).

Cuando la programación del proyecto está en la etapa de planificación, las únicas fechas existentes son las actuales. Una vez establecida una línea base, las fechas actuales se convierten en fechas previstas (visibles en la línea base). A medida que se van realizando tareas, las fechas actuales (programadas que aún no han comenzado o están en progreso) y las fechas reales van concordando, de forma que cuando termina el proyecto, coinciden.

COMANDOS MÁS USUALES EN MICROSOFT PROJECT 2013

En este apéndice se muestran los comandos que se utilizan con mayor frecuencia en Microsoft Project 2013, tanto para la versión en lengua castellana como para la versión en lengua inglesa, indicando la relación que existe entre cada una de ellas. El objetivo que se persigue es facilitar el uso de ambas versiones para aquellos lectores que así lo necesiten.

Español-Inglés

Actualizar equipo	*Team Update*
Actualizar tareas	*Update tasks*
Archivo	*File*
Asignación de recursos	*Assign resources*
Asignar equipo	*Team Assign*
Asistente para planeamiento	*Planning wizard*
Buscar	*Find*
Cálculo	*Calculation*
Calendario	*Calendar*
Cambiar calendario laboral	*Change working time*
Color	*Color*
Coste por uso	*Per use cost*

Crear nuevo calendario base	*Create new base calendar*
Debe comenzar el	*Must start on*
Debe finalizar el	*Must finish on*
Delante de las barras de tareas	*In front of task bars*
Dependencia entre tareas	*Task dependency*
Detrás de las barras de tareas	*Behind task bars*
Diagrama de Gantt personalizado	*Custom Gantt chart*
Diagrama de red	*Network Diagram*
Dibujar	*Draw*
Disponible desde	*Available from*
Disponible hasta	*Available to*
Dividir tarea	*Split task*
Edición	*Edit*
Eliminar tarea	*Delete task*
Enviar programación	*Send schedule note*
Escala temporal	*Time scale*
Estado del equipo	*Team Status*
Fecha efectiva	*Effective date*
Final a comienzo	*Finish to Start*
Formato	*Format*
Gantt de seguimiento	*Tracking Gantt*
General	*General*
Gráfico de recursos	*Resource graph*
Grupo de trabajo	*Workgroup*
Guardar plan provisional	*Save interim plan*
Herramientas	*Tools*
Información de tarea de resumen	*Summary task information*
Insertar	*Insert*
Línea base	*Baseline*
Lo antes posible	*As soon as possible*
Marcador	*Bookmark*
No comenzar antes del	*Start no earlier than*
No comenzar después del	*Start no later than*

No dibujar	*Do not draw*
No finalizar antes del	*Finish no earlier than*
No finalizar después del	*Finish no later than*
Ortografía	*Spelling*
Período no laborable	*Non working Time*
Personalizar	*Custom nice*
Predeterminar	*Set as default*
Proyecto	*Project*
Recursos	*Resources*
Redistribuir recursos	*Resources levering*
Reenviar todos los mensajes	*Resend all messages*
Ruta crítica	*Critical path*
Seguimiento	*Tracking*
Tasa de horas extra	*Overtime rate*
Tasa estándar	*Standard rate*
Trama	*Pattern*
Uso de recursos	*Resource usage*
Uso de tareas	*Task usage*
Ventana	*Window*
Vincular tareas	*Link tasks*
Vínculos entre proyectos	*Links between projects*
Vista	*View*

Inglés-Español

Inglés	Español
As soon as possible	Lo antes posible
Assign resources	Asignación de recursos
Available from	Disponible desde
Available to	Disponible hasta
Baseline	Línea base
Behind task bars	Detrás de las barras de tareas
Bookmark	Marcador
Calculation	Cálculo

Calendar	Calendario
Change working time	Cambiar calendario laboral
Color	Color
Create new base calendar	Crear nuevo calendario base
Critical path	Ruta crítica
Custom Gantt chart	Diagrama de Gantt personalizado
Custom nice	Personalizar
Delete task	Eliminar tarea
Do not draw	No dibujar
Draw	Dibujar
Edit	Edición
Effective date	Fecha efectiva
File	Archivo
Find	Buscar
Finish no earlier than	No finalizar antes del
Finish no later than	No finalizar después del
Finish to Start	Final a comienzo
General	General
In front of task bars	Delante de las barras de tareas
Insert	Insertar
Link tasks	Vincular tareas
Links between projects	Vínculos entre proyectos
Must finish on	Debe finalizar el
Must start on	Debe comenzar el
Network Diagram	Diagrama de red
Non working Time	Período no laborable
Overtime rate	Tasa de horas extra
Pattern	Trama
Per use cost	Coste por uso
Planning wizard	Asistente para planeamiento
Project	Proyecto
Resend all messages	Reenviar todos los mensajes
Resource graph	Gráfico de recursos

Resource usage	Uso de recursos
Resources	Recursos
Resources levering	Redistribuir recursos
Save interim plan	Guardar plan provisional
Send schedule note	Enviar programación
Set as default	Predeterminar
Spelling	Ortografía
Split task	Dividir tarea
Standard rate	Tasa estándar
Start no earlier than	No comenzar antes del
Start no later than	No comenzar después del
Summary task information	Información de tarea de resumen
Task dependency	Dependencia entre tareas
Task usage	Uso de tareas
Team Assign	Asignar equipo
Team Status	Estado del equipo
Team Update	Actualizar equipo
Time scale	Escala temporal
Tools	Herramientas
Tracking	Seguimiento
Tracking Gantt	Gantt de seguimiento
Update tasks	Actualizar tareas
View	Vista
Window	Ventana
Workgroup	Grupo de trabajo

QUÉ INCORPORA MICROSOFT PROJECT 2013 RESPECTO A LAS VERSIONES 2010 Y 2007

Project 2013 ha representado un cambio importante en cuanto que integra la herramienta dentro de la nueva versión de Windows, Windows 8 y Windows 8.1. A pesar de que este cambio es sustancial las modificaciones no son demasiadas, a nivel de interfaz, respecto de la versión Microsoft Office Project 2010. A nivel empresarial y por parte de muchos usuarios particulares aún se sigue utilizando Microsoft Office Project 2007, versión frente a la que se produjeron importantes cambios en la interface con la aparición de Microsoft Office Project 2010, motivo por el que se analizan en primer lugar los cambios acontecidos en esta versión anterior, por la relevancia que implicó.

Microsoft Office Project 2010 fue la décima versión basada en el sistema operativo Windows de una de las aplicaciones de administración de proyectos más utilizadas en todo el mundo. Incorporó un novedoso diseño, en el que sustituyeron los tradicionales menús y barras de herramientas por la cinta de opciones, en consonancia con el diseño de las aplicaciones más populares de Office (Access, Excel, Power Point y Word) que ya incluían esta novedad en su versión de 2007.

Microsoft Office Project Standard 2010 incorporó unas sólidas herramientas de administración de proyectos con la dosis adecuada de funcionalidad, potencial y flexibilidad, con el fin de administrar los proyectos con mayor eficacia y eficiencia orientadas a mantenerse informado y controlar el trabajo, la programación y las finanzas del proyecto, mantener la sintonía entre los equipos de proyecto y mejorar la productividad gracias a la integración con los conocidos programas del sistema Microsoft Office.

Novedades incorporadas en Microsoft Project 2010

Aparte de la nueva y atractiva interfaz, se incluyen en esta versión nuevas y eficaces mejoras en la programación, administración de tareas y vistas con objeto de conseguir un mayor control en la administración y presentación de los proyectos.

INTERFAZ MEJORADA: CINTA DE OPCIONES

Presentación de la cinta de opciones. Los menús y barras de herramientas clásicos, han sido remplazados por la cinta de opciones, de gran ayuda para encontrar fácilmente todos los comandos que el usuario va necesitando para completar una tarea. Los comandos están organizados en grupos lógicos, que se reúnen a su vez en pestañas o fichas.

Figura D.1. Cinta de opciones incorporada en Microsoft Office Project 2010

En todas las fichas de la cinta se pueden añadir grupos personalizados. Se pueden, incluso, añadir fichas personalizadas agrupadas en función del uso específico que se le dé al programa. Igualmente, se pueden añadir más comandos en la *Barra de herramientas de acceso rápido*.

BACKSTAGE

Seleccionado la pestaña *Archivo* se accede al *Backstage*, un destino de gráficos sin escalas para administrar los archivos de proyecto. Incluye los comandos similares a los de versiones anteriores del menú *Archivo* para abrir, guardar e imprimir archivos. Los usuarios de Project Professional 2010 también pueden usar *Backstage* para administrar sus conexiones a Project Server, desproteger y publicar proyectos.

El comando *Opciones*, que antes se encontraba en el menú *Herramientas*, se ha movido a *Backstage*. Este comando abre el cuadro de diálogo *Opciones de Project* en el que podrá introducir, revisar o modificar las preferencias que controlan la forma en que se muestra y trabaja Microsoft Project.

MENÚS CONTEXTUALES: ENCONTRAR COMANDOS RÁPIDAMENTE

El acceso a los comandos de uso más frecuente es posible con un solo clic en el botón secundario del ratón. Al hacerlo sobre cualquier elemento de la vista, como barras, celdas de tabla o gráficos, se mostrará una pequeña barra de herramientas con una lista en la que se incluyen los comandos potencialmente susceptibles de ser utilizados en ese contexto.

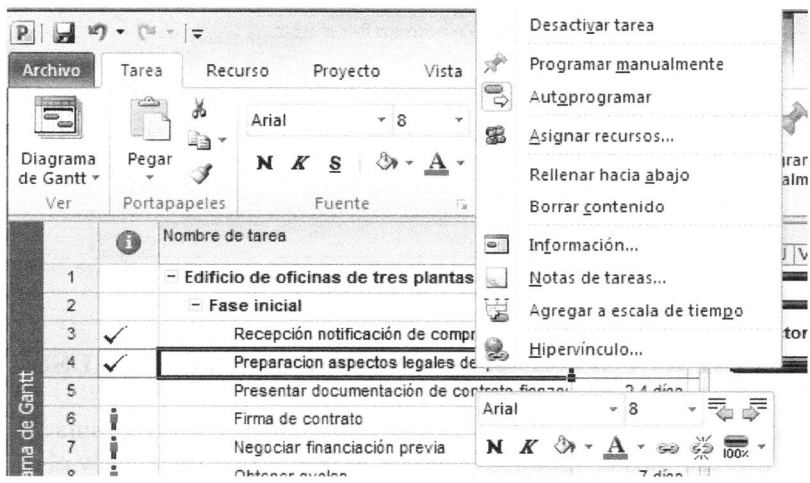

Figura D.2. Menú contextual en Microsoft Office Project 2010

NUEVAS OPCIONES DE VISUALIZACIÓN

Con el objeto de ayudar a localizar los recursos sobreasignados y visualizar mejor el panorama completo se han incluido dos nuevas herramientas: el *Organizador de equipo* y la *Escala de tiempo*.

PERSONALIZACIÓN DE VISTAS MEJORADA

Se agregan nuevas columnas más fácilmente, solo se necesita hacer clic en el encabezado *Agregar nueva columna* en el extremo derecho de la vista de hoja. También resulta muy fácil cambiar el nombre de una columna existente haciendo doble clic sobre el título de la misma, o insertar una nueva columna haciendo clic con el botón secundario del ratón en el nombre de la columna que quedará situada a la derecha de la que se pretende insertar.

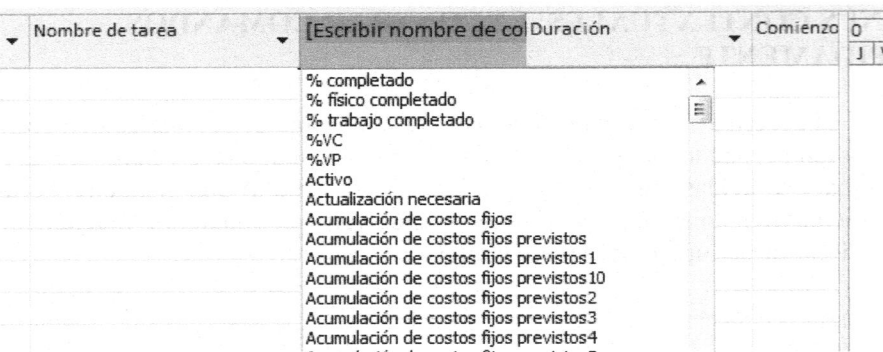

Figura D.3. Insertar columna en Microsoft Office Project 2010

Se ha añadido, además, un control deslizante del zoom:

Figura D.4. Control deslizante del zoom

PROGRAMACIÓN MANUAL, CONTROLADA POR EL USUARIO

Project 2010 incorpora un cambio importante en la programación de los proyectos. Los cambios en factores como las dependencias de tareas y el calendario del proyecto ya no ajustan las fechas de tareas de manera automática al programar manualmente una tarea.

Puede colocar una tarea programada manualmente en cualquier parte de la programación y Project no la moverá.

Aquellos jefes de proyecto acostumbrados a la programación automática en las versiones anteriores de Project pueden desactivar la función de programación manual para alguna tarea específica, o bien para todo el proyecto. Algunos proyectos, especialmente los complicados, podrían necesitar este eficaz motor de programación automática.

TAREAS INACTIVAS

Project 2010 puede conservar tareas inactivas en el proyecto. Puede que contengan información valiosa (datos reales, información de costes, etc.) que se desee conservar a efectos de archivo.

COMPARACIÓN DE VERSIONES

Se incluyen nuevas barras e imágenes gráficas que facilitan esta tarea de comparar las diferencias entre dos versiones diferentes del proyecto.

MEJORAS EN LA COLABORACIÓN A TRAVÉS DE LA SINCRONIZACIÓN DE LISTAS DE SHAREPOINT

Posibilidad de ágil exportación de archivos de proyecto a una lista de SharePoint facilitando la forma en que un jefe de proyecto comparte el estado de un proyecto o crea informes que puedan ser vistos en toda la organización. No es necesario tener Project Web App para sincronizar con una lista de SharePoint.

FUNCIÓN DE COPIAR Y PEGAR MEJORADA

Ahora se puede copiar y pegar contenido entre los programas de Office y Project 2010 sin perder el formato, los niveles de esquema ni los encabezados de columnas.

Con dos clics, se puede generar un informe instantáneo y copiarlo en casi todos los programas de Office.

COMPATIBILIDAD CON VERSIONES ANTERIORES

Project 2010 es compatible con las versiones anteriores de Microsoft Project. Se pueden crear archivos en Project 2007 o una versión anterior, y abrirlos y editarlos con Project 2010 en modo de funcionalidad reducida. Asimismo, se pueden crear archivos en Project 2010 y convertirlos después en formatos de archivo de Project 2007, Project 2000-2003 y Project 98. Sea como sea, no necesita un convertidor.

Es posible que algunas funciones exclusivas de Project 2010, como las tareas programadas manualmente y las tareas de resumen descendentes, no aparezcan de la forma esperada cuando se usan versiones anteriores de Project.

Novedades de Project Web Access (Microsoft Project Server 2010)

La versión de Project Web Access que incluye Microsoft Project Server 2010 dispone de una interfaz de usuario mejorada. Estas actualizaciones ofrecen una aplicación empresarial inteligente permitiendo la administración integrada de proyectos y carteras de proyectos, la colaboración escalable tanto para equipos pequeños como para empresas y una plataforma extendida integrada con tecnologías de Microsoft relacionadas.

LA CINTA DE OPCIONES

Project Web Access usa también la cinta de opciones, que ayuda a encontrar rápidamente los comandos necesarios para llevar a cabo una tarea. Los comandos están organizados en grupos lógicos reunidos en fichas. Las nuevas versiones de Microsoft SharePoint Foundation 2010, Microsoft SharePoint Server 2010 y del programa cliente Microsoft Project también usan la cinta, lo que permite disponer de una interfaz coherente en todos los programas.

INTERFAZ DE EDICIÓN DE PROYECTOS MEJORADA

Desde la nueva interfaz de edición de proyectos basada en una cuadrícula, se pueden actualizar los datos del proyecto en la misma cuadrícula y vista del *Diagrama de Gantt* que se usa para revisar los datos del proyecto. Los datos especificados en la cuadrícula son validados en el momento de su entrada.

Esta cuadrícula actualizada se usa en toda la aplicación Project Web Access, incluidas las vistas del Centro de proyectos, de las actualizaciones de tareas, de las páginas de vista preliminar, del Centro de recursos y de asignación de recursos.

ADMINISTRACIÓN INTEGRADA DE PROYECTOS Y CARTERAS

Se incluyen soluciones completas de administración de demandas y soluciones de análisis de cartera de proyectos, y la posibilidad de programar las tareas de forma manual y de programar con eficacia mediante un enfoque descendente (estimación de arriba abajo: método de estimación que utiliza los costes reales de un proyecto similar anterior como base para estimar los costes totales de un proyecto actual. Este método se utiliza a menudo cuando existe información limitada sobre el proyecto).

COLABORACIÓN ESCALABLE

Uno de los objetivos principales de esta versión de Project Web Access es proporcionar a los grupos herramientas personalizadas según su tamaño y madurez. Se simplifica el envío y la aprobación de partes de horas y estados de tareas. Se agrega, igualmente, la delegación de usuarios para permitir una experiencia de colaboración ininterrumpida.

PLATAFORMA EXTENDIDA

Project Web Access ofrece una plataforma extendida que incluye campos departamentales personalizados, la posibilidad de crear varios cubos OLAP compatibles con departamentos e informes de usuario final que usan Excel Services.

Características y funcionalidades que ya no se utilizan que se modificaron en Project 2010

Se describen a continuación características y funcionalidades que ya no se utilizan o que se han modificado en Microsoft Project 2010:

FORMULARIOS PERSONALIZADOS

No se admite la creación ni el uso de formularios personalizados. No obstante, se puede usar Visual Basic para Aplicaciones (VBA) para crear formularios personalizados y reemplazar los creados por el usuario con versiones anteriores.

DOBLE CLIC PARA HABILITAR LA DIVISIÓN DE TAREAS

Ya no es posible hacer doble clic en el botón *Dividir tarea* para habilitar la división de tareas. La cinta no lo permite. No obstante, puede habilitar la división de tareas haciendo un solo clic en dicho botón.

GRÁFICOS DE DISPONIBILIDAD DE RECURSOS

Ya no es posible ver los gráficos de disponibilidad de recursos en el cuadro de diálogo *Asignar recursos* sin asignar temporalmente el recurso a una tarea. Se han modificado las siguientes funciones en los gráficos:

- Se puede representar un solo recurso a la vez.

- El organizador de equipo es una nueva opción gráfica para ver y asignar trabajo no asignado y arreglar sobreasignaciones. Aún se puede usar el botón *Asignar recursos* para asignar los recursos.

GUÍA DE PROYECTOS

Se ha quitado la Guía de proyectos de Project 2010. No obstante, aún se admiten las guías de proyectos personalizadas. Se puede usar VBA para habilitar la compatibilidad con guías de proyectos personalizadas. La mayoría de las características de la Guía de proyectos para configurar un nuevo proyecto están disponibles en la cinta de opciones.

COMPLEMENTOS Y MACROS DE MUESTRA

Ya no están disponibles los siguientes complementos y macros de muestra:

- Copiar imagen (ya no crea un documento de Office y no permite exportar al formato .jpg).

- Análisis *PERT*.

- Formato_Duración.

- AdminRec_EntradaTareas.

- Formato_Resumen.

- Cambiar_Sólo_Lectura.

- Actualizar_Archivo.

Ahora los siguientes complementos se encuentran incorporados en el programa:

- Ajustar fechas.

- Comparar versiones de Project.

INFORMES DE TABLA DINÁMICA DE EXCEL

No se pueden guardar datos de proyectos como un informe de tabla dinámica de Excel en Project 2010. Aún puede crear informes básicos, que se pueden exportar a Excel.

Además del formato de archivo de libro de Excel estándar (.xls), Project 2010 puede guardar datos con otros formatos de archivo de Excel que no se admitían en versiones anteriores de Project:

- .xlsx

- .xlsb

- .xlsm

Características y novedades incorporadas en Project 2013

Las principales novedades presentes en las diferentes ediciones de Project 2013 frente a versiones anteriores son:

- **Nueva interfaz de apertura del programa**: la apertura del programa presenta una interfaz renovada. Lo primero que verá al abrir el nuevo Project 2013 es un nuevo aspecto nítido con la nueva interface de introducción rápida.

En lugar de presentar un archivo en blanco, tal y como sucedía en versiones anteriores, Project 2013 comienza en un centro de parada única para iniciar el proyecto. Desde este acceso se pueden examinar las plantillas predefinidas, importar información desde Excel o un sitio de SharePoint o haga clic en Proyecto en blanco para obtener un *Diagrama de Gantt* nuevo. Desde esta pantalla se pueden abrir proyectos anteriores desde el equipo o ir a *SkyDrive* desde ahí. La Figura D.5 muestra la nueva pantalla de inicio de Project 2013.

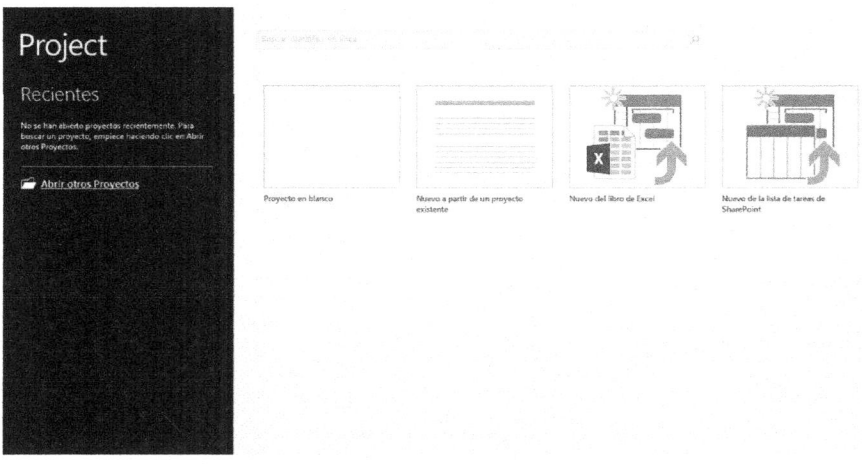

Figura D.5. Nueva pantalla inicio Project 2013

- **Mostrar los datos del proyecto con informes gráficos**: con Project 2013 se pueden crear nuevos informes profesionales y llenos de color sin tener que exportar los datos a otro programa. Se incluye la posibilidad de agregar imágenes, gráficos, animaciones, vínculos y más tipo de contenido, lo que permite compartir la información de estado del proyecto clara y eficazmente. Se incluye la posibilidad de realizar conjuntos de informes instalados con anterioridad. Los muros de los datos existentes en otras versiones han desaparecido y se han sustituido por gráficos e imágenes que muestran la información del proyecto de forma gráfica.

- **Hablar con el equipo**: **Project 2013** permite mantener el contacto con los miembros del equipo y obtener actualizaciones del progreso, hacer preguntas rápidas y mantenga conversaciones de estrategia a largo plazo, todo ello sin abandonar Project. Simplemente pasando el cursor sobre un nombre e iniciar una sesión de MI, un *videochat*, un correo electrónico o incluso una llamada de teléfono. Para poder optar a estas mejoras es necesario tener instalado Lync.

- **Nuevo trazado de rutas de tareas**: con un proyecto complejo, el *Diagrama de Gantt* puede parecer una maraña de barras y líneas de vínculos. Para ayudar a ordenarlo en Project 2013 se puede resaltar la cadena de vínculos, o trazar la ruta de tareas de cualquier tarea. Al hacer clic en una tarea, todas las tareas predecesoras se muestran con un color y las tareas sucesoras se muestran con otro. La Figura 1.9 muestra la mejora en el *Diagrama de Gantt*.

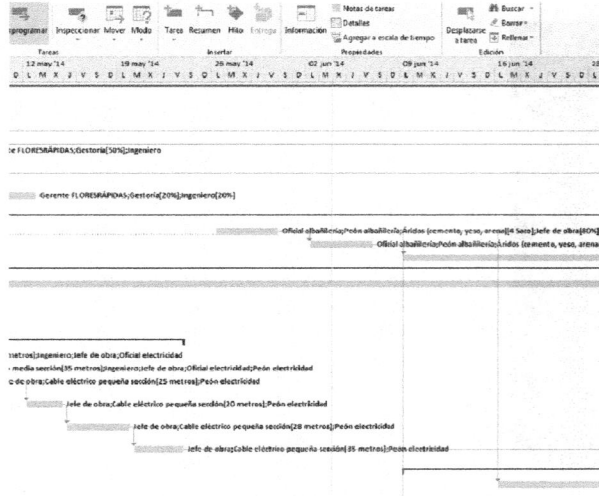

Figura D.6. Diagrama de Gantt Project 2013

- **Ampliación de duración de proyectos**: en esta nueva versión de Project 2013 se pueden configurar tareas y fechas de proyecto hasta el 31/12/2149, lo que supone un siglo más que anteriormente.

- **Guardar y compartir archivos en la nube**: Se pueden guardar los archivos de *Office* en *SkyDrive* o en el sitio de la organización y desde allí se puede acceder a ellos y compartir las programaciones de Project, las hojas de cálculo de Excel, así como otros archivos de Office.

- Para obtener información sobre estas nuevas características de comunicación, consulte Chat de MI con un miembro del equipo.

Trabajar desde casi cualquier sitio: en el caso de disponer de Project Online se puede acceder a una versión completa de Project desde casi cualquier sitio, incluso si no tienen Project 2013 instalado. Se necesita simplemente una conexión a internet y un PC que incluya Windows 7 o posterior.

EXPOSICIÓN DE LA VISIÓN GENERAL DE UN PROYECTO (POS, PROJECT OVERVIEW STATEMENT) PARA UN PROYECTO MEDIANO

FLORESRÁPIDAS es una mediana empresa dentro del mercado creciente de la floristería a domicilio con pedidos a través de internet. En la estrategia de la empresa se incluye la compra de los diferentes tipos de flores y plantas y la elaboración, a medida y bajo pedido de los clientes, de ramos, centros o cualquier otro elemento decorativo. Además de las propias instalaciones necesarias para llevar a cabo esta actividad se incluye en el local instalaciones informáticas para la gestión de pedidos y la instalación de un pequeño *call-center*.

La empresa comenzó en un pequeño local de 200 m^2 en la ciudad de Alcobendas (Madrid) pero, dada la expansión del negocio que ha tenido en el último año, se les ha planteado la necesidad de cambiar su ubicación a una nave de un polígono industrial cercano.

Para realizar el traslado deberán seleccionar una nave, solicitar los permisos administrativos correspondientes, realizar las obras de acondicionamiento de la infraestructura (electricidad, agua, sistemas informáticos, etc.).

Aprovechando el cambio han decidido abordar una mejora en los sistemas informáticos para la gestión de pedidos dotándose de una red local, *software* ofimático y *software* de gestión del negocio.

Establecimiento del ámbito

Exponer la Visión General del Proyecto (POS, *Project Overview Statement*) para el proyecto FLORESRÁPIDAS.

Se muestra en la Tabla E.1.

Problema / oportunidad	<ul><li>Han aumentado los pedidos al doble.</li><li>No se puede contratar todo el personal necesario para el obrador por falta de espacio.</li><li>El personal actual está sobrecargado.</li><li>Un nuevo local mejoraría la producción e imagen de la empresa.</li><li>Podrán abordarse áreas de negocio afines ya identificadas.</li></ul>
Meta	<ul><li>Poder atender la demanda actual y la futura en un marco de cinco años previendo un aumento de negocio del 20% anual.</li></ul>
Objetivos	<ul><li>Incrementar las ventas en un 30%.</li><li>Mejorar la imagen de la empresa ante los clientes.</li><li>Atender la demanda actual con holgura.</li><li>Atender demandas crecientes futuras, estimándose el crecimiento en un 20% anual.</li><li>Mejorar las instalaciones de la empresa.</li><li>Mejorar el aspecto de la fábrica de cara a los proveedores y clientes, dotándole de una imagen más profesional.</li></ul>
Criterios de éxito	<ul><li>Se atiende correctamente la demanda actual.</li><li>El año próximo se atenderá correctamente la demanda.</li><li>Proveedores y clientes felicitan la nueva imagen de la fábrica el día de la inauguración y en sucesivos días.</li><li>En el año siguiente se ha podido abordar una nueva actividad cercana ya identificada.</li></ul>
Suposiciones, riesgos obstáculos	<ul><li>Ser demasiado optimistas en las previsiones.</li><li>Sobredimensionar las necesidades del nuevo local.</li><li>Incremento en los costes de transporte de las furgonetas de reparto por aumento de la distancia de la mayoría de los clientes.</li></ul>

Tabla E.1. Visión General del Proyecto

Estimación de actividades

Establecer la Estructura de Descomposición de Tareas (EDT), *Work Breakdown Structure* (WBS), para el proyecto FLORESRÁPIDAS. Se muestra la estimación de las actividades a realizar en la Tabla E.2 y en la Figura E.1.

Establecimiento de las condiciones para el nuevo local:
Selección del nuevo local.
Obtención de permisos.
Contrato con compañías de suministro (agua, electricidad).
Desarrollo del "Proyecto de acondicionamiento".
Selección del mejor suministrador.
Albañilería:
Suelo.
Tabiques.
Alicatado de obradores de panadería y pastelería.
Fontanería:
Acometida desde el exterior.
Acometida y desagües en obradores.
Acometida y desagües en servicios (WC).
Electricidad:
Acometida desde el exterior.
Cuadro general de la fábrica.
Acometidas de fuerza a cámaras frigoríficas.
Acometida de fuerza a obradores.
Acometidas de fuerza a oficina administrativa.
Acometida de alumbrado a todas las dependencias.
Instalaciones frigoríficas:
Realización de la cámara de materias primas.
Realización de la cámara de producto terminado.
Informática:
Instalación del cableado.
Instalación y configuración del servidor.
Instalación y configuración de SW de aplicación en el servidor.
Instalación y configuración de equipos.
Configuración aplicaciones Cliente/Servidor en los equipos.
Formación de usuarios.

Tabla E.2. Estructura de Descomposición de Tareas

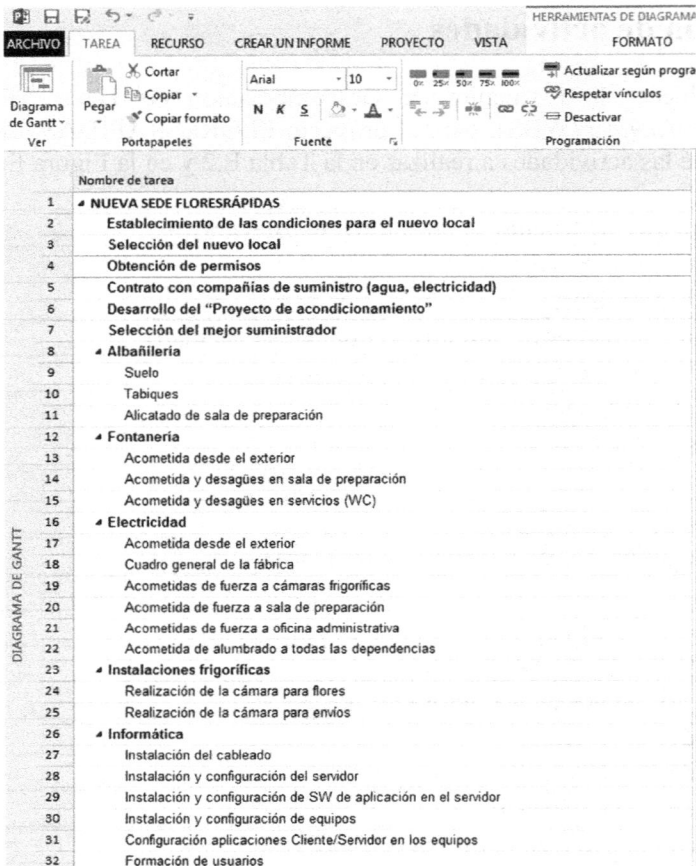

Figura E.1. Descomposición de tareas

Estimación de la duración de las actividades

Establecer la estimación de la duración de las actividades para el proyecto de FLORESRÁPIDAS.

Para simplificar, en estos ejercicios se usará una estimación de la duración que parece razonable a la vista de proyectos similares.

Se usa la vista *Hoja de tareas* mostrada en la Tabla E.3 y en la Figura E.2. Ha de tenerse en cuenta que las tareas consideradas que incluyen subtareas (marcadas en negrita en la tabla) tienen la duración condicionada por estas subtareas, este es el motivo de que no se incluya su duración.

1	**NUEVA SEDE FLORESRÁPIDAS**	
1.1	**Establecimiento de las condiciones para el nuevo local**	4 d
1.2	**Selección del nuevo local**	5 d
1.3	**Obtención de permisos**	10 d
1.4	**Contrato con compañías de suministro (agua, electricidad)**	4 d
1.5	**Desarrollo del "Proyecto de acondicionamiento"**	15 d
1.6	**Selección del mejor suministrador**	2 d
1.7	**Albañilería**	
1.7.1	Suelo	10 d
1.7.2	Tabiques	5 d
1.7.3	Alicatado de sala de preparación	15 d
1.8	**Fontanería**	
1.8.1	Acometida desde el exterior	6 d
1.8.2	Acometida y desagües en obradores	4 d
1.8.3	Acometida y desagües en servicios (WC)	4 d
1.9	**Electricidad**	
1.9.1	Acometida desde el exterior	2 d
1.9.2	Cuadro general de la fábrica	3 d
1.9.3	Acometidas de fuerza a cámaras frigoríficas	3 d
1.9.4	Acometida de fuerza a obradores	3 d
1.9.5	Acometidas de fuerza a oficina administrativa	3 d
1.9.6	Acometida de alumbrado a todas las dependencias	4 d
1.10	**Instalaciones frigoríficas**	
1.10.1	Realización de la cámara para flores	10 d
1.10.2	Realización de la cámara para envíos	5 d
1.11	**Informática**	
1.11.1	Instalación del cableado	1 d
1.11.2	Instalación y configuración del servidor	1 d
1.11.3	Instalación y configuración de **SW** de aplicación en el servidor	1 d
1.11.4	Instalación y configuración de equipos	1 d
1.11.5	Configuración aplicaciones Cliente/Servidor en los equipos	1 d
1.11.6	Formación de usuarios	1 d

Tabla E.3. Duración de las actividades del proyecto FLORESRÁPIDAS

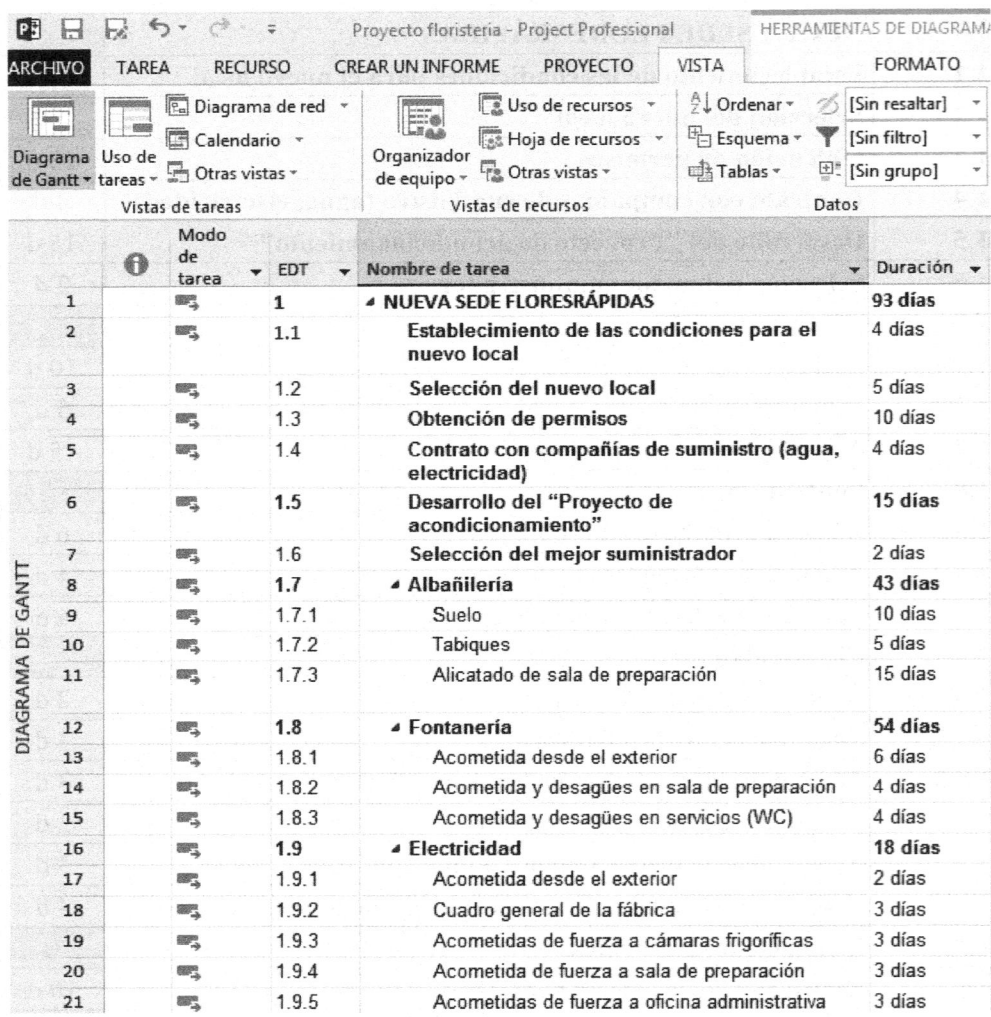

Figura E.2. Duración de las actividades

Estimación de recursos y cargas de trabajo

Establecer la lista de recursos así como su cantidad para el proyecto de FLORESRÁPIDAS. La Tabla E.4 muestra los recursos a utilizar en el proyecto, tanto recursos de tipo trabajo (personal) como recursos tipo material.

Nombre del recurso	Tipo	Etiqueta de material	Iniciales
Jefe de obra	Trabajo		JO
Oficial albañilería	Trabajo		OA
Peón albañilería	Trabajo		PA
Oficial fontanería	Trabajo		OF
Peón fontanería	Trabajo		PF
Oficial electricidad	Trabajo		OE
Peón electricidad	Trabajo		PE
Oficial frigorista	Trabajo		OF
Peón frigorista	Trabajo		PF
Técnico cableado red	Trabajo		TC
Técnico de sistemas	Trabajo		TS
Ingeniero	Trabajo		I
Gestoría	Trabajo		G
Gerente FLORESRÁPIDAS	Trabajo		GF
Áridos (cemento, yeso, arena)	Material	Saco	ARI
Ladrillos	Material	Palets	LAD
Suelo cerámico	Material	metros^2	SCE
Azulejos	Material	metros^2	AZU
Cable eléctrico media sección	Material	metros	CEM
Cable eléctrico pequeña sección	Material	metros	CEP
Tubería PVC media sección	Material	metros	TUM
Tubería PVC pequeña sección	Material	metros	TUP
Cámara frigorífica	Material	unidades	CF
Cable ethernet	Material	metros	CE
Repetidor ethernet	Material	unidades	RE
PC puesto de trabajo	Material	unidades	PC
SW ofimático	Material	licencias	SWO
SW de gestión	Material	licencias	SWG
Servidor de Red	Material	unidades	SR

Tabla E.4. Duración de las actividades del proyecto FLORESRÁPIDAS

Se usa la vista *Hoja de recursos* mostrada en la Figura E.3.

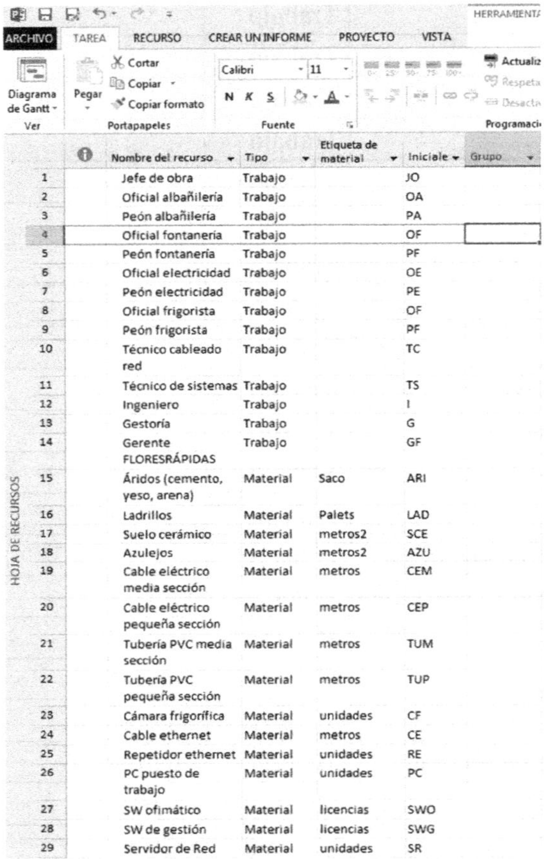

Figura E.3. Lista de recursos

Establecer la asignación de recursos a tareas para el proyecto de COMERAPIDO.

Para visualizar los resultados puede resultar cómodo usar una ventana dividida (ficha *Vista → Vista en dos paneles → Detalles)* y colocar en la parte superior la vista *Hoja de tareas* (ficha *Vista → Otras vistas → Más vistas)* y en la inferior activando el desplegable, situado a la derecha de *Detalles,* marcado anteriormente en el grupo *Vista en dos paneles*, seleccionando *Formulario de tareas* en *Más vistas*. En la Tabla E.5 se muestra un ejemplo de los recursos que se pueden tomar para cada tarea, representada por su código EDT.

EDT	Nombres de los recursos
1.1	Establecimiento de las condiciones para el nuevo local
1.2	Gerente FLORESRÁPIDAS
1.3	Gerente FLORESRÁPIDAS;Gestoría[20%];Ingeniero[20%]
1.4	Gerente FLORESRÁPIDAS;Gestoría[50%];Ingeniero
1.5	Ingeniero;Jefe de obra
1.6	Gerente FLORESRÁPIDAS;Gestoría[20%];Ingeniero[20%]
1.7	
1.7.1	Oficial albañilería;Peón albañilería;Áridos (cemento, yeso, arena)[4 Saco];Jefe de obra[80%];Suelo cerámico[250 metros^2]
1.7.2	Oficial albañilería;Peón albañilería;Áridos (cemento, yeso, arena)[1 Saco];Jefe de obra;Ladrillos[4 Palets]
1.7.3	Oficial albañilería;Peón albañilería;Áridos (cemento, yeso, arena)[1 Saco];Azulejos[150 metros^2];Jefe de obra
1.8	
1.8.1	Ingeniero;Jefe de obra;Oficial fontanería;Peón fontanería;Tubería PVC media sección[28 metros]
1.8.2	Jefe de obra;Peón fontanería;Tubería PVC pequeña sección[43 metros]
1.8.3	Jefe de obra;Peón fontanería;Tubería PVC media sección[18 metros]
1.9	
1.9.1	Cable eléctrico media sección[65 metros];Ingeniero;Jefe de obra;Oficial electricidad
1.9.2	Cable eléctrico media sección[35 metros];Ingeniero;Jefe de obra;Oficial electricidad;Peón electricidad
1.9.3	Jefe de obra;Cable eléctrico pequeña sección[25 metros];Peón electricidad
1.9.4	Jefe de obra;Cable eléctrico pequeña sección[20 metros];Peón electricidad
1.9.5	Jefe de obra;Cable eléctrico pequeña sección[28 metros];Peón electricidad
1.9.6	Jefe de obra;Cable eléctrico pequeña sección[35 metros];Peón electricidad
1.10	
1.10.1	Cámara frigorífica[1 unidades];Jefe de obra;Suelo cerámico[6 metros^2];Oficial electricidad
1.10.2	Cámara frigorífica[1 unidades];Jefe de obra;Suelo cerámico[5 metros^2];Oficial electricidad

1.11	
1.11.1	Cable ethernet[56 metros];Jefe de obra;Repetidor ethernet[1 unidades];Técnico cableado red
1.11.2	Técnico de sistemas;Servidor de Red[1 unidades]
1.11.3	Técnico de sistemas;Servidor de Red[1 unidades];SW de gestión[1 licencias]
1.11.4	Técnico de sistemas;SW ofimático[1 licencias];PC puesto de trabajo[1 unidades]
1.11.5	Técnico de sistemas
1.11.6	Técnico de sistemas

Tabla E.5. Datos de recursos utilizados en la resolución del ejercicio

Teniendo seleccionada cada una de las tareas en la ventana superior, se usa: ficha *Recurso → Asignaciones → Asignar recursos*. Se muestra en la Figura E.4.

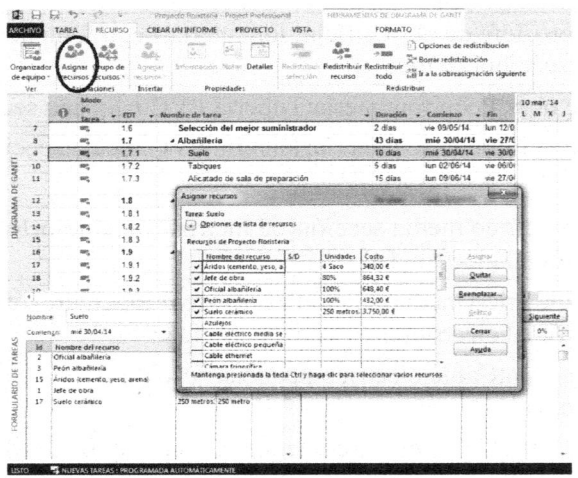

Figura E.4. Asignación de recursos a tareas para el proyecto

Construcción del grafo del proyecto

Construir la red del proyecto para el proyecto de COMERAPIDO.

Desde la vista *Diagrama de Gantt* se seguirá el siguiente procedimiento:

1. En el ficha *Tarea → Ver → Diagrama de Gantt → Diagrama de Gantt*.

2. En el campo Nombre de tarea, seleccione dos o más tareas que desee vincular y en el orden en que desee vincularlas.

  ▬ Para seleccionar tareas no adyacentes, mantenga presionada la tecla **CTRL** y haga clic en las tareas que desee vincular.

  ▬ Para seleccionar tareas adyacentes, mantenga presionada la tecla **MAYÚS** y haga clic en la primera y en la última tarea que desee vincular.

3. Haga clic en Vincular tareas, del grupo *Programación* de la ficha *Tarea* (**Ctrl + F2**).

De forma predeterminada, Microsoft Project crea un vínculo de tarea de fin a comienzo. Puede cambiar este vínculo por un vínculo de comienzo a comienzo, de fin a fin o de comienzo a fin, de la forma siguiente:

1. En el grupo *Ver* de la ficha *Tarea*, haga clic en *Diagrama de Gantt*.

2. Haga doble clic en la línea de vínculo de las tareas que desee cambiar.

3. En el campo *Tipo*, seleccionar el tipo de vínculo deseado.

Se muestra en la Figura E.5:

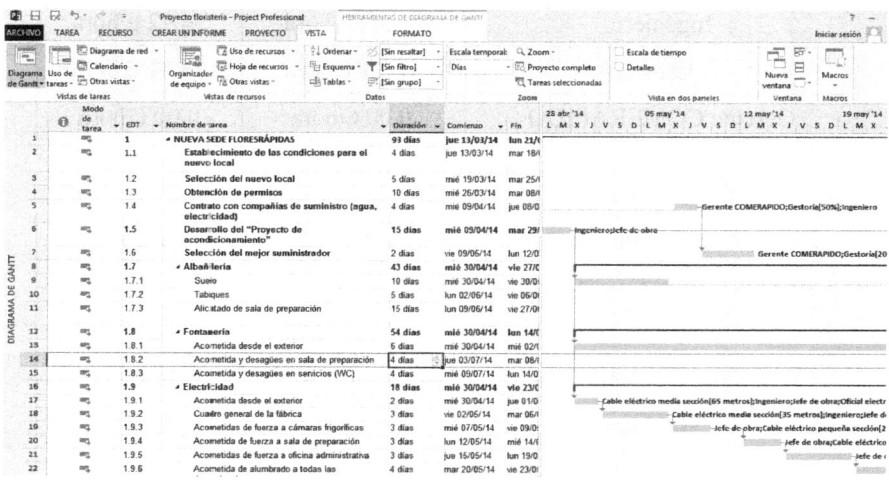

Figura E.5. Red del proyecto

Organización del equipo de proyecto y recursos materiales

Establecer el equipo de trabajo con todos los datos relativos a costes. Realizar lo propio en relación a los recursos materiales.

A título orientativo se adjuntan los datos usados en la resolución de los ejercicios por parte de los autores de este texto, Tablas E.6 y E.7.

Recurso	Tasa normal	Tasa horas extra
Jefe de obra	27,01 €/hora	40,52 €/hora
Oficial albañilería	16,21 €/hora	24,31 €/hora
Peón albañilería	10,80 €/hora	16,21 €/hora
Oficial fontanería	18,91 €/hora	28,36 €/hora
Peón fontanería	13,51 €/hora	20,26 €/hora
Oficial electricidad	17,83 €/hora	26,74 €/hora
Peón electricidad	12,43 €/hora	18,64 €/hora
Oficial frigorista	24,31 €/hora	36,47 €/hora
Peón frigorista	16,21 €/hora	24,31 €/hora
Técnico cableado red	19,45 €/hora	29,17 €/hora
Técnico de sistemas	21,61 €/hora	32,41 €/hora
Ingeniero	37,82 €/hora	56,72 €/hora
Gestoría	16,21 €/hora	24,31 €/hora
Gerente COMERAPIDO	0,00 €/hora	0,00 €/hora

Tabla E.6. Datos utilizados en la resolución del ejercicio

Elemento	Unidad	Coste unitario
Áridos (cemento, yeso, arena)(saco)	sacos	2,00 €
Ladrillos (unidad)	unidades	0,25 €
Suelo cerámico (m^2)	metros^2	10,00 €
Azulejos (m^2)	metros^2	15,00 €
Cable eléctrico media sección (m)	metros	3,00 €
Cable eléctrico pequeña sección (m)	metros	2,00 €
Tubería PVC media sección (m)	metros	5,00 €

Tubería PVC pequeña sección (m)	metros	3,00 €
Cámara frigorífica (unidad)	unidades	3.000,00 €
Cable ethernet (m)	metros	10,00 €
Repetidor ethernet (unidad)	unidades	70,00 €
PC puesto de trabajo (unidad)	unidades	1.000,00 €
SW ofimático (lic/usuario)	licencia	500,00 €
SW de gestión (lic/usuario)	licencia	400,00 €
Servidor de Red (unidad)	unidades	2.000,00 €

Tabla E.7. Datos utilizados en la resolución del ejercicio

Se sugiere el uso de la vista: *Hoja de recursos* (ficha *Vista → Vistas de recursos → Hoja de recursos*), Figura E.6.

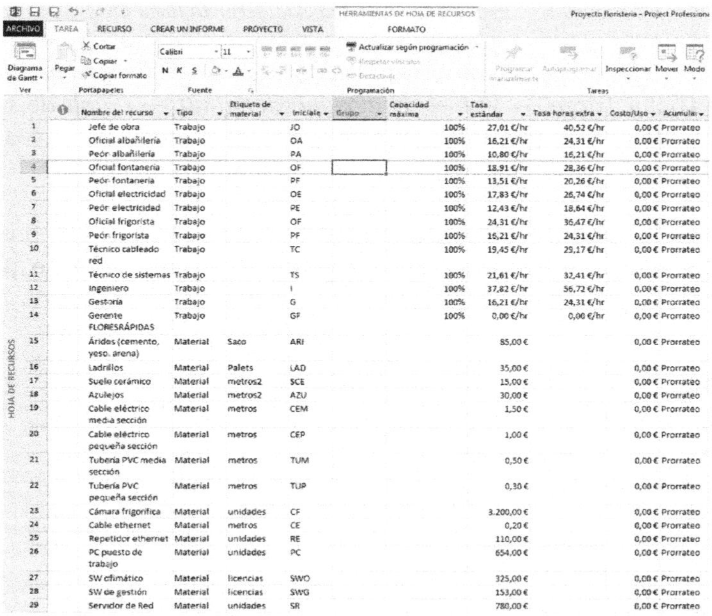

	Nombre del recurso	Tipo	Etiqueta de material	Iniciales	Grupo	Capacidad máxima	Tasa estándar	Tasa horas extra	Costo/Uso	Acumular
1	Jefe de obra	Trabajo		JO		100%	27,01 €/hr	40,52 €/hr	0,00 €	Prorrateo
2	Oficial albañilería	Trabajo		OA		100%	16,21 €/hr	24,31 €/hr	0,00 €	Prorrateo
3	Peón albañilería	Trabajo		PA		100%	10,80 €/hr	16,21 €/hr	0,00 €	Prorrateo
4	Oficial fontanería	Trabajo		OF		100%	18,91 €/hr	28,36 €/hr	0,00 €	Prorrateo
5	Peón fontanería	Trabajo		PF		100%	13,51 €/hr	20,26 €/hr	0,00 €	Prorrateo
6	Oficial electricidad	Trabajo		OE		100%	17,83 €/hr	26,74 €/hr	0,00 €	Prorrateo
7	Peón electricidad	Trabajo		PE		100%	12,43 €/hr	18,64 €/hr	0,00 €	Prorrateo
8	Oficial frigorista	Trabajo		OF		100%	24,31 €/hr	36,47 €/hr	0,00 €	Prorrateo
9	Peón frigorista	Trabajo		PF		100%	16,21 €/hr	24,31 €/hr	0,00 €	Prorrateo
10	Técnico cableado red	Trabajo		TC		100%	19,45 €/hr	29,17 €/hr	0,00 €	Prorrateo
11	Técnico de sistemas	Trabajo		TS		100%	21,61 €/hr	32,41 €/hr	0,00 €	Prorrateo
12	Ingeniero	Trabajo		I		100%	37,82 €/hr	56,72 €/hr	0,00 €	Prorrateo
13	Gestoría	Trabajo		G		100%	16,21 €/hr	24,31 €/hr	0,00 €	Prorrateo
14	Gerente FLORESRÁPIDAS	Trabajo		GF		100%	0,00 €/hr	0,00 €/hr	0,00 €	Prorrateo
15	Áridos (cemento, yeso, arena)	Material	Saco	ARI			85,00 €		0,00 €	Prorrateo
16	Ladrillos	Material	Palets	LAD			35,00 €		0,00 €	Prorrateo
17	Suelo cerámico	Material	metros2	SCE			15,00 €		0,00 €	Prorrateo
18	Azulejos	Material	metros2	AZU			30,00 €		0,00 €	Prorrateo
19	Cable eléctrico media sección	Material	metros	CEM			1,50 €		0,00 €	Prorrateo
20	Cable eléctrico pequeña sección	Material	metros	CEP			1,00 €		0,00 €	Prorrateo
21	Tubería PVC media sección	Material	metros	TUM			0,50 €		0,00 €	Prorrateo
22	Tubería PVC pequeña sección	Material	metros	TUP			0,30 €		0,00 €	Prorrateo
23	Cámara frigorífica	Material	unidades	CF			3.200,00 €		0,00 €	Prorrateo
24	Cable ethernet	Material	metros	CE			0,20 €		0,00 €	Prorrateo
25	Repetidor ethernet	Material	unidades	RE			110,00 €		0,00 €	Prorrateo
26	PC puesto de trabajo	Material	unidades	PC			654,00 €		0,00 €	Prorrateo
27	SW ofimático	Material	licencias	SWO			325,00 €		0,00 €	Prorrateo
28	SW de gestión	Material	licencias	SWG			153,00 €		0,00 €	Prorrateo
29	Servidor de Red	Material	unidades	SR			780,00 €		0,00 €	Prorrateo

Figura E.6. Equipo de trabajo con todos los datos relativos a costes

Monitorización y control del proyecto

En este apartado se establecerá una línea base de la programación realizada hasta ahora y se usará el *Diagrama de Gantt* de seguimiento para ver la utilidad de ambos en el seguimiento y control de proyectos.

El procedimiento para establecer la línea base se indica en la Figura E.7.

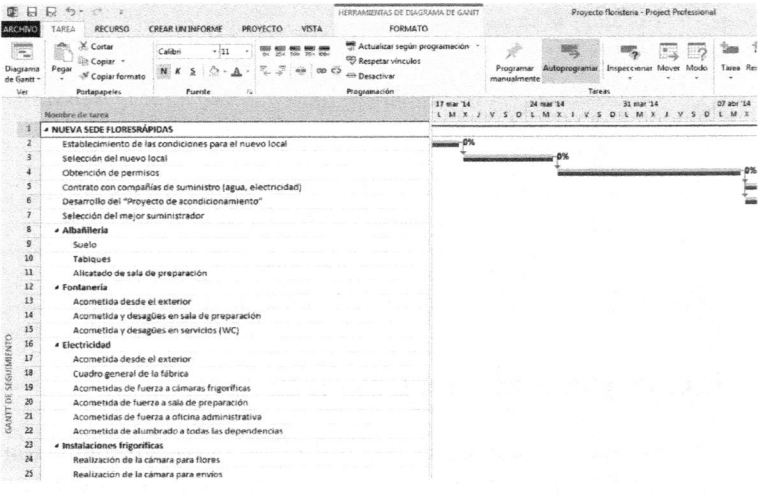

Figura E.7. Procedimiento para establecer la línea base

En la Figura E.8 se observan las tareas en el *Diagrama de Gantt* de seguimiento (ficha *Tarea → Ver → Diagrama de Gantt → Gantt de seguimiento)* que, en este momento, presentan superpuestas e idénticas la línea base y la planificación actual puesto que aún no ha habido modificaciones.

Note el lector que, como se puede apreciar en la Figura E.7, previamente al establecimiento de la línea base, la vista *Gantt de Seguimiento* no presenta una doble línea.

Figura E.8. Diagrama de Gantt de seguimiento

Desde la vista *Uso de tareas* (ficha *Tarea → Ver → Diagrama de Gantt → Uso de tareas)*, se pueden introducir cambios en la cantidad de material necesario en albañilería, fontanería y electricidad, por ejemplo, y observar los cambios que tienen lugar en los costes.

Se realizan cambios en tareas concretas mediante: selección de tarea → botón derecho de ratón → *Información... (de la tarea)*, Figura E.9.

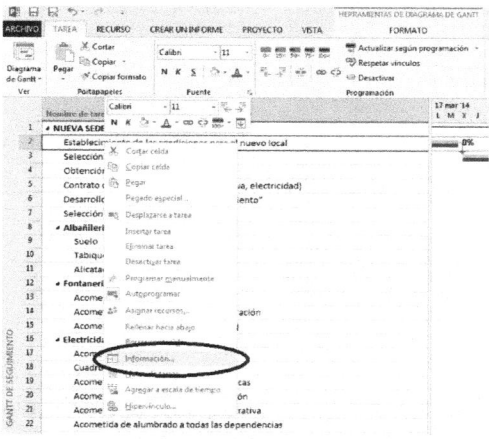

Figura E.9. Acceso al cuadro de diálogo Información de la tarea

Desde el cuadro de diálogo *Información de la tarea* se pueden realizar los pertinentes cambios en los recursos de la tarea (pestaña *Recursos*), Figura E.10.

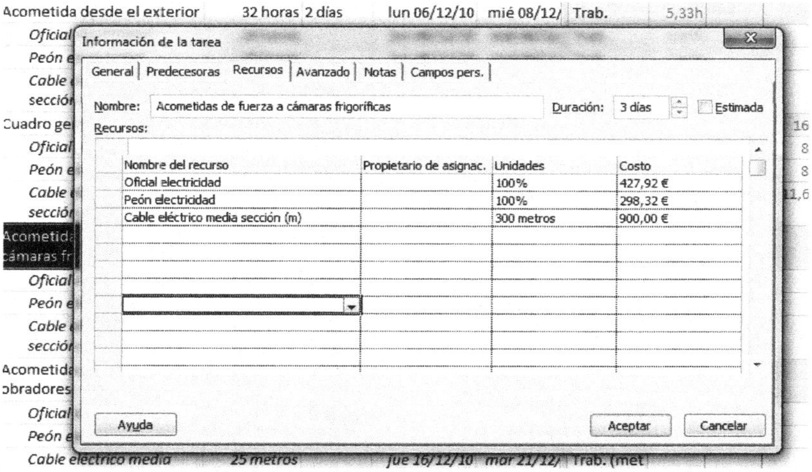

Figura E.10. Acceso a cambios en tareas concretas

Desde la vista *Uso de tareas* y utilizando, en lugar de la tabla por defecto (*Uso*), la tabla *Trabajo* (ficha *Vista → Datos → Tablas → Trabajo*) se puede realizar el seguimiento real de los costes del proyecto (Figura E.11).

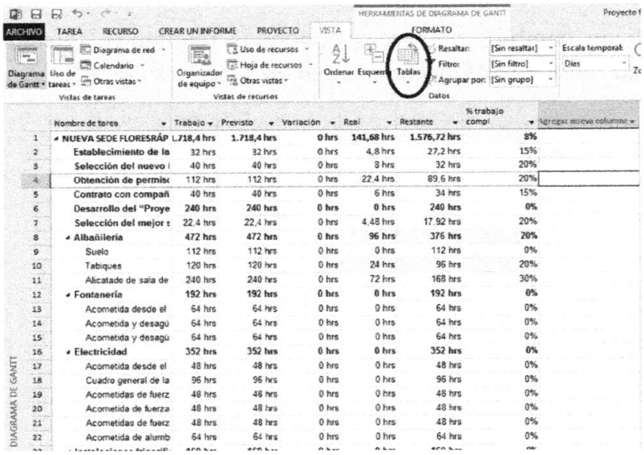

Nombre de tareas	Trabajo	Previsto	Variación	Real	Restante	% trabajo compl
1 ▲ NUEVA SEDE FLORESRÁP	1.718,4 hrs	1.718,4 hrs	0 hrs	141,68 hrs	1.576,72 hrs	8%
2 Establecimiento de la	32 hrs	32 hrs	0 hrs	4,8 hrs	27,2 hrs	15%
3 Selección del nuevo l	40 hrs	40 hrs	0 hrs	8 hrs	32 hrs	20%
4 Obtención de permisc	112 hrs	112 hrs	0 hrs	22,4 hrs	89,6 hrs	20%
5 Contrato con compañ	40 hrs	40 hrs	0 hrs	6 hrs	34 hrs	15%
6 Desarrollo del "Proye	240 hrs	240 hrs	0 hrs	0 hrs	240 hrs	0%
7 Selección del mejor s	22,4 hrs	22,4 hrs	0 hrs	4.48 hrs	17.92 hrs	20%
8 ▲ Albañilería	472 hrs	472 hrs	0 hrs	96 hrs	376 hrs	20%
9 Suelo	112 hrs	112 hrs	0 hrs	0 hrs	112 hrs	0%
10 Tabiques	120 hrs	120 hrs	0 hrs	24 hrs	96 hrs	20%
11 Alicatado de sala de	240 hrs	240 hrs	0 hrs	72 hrs	168 hrs	30%
12 ▲ Fontanería	192 hrs	192 hrs	0 hrs	0 hrs	192 hrs	0%
13 Acometida desde el	64 hrs	64 hrs	0 hrs	0 hrs	64 hrs	0%
14 Acometida y desagü	64 hrs	64 hrs	0 hrs	0 hrs	64 hrs	0%
15 Acometida y desagü	64 hrs	64 hrs	0 hrs	0 hrs	64 hrs	0%
16 ▲ Electricidad	352 hrs	352 hrs	0 hrs	0 hrs	352 hrs	0%
17 Acometida desde el	48 hrs	48 hrs	0 hrs	0 hrs	48 hrs	0%
18 Cuadro general de la	96 hrs	96 hrs	0 hrs	0 hrs	96 hrs	0%
19 Acometida de fuerz	48 hrs	48 hrs	0 hrs	0 hrs	48 hrs	0%
20 Acometida de fuerza	48 hrs	48 hrs	0 hrs	0 hrs	48 hrs	0%
21 Acometida de fuerz	48 hrs	48 hrs	0 hrs	0 hrs	48 hrs	0%
22 Acometida de alumb	64 hrs	64 hrs	0 hrs	0 hrs	64 hrs	0%

Figura E.11. Tabla trabajo

También desde la misma vista *Uso de tareas* seleccionando la tabla *Costo* (ficha *Vista → Datos → Tablas → Costo*) y ocultando las columnas relativas a costes fijos (situando el cursor encima del título de cada una de las columnas y pulsando el botón derecho seleccionar *Ocultar columna*) por no utilizarse en este ejemplo, se podrá visualizar la pantalla tal y como se muestra en la Figura E.12.

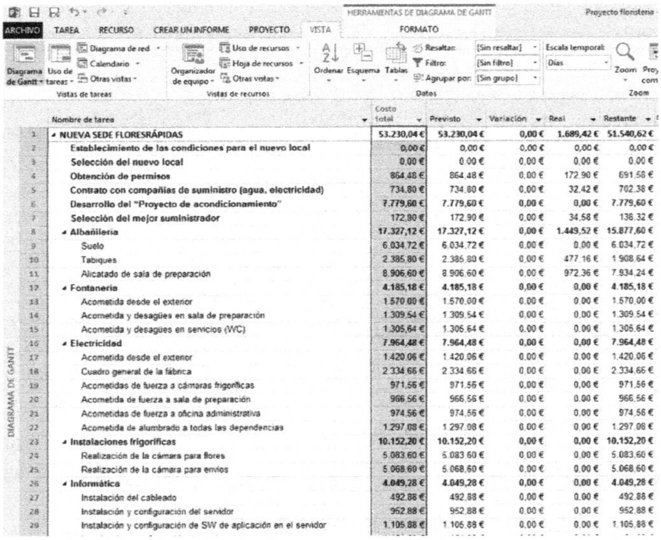

Nombre de tarea	Costo total	Previsto	Variación	Real	Restante
1 ▲ NUEVA SEDE FLORESRÁPIDAS	53.230,04 €	53.230,04 €	0,00 €	1.689,42 €	51.540,62 €
2 Establecimiento de las condiciones para el nuevo local	0,00 €	0,00 €	0,00 €	0,00 €	0,00 €
3 Selección del nuevo local	0,00 €	0,00 €	0,00 €	0,00 €	0,00 €
4 Obtención de permisos	864,48 €	864,48 €	0,00 €	172,90 €	691,58 €
5 Contrato con compañías de suministro (agua, electricidad)	734,80 €	734,80 €	0,00 €	32,42 €	702,38 €
6 Desarrollo del "Proyecto de acondicionamiento"	7.779,60 €	7.779,60 €	0,00 €	0,00 €	7.779,60 €
7 Selección del mejor suministrador	172,90 €	172,90 €	0,00 €	34,58 €	138,32 €
8 ▲ Albañilería	17.327,12 €	17.327,12 €	0,00 €	1.449,52 €	15.877,60 €
9 Suelo	6.034,72 €	6.034,72 €	0,00 €	0,00 €	6.034,72 €
10 Tabiques	2.385,80 €	2.385,80 €	0,00 €	477,16 €	1.908,64 €
11 Alicatado de sala de preparación	8.906,60 €	8.906,60 €	0,00 €	972,36 €	7.934,24 €
12 ▲ Fontanería	4.185,18 €	4.185,18 €	0,00 €	0,00 €	4.185,18 €
13 Acometida desde el exterior	1.570,00 €	1.570,00 €	0,00 €	0,00 €	1.570,00 €
14 Acometida y desagües en sala de preparación	1.309,54 €	1.309,54 €	0,00 €	0,00 €	1.309,54 €
15 Acometida y desagües en servicios (WC)	1.305,64 €	1.305,64 €	0,00 €	0,00 €	1.305,64 €
16 ▲ Electricidad	7.964,48 €	7.964,48 €	0,00 €	0,00 €	7.964,48 €
17 Acometida desde el exterior	1.420,06 €	1.420,06 €	0,00 €	0,00 €	1.420,06 €
18 Cuadro general de la fábrica	2.334,66 €	2.334,66 €	0,00 €	0,00 €	2.334,66 €
19 Acometida de fuerza a cámaras frigoríficas	971,56 €	971,56 €	0,00 €	0,00 €	971,56 €
20 Acometida de fuerza a sala de preparación	966,56 €	966,56 €	0,00 €	0,00 €	966,56 €
21 Acometida de fuerza a oficina administrativa	974,56 €	974,56 €	0,00 €	0,00 €	974,56 €
22 Acometida de alumbrado a todas las dependencias	1.297,08 €	1.297,08 €	0,00 €	0,00 €	1.297,08 €
23 ▲ Instalaciones frigoríficas	10.152,20 €	10.152,20 €	0,00 €	0,00 €	10.152,20 €
24 Realización de la cámara para flores	5.083,60 €	5.083,60 €	0,00 €	0,00 €	5.083,60 €
25 Realización de la cámara para envíos	5.068,60 €	5.068,60 €	0,00 €	0,00 €	5.068,60 €
26 ▲ Informática	4.049,28 €	4.049,28 €	0,00 €	0,00 €	4.049,28 €
27 Instalación del cableado	492,88 €	492,88 €	0,00 €	0,00 €	492,88 €
28 Instalación y configuración del servidor	952,88 €	952,88 €	0,00 €	0,00 €	952,88 €
29 Instalación y configuración de SW de aplicación en el servidor	1.105,88 €	1.105,88 €	0,00 €	0,00 €	1.105,88 €

Figura E.12. Tabla Costo que oculta las columnas relativas a costes fijos

Suponiendo que se han producido retrasos de una semana en el comienzo de los trabajos correspondientes a electricidad y a informática se reflejará esa situación mediante el uso de las herramientas de seguimiento línea base y *Diagrama de Gantt* de seguimiento, de acuerdo a lo indicado en el capítulo 14, *Control de un proyecto*.

Se muestra el resultado en la Figura E.13:

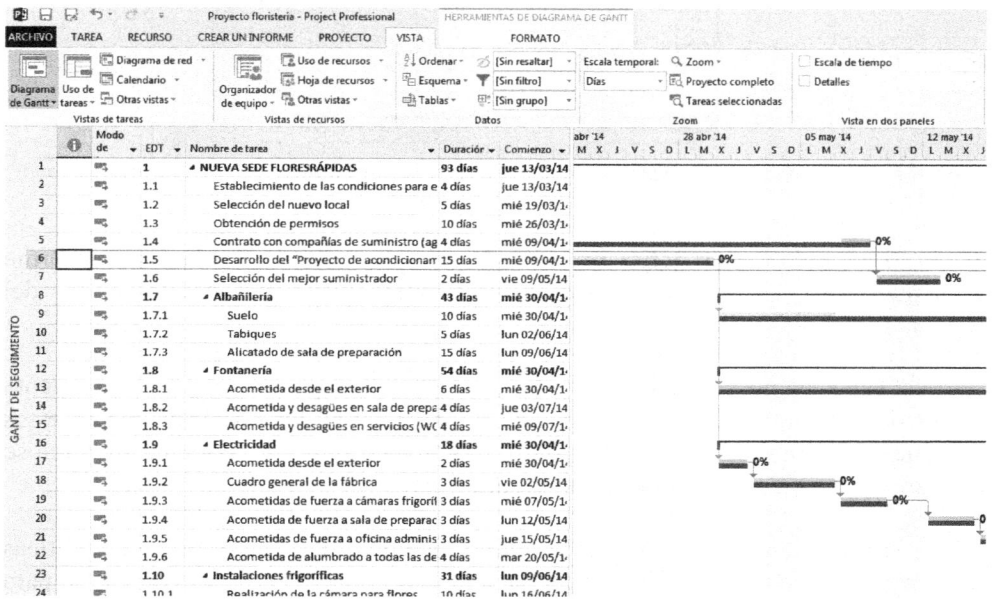

Figura E.13. Situación actual de los trabajos

Cierre del proyecto

En este apartado se elaborará un informe económico, resumen del proyecto, en el que aparezcan las columnas coste total, coste previsto, variación y coste real.

Para ello el primer paso será crear una copia de la tabla de costes para modificarla y que aparezcan solo las columnas deseadas (ficha *Vista → Datos → Tablas → Más tablas → Costo → Copiar*), Figura E.14.

Figura E.14. Creación de una copia de la tabla de costes para modificarla y que aparezcan solo las columnas deseadas

La copia de la tabla se salvará con el nombre "Tabla para Informe Presupuestario", esta tabla contiene la información resumen sobre los costes del proyecto.

Tal y como se ha indicado Project 2013 incluye una nueva herramienta orientada a la realización de informes de forma sencilla. Para realizar uno de estos informes de forma sencilla se accederá a la ficha *Crear un Informe*, pudiéndose realizar cualquiera de los mostrados, Figura E.15.

En este caso se plantea hacer como ejercicio un informe de tareas críticas del proyecto; una tarea crítica es aquella si no hay espacio en la programación para que se retrase, Project 2013 permite hacer un informe de tareas críticas de forma sencilla. Dentro de la ficha *Crear un Informe → En curso → Tareas* críticas se obtiene el informe de tareas críticas, Figura E.16.

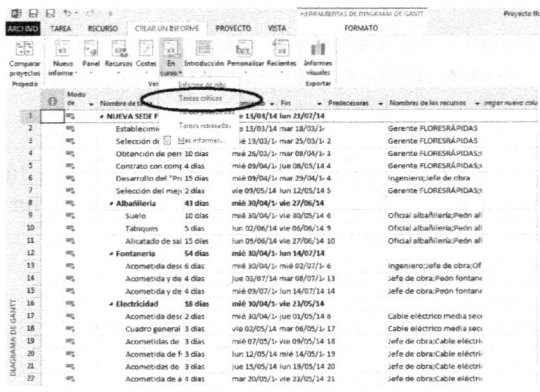

Figura E.15. Generación de un informe de tareas críticas del proyecto

El resultado final que se muestra en la Figura E.16 puede configurarse para su exportación, cambiarse el diseño o añadir imágenes o cuadros de texto.

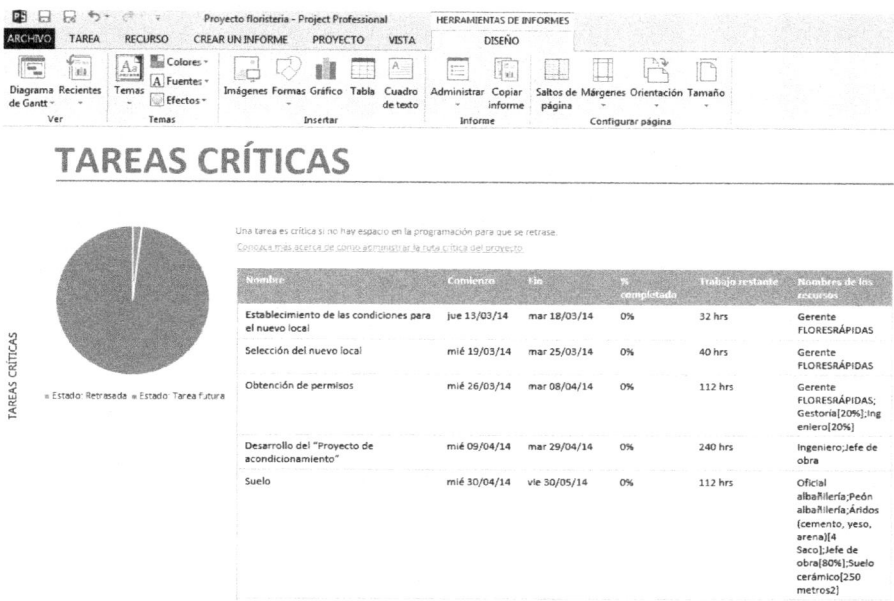

Figura E.16. Detalle del resultado final del informe de tareas críticas

EJEMPLOS PRÁCTICOS DE APLICACIÓN

Este apéndice se escribe como deferencia a más de 300 alumnos matriculados en nuestros cursos *on-line* de Experto Profesional en:

- Equipos e Instalaciones Eléctricas.

- Energía Fotovoltaica

- Energía Solar Térmica para Calor y Frío Residencial e Industrial

- Energía Eólica.

Estos cursos (*http://volta.ieec.uned.es/*), de 25 créditos ETCS y con un título propio de la UNED, abordan seria y profundamente cada una de las especialidades descritas.

Todas ellas, como consecuencia del incipiente mercado cada vez más en alza de las energías renovables, con una gran demanda de nuevos profesionales.

Como complemento a los diferentes contenidos impartidos en cada uno de los cursos se les facilita este texto, ya que esta aplicación constituye una poderosa herramienta de gestión de proyectos para planear, planificar y representar gráficamente la información, así como para exponerlos a los demás y obtener así los resultados que su empresa requiere.

Es así que, en este Apéndice F, se van a desarrollar con Microsoft Project 2013 cuatro pequeños y sencillos casos de aplicación a cada uno de estos cursos:

- Proyecto Instalación Eléctrica de una urbanización.

- Proyecto de una Instalación Solar Fotovoltaica.

- Proyecto de una Instalación Solar Térmica.

- Proyecto de un Parque Eólico.

En la misma línea que estos cuatro proyectos se podrían acometer otros tantos para los otros cursos como: Energía de la Biomasa, Energía Geotérmica, Generación Distribuida, Autoconsumo y Redes Inteligentes o el nuevo máster: Energías Renovables y Sistema Eléctrico.

Instalación eléctrica de 10 viviendas

Se desea realizar la instalación eléctrica de una urbanización de 10 viviendas en la ciudad de Córdoba. El grado de electrificación será *Electrificación alta*, ya que corresponde a viviendas con previsión de utilización de sistemas de calefacción y acondicionamiento de aire con una potencia prevista de 11.500 W.

Para añadir una tarea en Project 2013 se abre el programa y se pincha dos veces sobre la celda marcada en la Figura F.1.

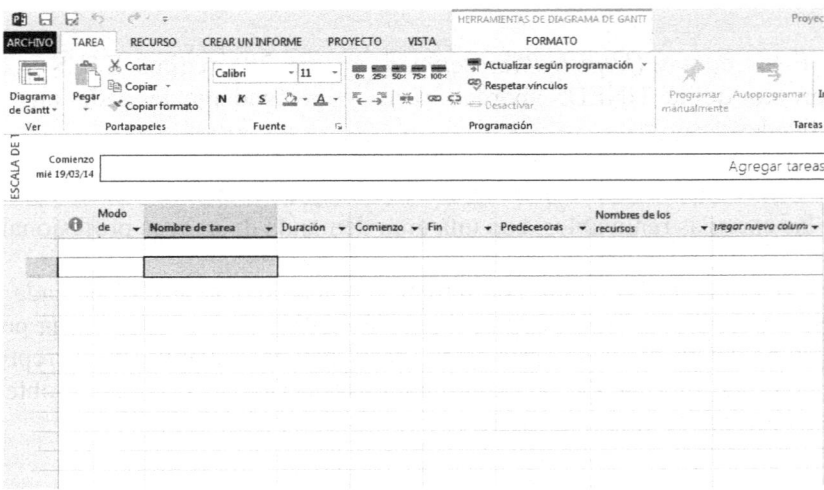

Figura F.1. Añadir tareas

En Project se crea la tarea **Obra**, Figura F.2. No se pone la duración, ya que es un grupo de tareas y Project irá calculando su duración dependiendo de las tareas en que se desglose.

Figura F.2. Obra

Se necesita marcar las rozas para su posterior realización, Figura F.3:

Figura F.3. Rozas

En Project se crea la tarea *Marcado de las rozas y registros* y se pondrá una duración de 25 horas, Figura F.4, y desde la ficha *Tarea* se *Aplica sangría a la tarea*, tal y como puede visualizarse en la Figura F.5.

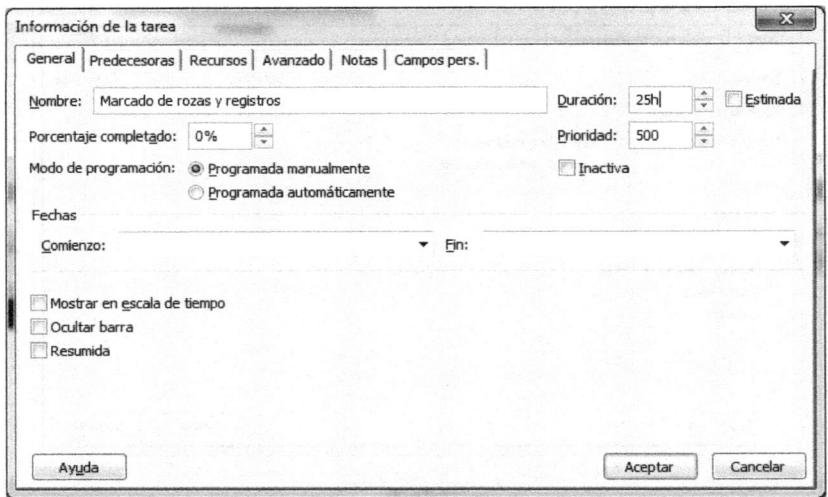

Figura F.4. Marcado de rozas y registros

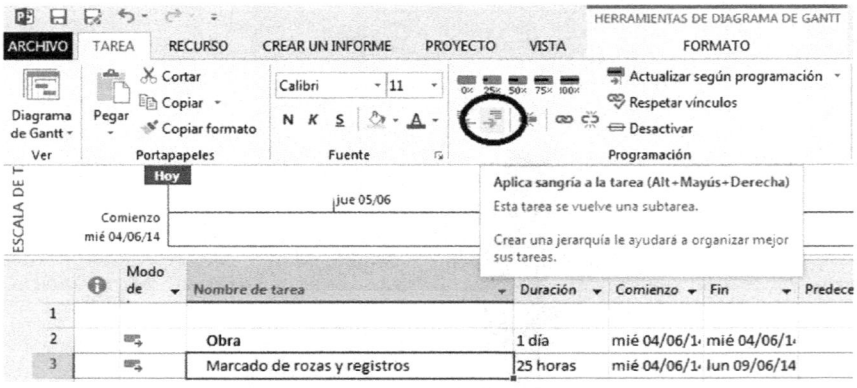

Figura F.5. Aplicar sangría a la tarea

Se continúa con la realización de las rozas. En Project se crea la tarea *Realización de las rozas* y se pondrá una duración de 5 días para el conjunto de la urbanización.

La siguiente tarea es el empotrado de los tubos y registros para llevar energía eléctrica a toda la vivienda. En Project se crea la tarea *Empotrado de tubos, registros y tuberías* con una duración de 5 días, en adelante siempre para el conjunto de las 10 viviendas.

Después se realiza la acometida exterior, Figura F.6. En **Project** se crea la tarea *Acometida exterior* con una duración de 25 horas.

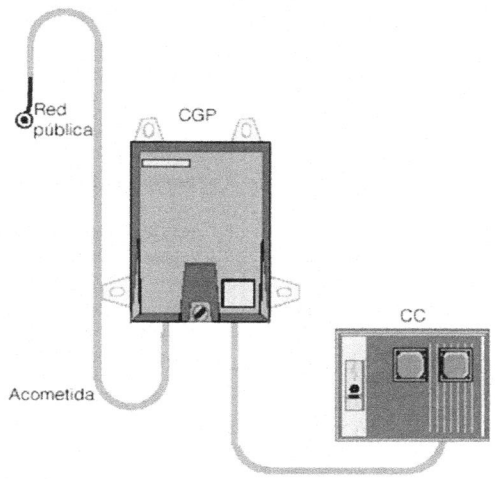

Figura F.6. Acometida exterior

Así se termina la parte de las obras de albañilería. En Project se crea la tarea *Fin de albañilería* y se pondrá duración 0 días para que sea un hito.

Para vincular entre sí el grupo de tareas *Obra* se han de seleccionar todas ellas y hacer clic en el botón *Vincular tareas* del grupo *Programación* de la ficha *Tarea* (alternativamente **Ctrl + F2**). (Figura F.7)

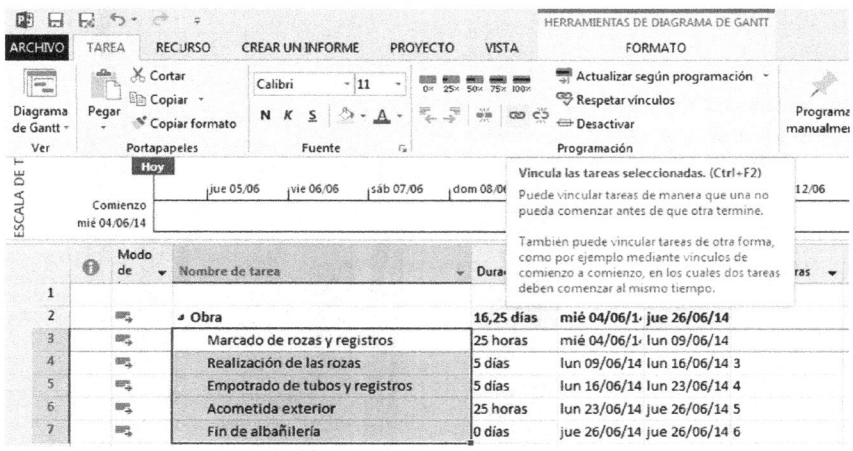

Figura F.7. Grupo de tareas Obra

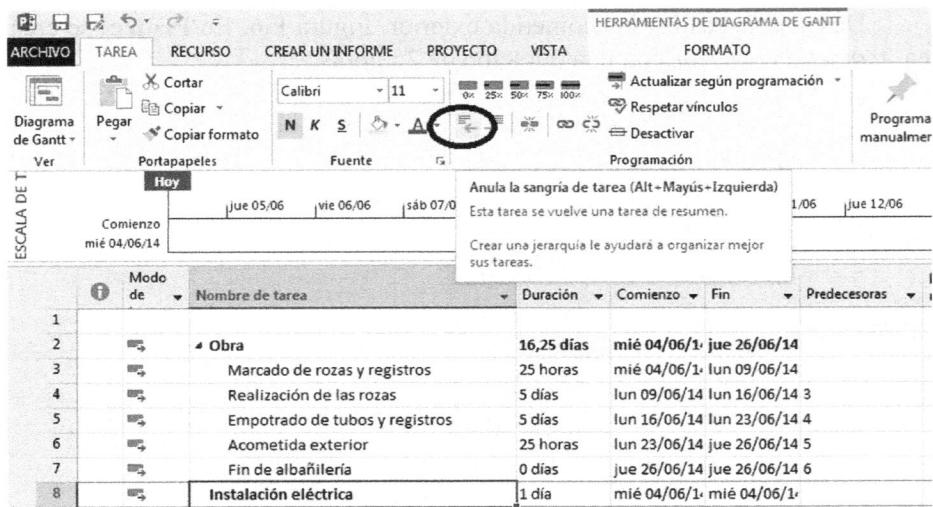

Figura F.8. Anular sangría

El segundo grupo de tareas es el de **Instalación eléctrica**.

En Project 2013 se crea la tarea *Instalación eléctrica* y, a continuación, se *Anula sangría de tarea* para crear un nuevo grupo de tareas, Figura F.8.

Se comienza con la tarea del cableado de los tubos y registros, Figura F.9. En Project 2013 se crea la tarea *Cableado* con una duración de 5 días y se *Aplica sangría a la tarea* como en la Figura F.5.

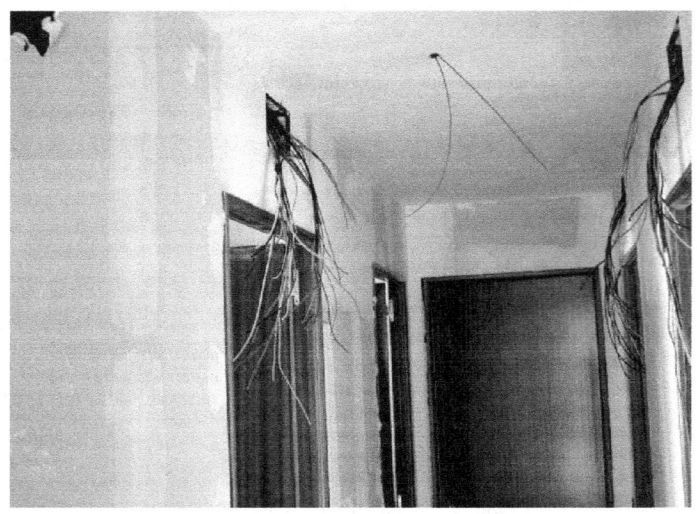

Figura F.9. Cableado de tubos y registros

Se continúa con el montaje de los mecanismos (interruptores, tomas de corriente, etc.). En Project se crea la tarea *Montaje de mecanismos* con una duración de 30 horas.

Después se monta el cuadro donde se encuentra el ICP, interruptor diferencial y magnetotérmicos para los distintos circuitos, Figura F.10. En Project se crea la tarea *Montaje de cuadros* con una duración de 10 horas.

Posteriormente se montan las luminarias. En Project se crea la tarea *Luminarias* con una duración de 10 horas.

Después se procede al montaje de las tomas de tierra. En **Project** se crea la tarea *Tomas de tierra* con una duración de 10 horas.

Posteriormente se construye el centro de transformación. En Project se crea la tarea *Centro de transformación* con una duración de 6 días.

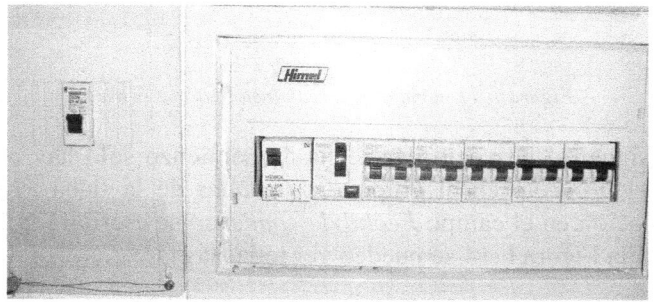

Figura F.10. Cuadro general

A continuación se realizará una verificación de la instalación. En Project se crea la tarea *Verificación de la instalación* con una duración de 11 horas.

Para finalizar se crea la tarea *Fin de la instalación eléctrica* con una duración de 0 horas para que sea un hito. En la Figura F.11 se visualiza el grupo de tareas **Instalación eléctrica** ya vinculadas entre sí[10].

---

[10] En este apéndice se utilizará la programación automática. Para ello se seleccionarán todas las tareas del proyecto y se pulsará el botón *Autoprogramar* del grupo *Tareas* de la ficha *Tarea*.

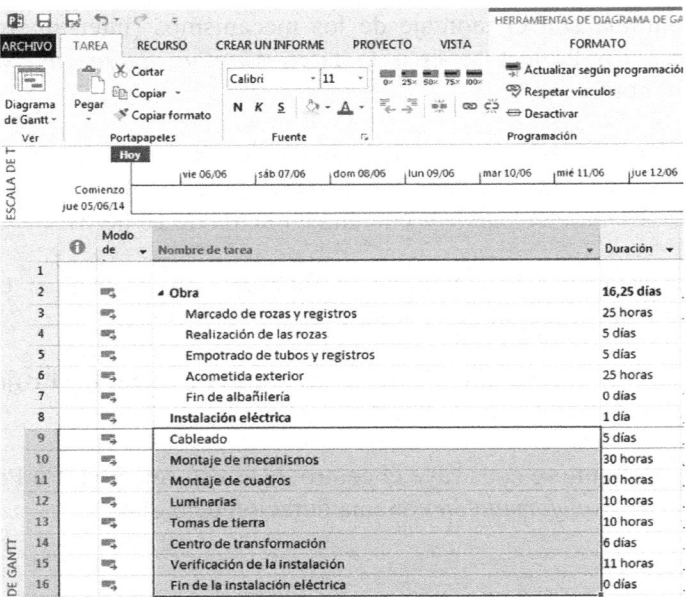

Figura F.11. Grupo de tareas Instalación eléctrica

Para asignar al proyecto una fecha de comienzo solo hay que seleccionar *Información del proyecto* en el grupo *Propiedades* de la ficha *Proyecto*, Figura F.12, a continuación en el campo *Fecha de comienzo* se escribirá la fecha deseada, Figura F.13. En la Figura F.14 se pueden ver todas las tareas.

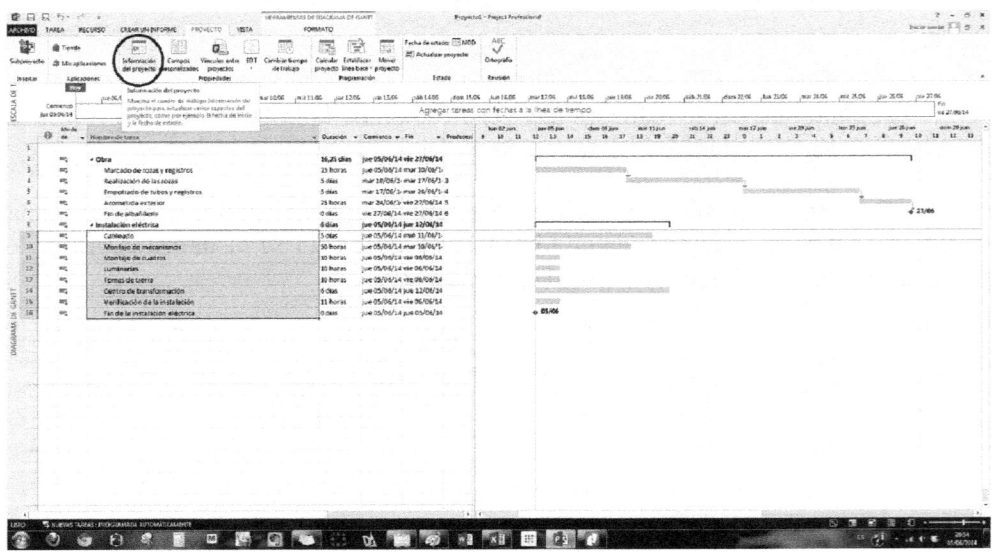

Figura F.12. Acceso a Información del proyecto

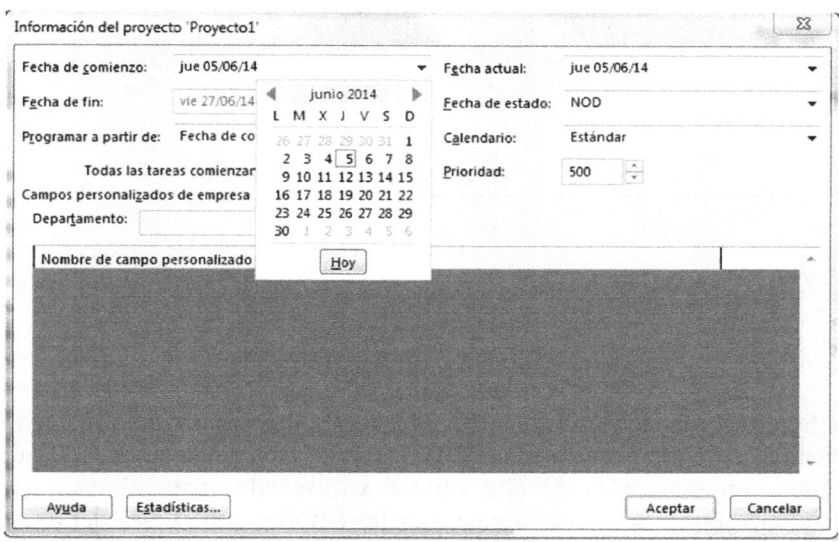

Figura F.13. Fecha de comienzo

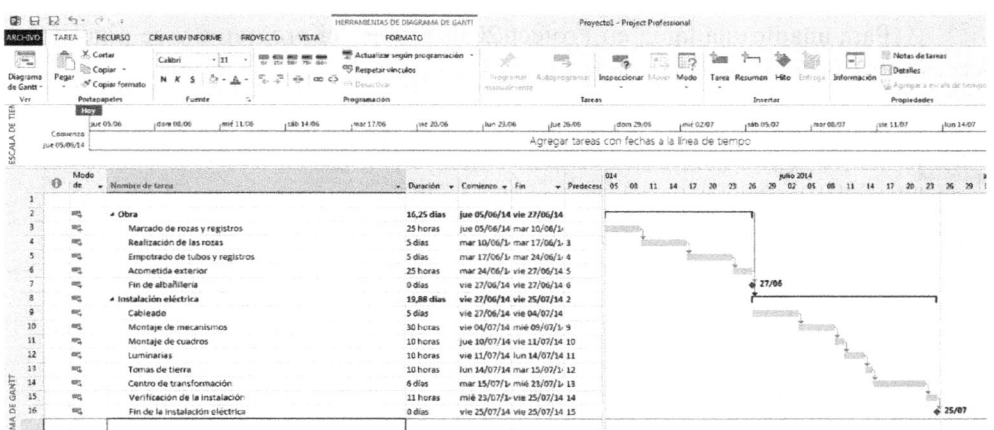

Figura F.14. Todas las tareas

Instalación solar fotovoltaica de 10 viviendas

Los paneles solares fotovoltaicos producen electricidad a partir de la radiación solar. La energía producida es consumida o enviada a la red eléctrica, pasando a través de una centralita eléctrica, cuyas funciones son convertir la corriente continua de los paneles a corriente alterna a 230 V de acuerdo a las exigencias técnicas de la red e incorporando las protecciones de seguridad adecuadas. El esquema general de la instalación se muestra en la Figura F.15.

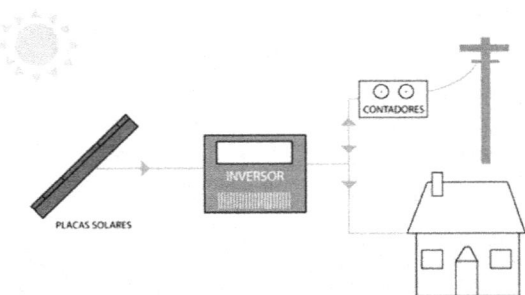

Figura F.15. Esquema general de la instalación

Se desea realizar la instalación solar fotovoltaica para una urbanización de 10 viviendas en Cartagena, provincia de Murcia. Son un conjunto de adosados construidos con materiales de alta calidad y diseñados para obtener una gran eficiencia energética. Se quiere aprovechar las amplias superficies del tejado para colocar 10 paneles fotovoltaicos con una superficie total de 12 m^2 con una potencia total máxima de 1.590 W por vivienda.

Para añadir una tarea en Project 2013 se abre el programa y se pincha dos veces sobre la celda marcada en la Figura F.16.

Figura F.16. Añadir tareas

En Project se crea la tarea *Obra*, Figura F.17. No se pone la duración ya que es un grupo de tareas y Project irá calculando su duración dependiendo de las tareas en que se desglose.

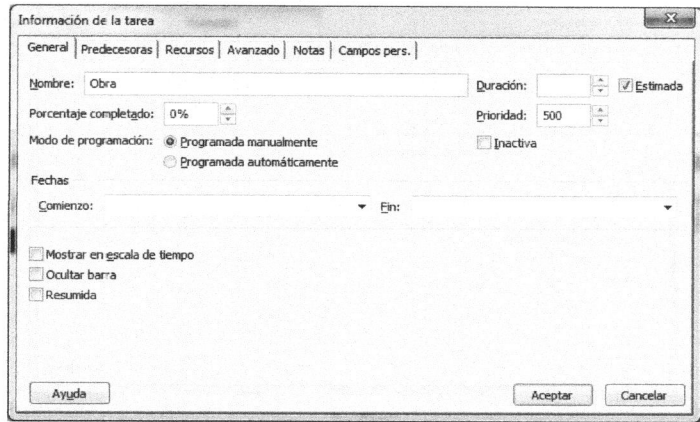

Figura F.17. Obra

Se necesita construir una sujeción adecuada a las placas solares que se van a colocar en cada vivienda, Figura F.18.

Figura F.18. Sujeción

En Project se crea la tarea *Estructura de sujeción de las placas*, poniendo una duración de 10 días, Figura F.19 A continuación, se *Aplica sangría a la tarea*, tal y como puede visualizarse en la Figura F.20.

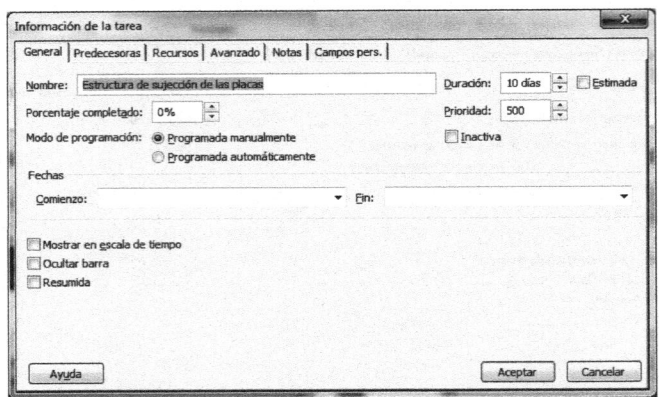

Figura F.19. Estructura de sujeción de las placas

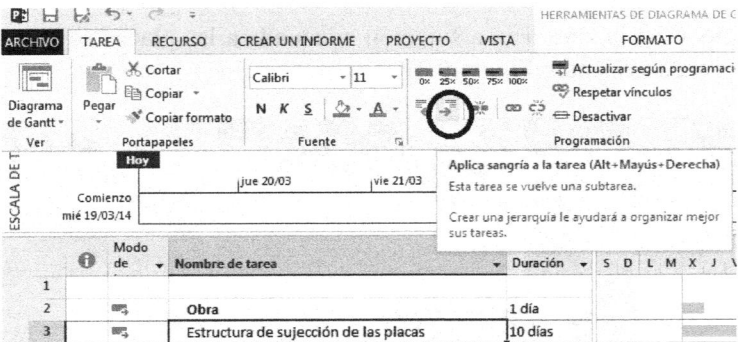

Figura F.20. Aplicar sangría a la tarea

Después se procederá al marcado de las rozas y a su posterior realización, Figura F.21.

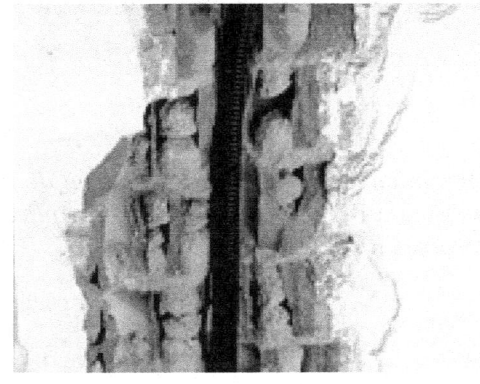

Figura F.21. Rozas

En Project se crea la tarea *Marcado de las rozas y registros* y se pondrá una duración de 2,5 días.

En Project se crea la tarea *Realización de las rozas* y se pondrá una duración de 10 días.

La siguiente tarea es el empotrado de los tubos y registros para llevar la corriente continua generada por los paneles al inverso de conexión a red. En Project se crea la tarea *Empotrado de tubos y registros* con una duración de 10 días.

Así se termina la parte de las obras de albañilería. En Project se crea la tarea *Fin de albañilería* y se pondrá duración 0 días para que sea un hito.

Para vincular entre sí el grupo de tareas *Obra* se han de seleccionar todas ellas y hacer clic en el botón *Vincular tareas* del grupo *Programación* en la ficha *Tarea* (alternativamente **Ctrl + F2**). Figura F.22.

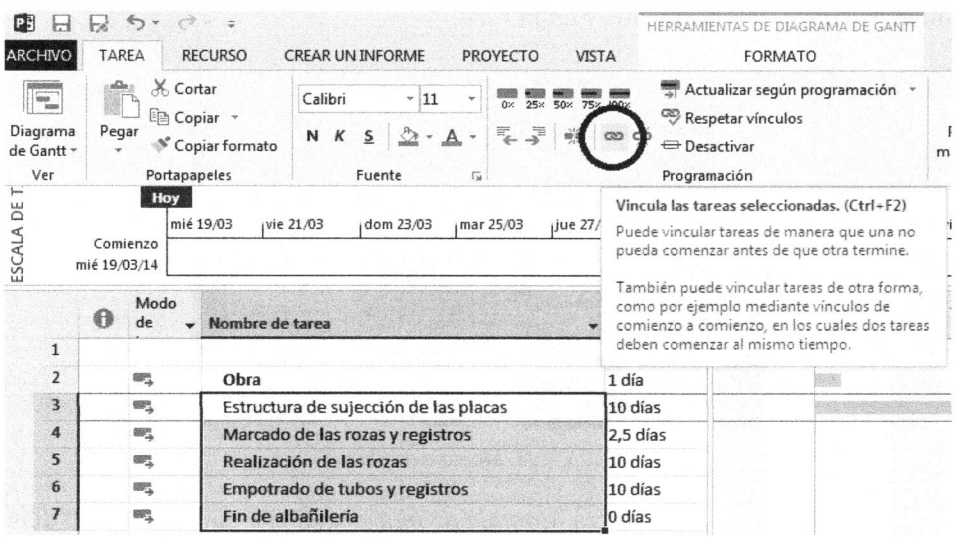

Figura F.22. Grupo de tareas Obra

El segundo grupo de tareas es el de **Instalación**.

En Project se crea la tarea *Instalación* y *Anula sangría de tarea* para crear un nuevo grupo de tareas, Figura F.23.

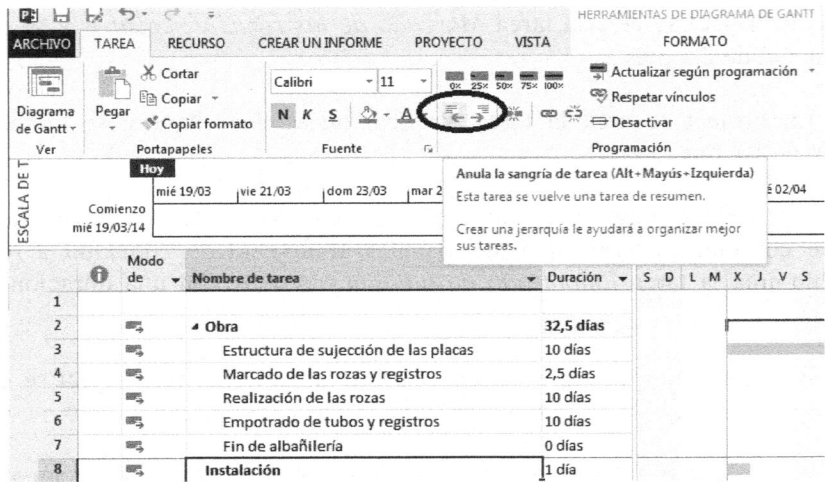

Figura F.23. Anular sangría

Se comienza con la tarea del montaje de las placas en las sujeciones que se habían colocado anteriormente, Figura F.24.

Figura F.24. Montaje de placas

En Project se crea la tarea *Montaje de placas* con una duración de 10 días y se *Aplica sangría a la tarea* como en la Figura F.5.

Después se cablea desde la azotea del edificio hasta el lugar donde se encuentra el inversor. En Project se crea la tarea *Cableado* con una duración de 2,5 días.

Se continúa con la instalación y cableado del inversor de conexión a red, Figura F.25.

Figura F.25. Inversor

En Project se crea la tarea *Instalación y cableado del inversor de conexión a red* con una duración de 10 horas.

Posteriormente se tiene que realizar una verificación de la instalación. En Project se crea la tarea *Verificación* con una duración de 10 horas.

Para finalizar se crea la tarea *Fin de instalación* con una duración de 0 horas para que sea un hito.

En la Figura F.26 se visualiza el grupo de tareas **Instalación** ya vinculadas entre sí[11].

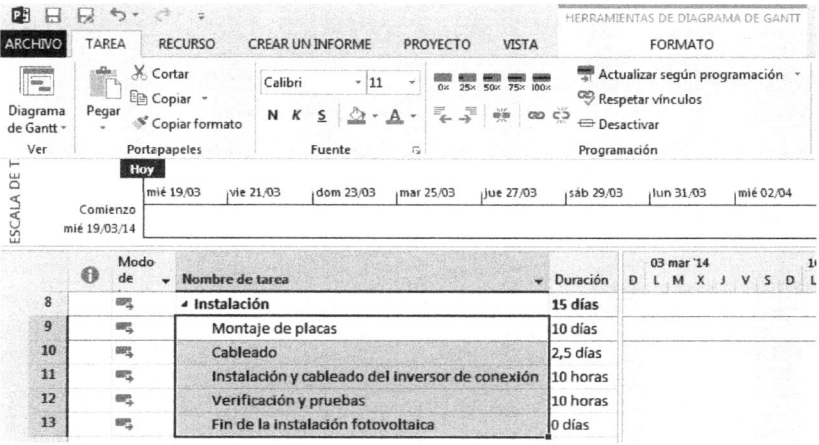

Figura F.26. Grupo de tareas Instalación

---

[11] En este apéndice se utilizará la programación automática. Para ello, se seleccionarán todas las tareas del proyecto y se pulsará el botón *Autoprogramar* del grupo *Tareas* de la ficha *Tarea*.

Para asignar al proyecto una fecha de comienzo solo hay que seleccionar *Información del proyecto* en el grupo *Propiedades* de la ficha *Proyecto*, Figura F.27, a continuación en el campo *Fecha de comienzo* se escribirá la fecha deseada, Figura F.28. En la Figura F.29 se pueden ver todas las tareas.

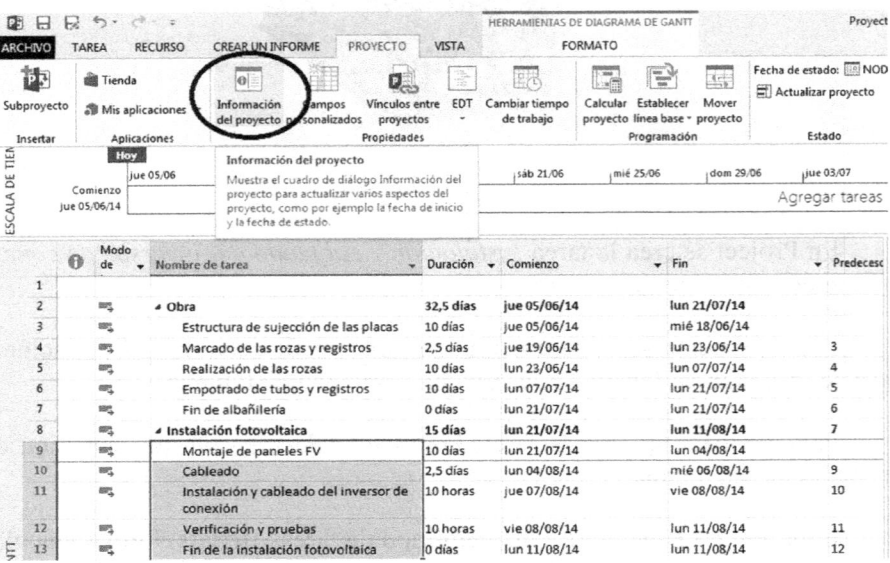

Figura F.27. Acceso a Información del proyecto

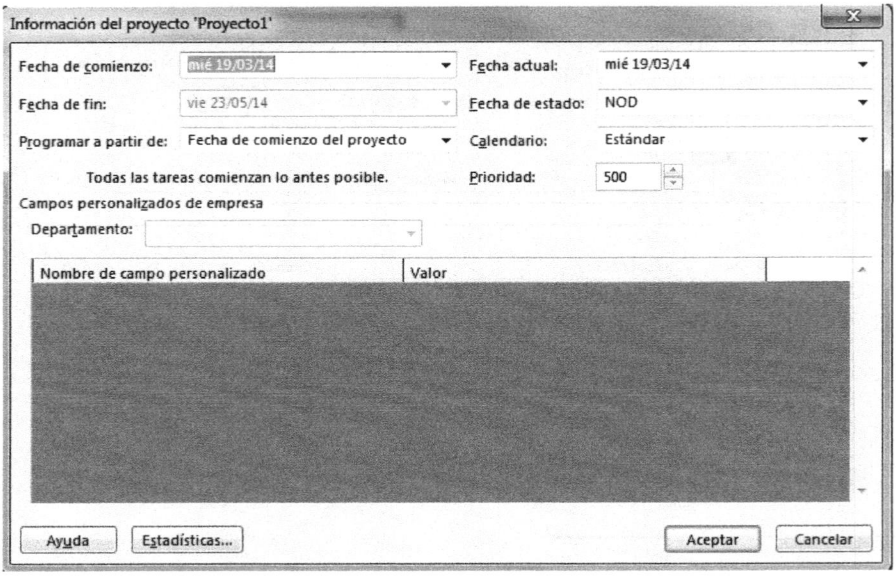

Figura F.28. Fecha de comienzo

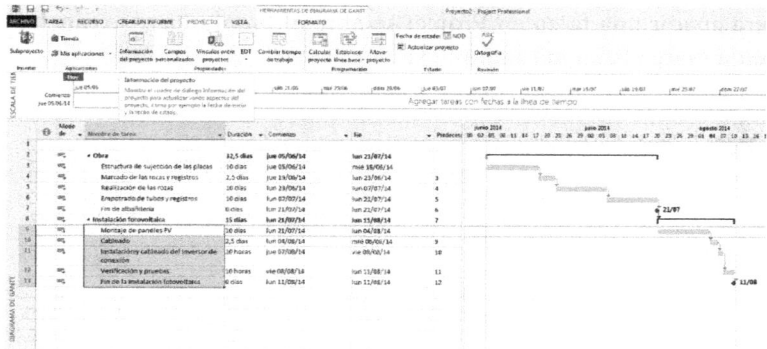

Figura F.29. Todas las tareas

Instalación solar térmica de 10 viviendas

Se desea realizar la instalación solar térmica para una urbanización de 10 viviendas en Málaga. Son un conjunto de adosados construidos con materiales de alta calidad y diseñados para obtener una gran eficiencia energética. Se utilizarán 3 placas solares, un acumulador, un sistema de control y una caldera auxiliar (previsión de posibles períodos largos con una radiación solar baja) para dar servicio de ACS (Agua Caliente Sanitaria) en cada vivienda. La superficie ocupada por las placas solares será de 7,8 m^2 por vivienda.

El esquema general de la instalación en cada vivienda se representa en la Figura F.30.

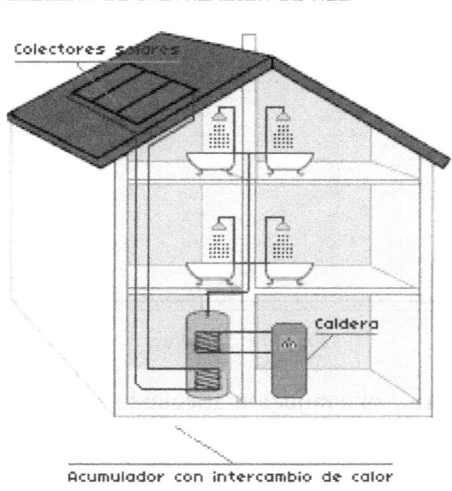

Figura F.30. Esquema general de la instalación

Para añadir una tarea en Project se abre el programa y se pincha dos veces sobre la celda marcada en la Figura F.31.

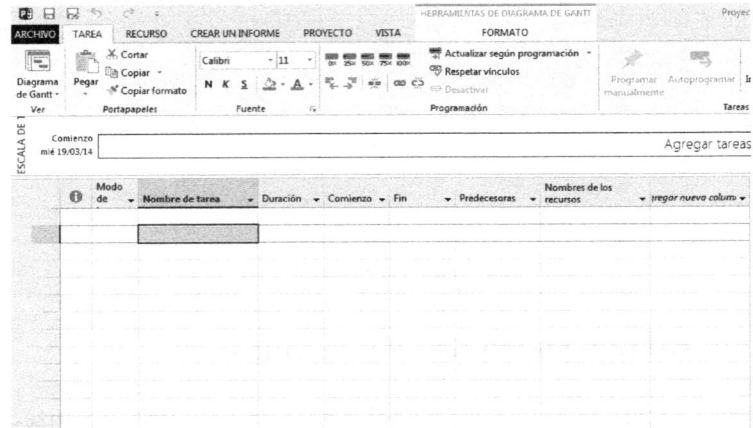

Figura F.31. Añadir tareas

En Project crea la tarea **Obra**, Figura F.32. No se pone la duración ya que es un grupo de tareas y Project irá calculando su duración dependiendo de las tareas en que se desglose.

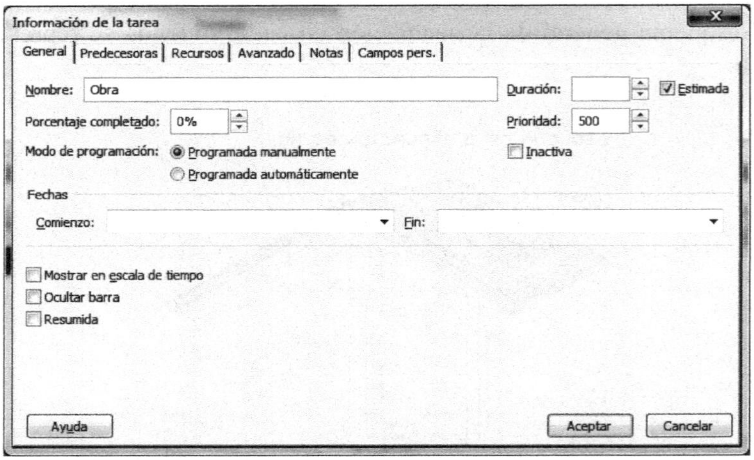

Figura F.32. Obra

Se necesita construir una sujeción adecuada a las placas solares que se van a colocar en cada vivienda, Figura F.33. En Project se crea la tarea *Estructura de sujeción de las placas*, poniendo una duración de 10 días, Figura F.34, y se *Aplica sangría a la tarea*, tal y como puede visualizarse en la Figura F.35.

Figura F.33. Sujeción

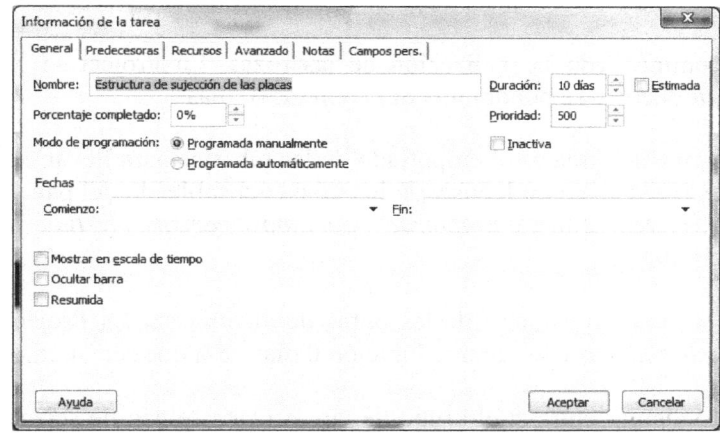

Figura F.34. Estructura de sujeción de las placas

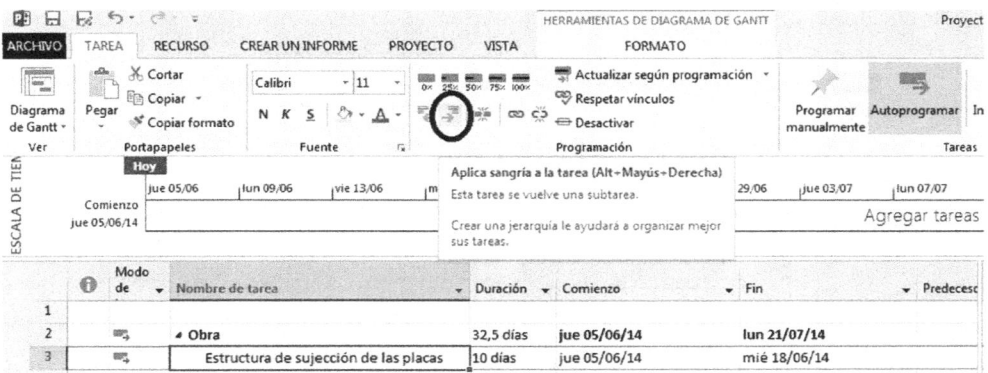

Figura F.35. Aplicar sangría a la tarea

Después se procederá al marcado de las rozas y a su posterior realización, Figura F.36. Se realizará el marcado para las tuberías de agua que conectan los paneles con acumulador y caldera así como las rozas para los tubos de empotrar los cables eléctricos para el panel de control.

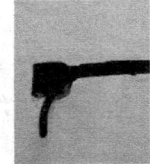

Figura F.36. Rozas

En Project se crea la tarea *Marcado de rozas y registros* y se pondrá una duración de 2,5 días.

Se continúa con la realización de las rozas. En Project se crea la tarea *Realización de rozas* y se pondrá una duración de 10 días.

La siguiente tarea es el empotrado de las tuberías para llevar el agua desde los colectores hasta el acumulador y de los tubos del cableado del panel de control. En **Project** se crea la tarea *Empotrado de tubos, registros y tuberías* con una duración de 10 días.

Así se termina la parte de las obras de albañilería. En Project se crea la tarea *Fin de albañilería* y se pondrá duración 0 días para que sea un hito.

Para vincular entre sí el grupo de tareas *Obra* se han de seleccionar todas ellas y hacer clic en el botón *Vincular tareas* del grupo *Programación* en la ficha *Tarea* (alternativamente **Ctrl + F2**). Figura F.37.

Figura F.37. Grupo de tareas Obra

El segundo grupo de tareas es el de **Instalación**.

En Project se crea la tarea *Instalación* y se *Anula sangría de tarea* para crear un nuevo grupo de tareas, Figura F.38.

Se comienza con la tarea del montaje de las placas en las sujeciones que se habían colocado anteriormente, Figura F.10. En Project se crea la tarea *Montaje de placas* con una duración de 10 días y se *Aplica sangría a la tarea* como se vio en la Figura F.6.

Después se coloca el acumulador y las calderas de apoyo en cada una de las 10 viviendas para los días en los que no se pueda calentar el agua solo con la energía solar, Figura F.11. En Project se crea la tarea *Montaje de acumulador y caldera* con una duración de 10 días.

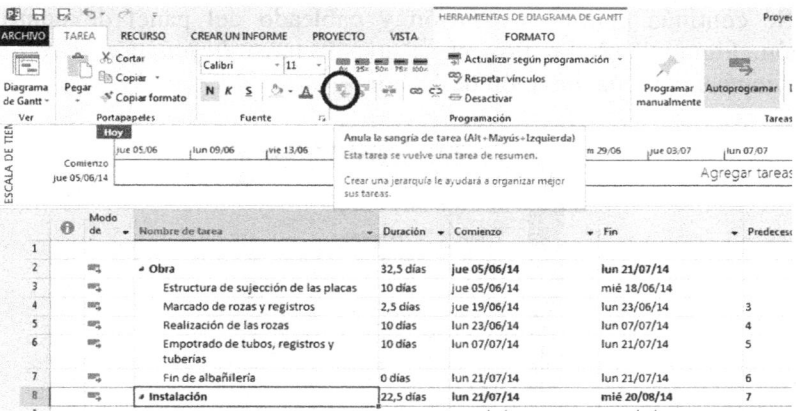

Figura F.38. Anular sangría

Figura F.39. Montaje de placas

Figura F.40. Acumulador y caldera

Se continúa con la instalación y cableado del panel de control de la instalación, Figura F.12. En Project se crea la tarea *Instalación y cableado del panel de control* con una duración de 18 horas.

Figura F.41. Panel de control

Posteriormente se tiene que realizar una verificación de la instalación. En Project se crea la tarea *Verificación* con una duración de 10 horas.

Para finalizar se crea la tarea *Fin de la instalación* con una duración de 0 horas para que sea un hito.

En la Figura F.42 se visualiza el grupo de tareas **Instalación** ya vinculadas entre sí[12].

_____

[12] En este apéndice se utilizará la programación automática. Para ello se seleccionarán todas las tareas del proyecto y se pulsará el botón *Autoprogramar* del grupo *Tareas* de la ficha *Tarea*.

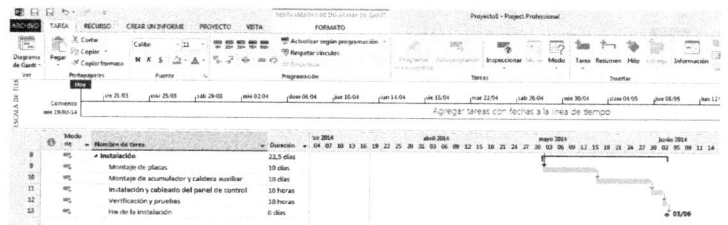

Figura F.42. Grupo de tareas Instalación

Para asignar al proyecto una fecha de comienzo solo hay que seleccionar *Información del proyecto* en el grupo *Propiedades* de la ficha *Proyecto*, Figura F.43, a continuación en el campo *Fecha de comienzo* se escribirá la fecha deseada, Figura F.44. En la Figura F.45 se pueden ver todas las tareas.

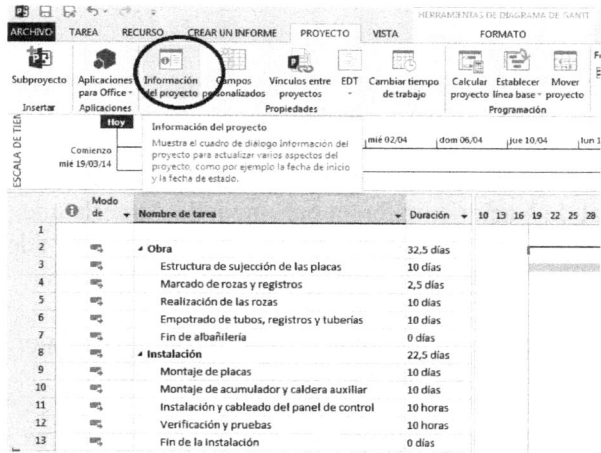

Figura F.43. Acceso a Información del proyecto

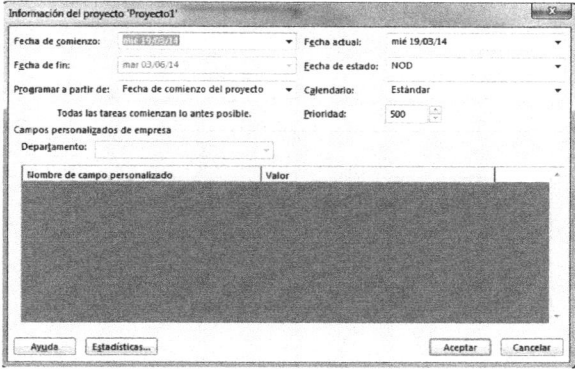

Figura F.44. Fecha de comienzo

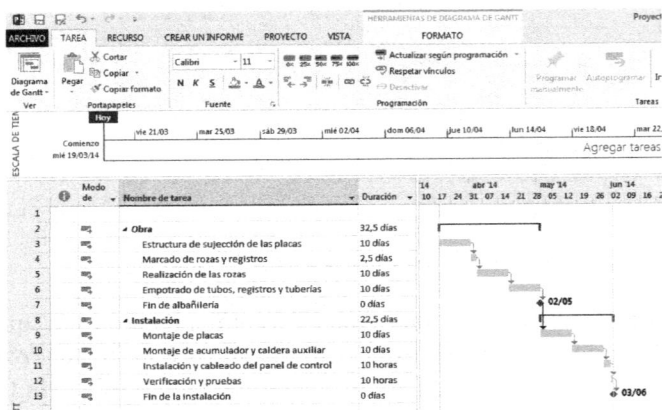

Figura F.45. Todas las tareas

Parque eólico

Se desea construir un parque eólico con 20 aerogeneradores de 2 MW cada uno. Después de un estudio de varias localizaciones posibles, y teniendo en cuenta tanto aspectos económicos como medioambientales, se ha elegido una parcela en el término municipal de Nacimiento, en la provincia de Almería que, por su situación, tiene unas óptimas condiciones para colocar aerogeneradores, además de tener un impacto medioambiental bajo y un precio económico del terreno.

Para la instalación del Parque Eólico se comienza por el acondicionamiento de las instalaciones previas a la ejecución de la obras.

Para añadir una tarea en Project se abre el programa y se pincha dos veces sobre la celda marcada en la Figura F.46.

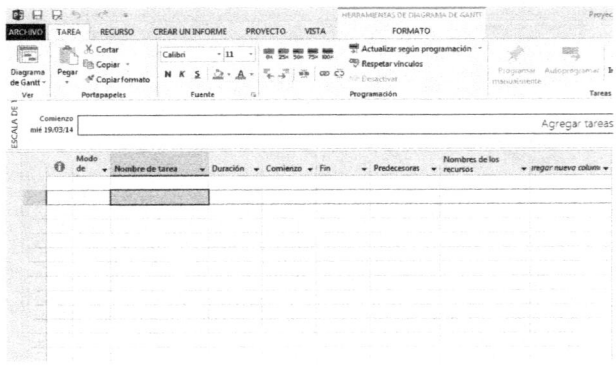

Figura F.46. Añadir tareas

En Project crea la tarea *Acondicionamiento del terreno*, Figura F.47. No se pone la duración ya que es un grupo de tareas y Project irá calculando su duración dependiendo de las tareas en que la desglose.

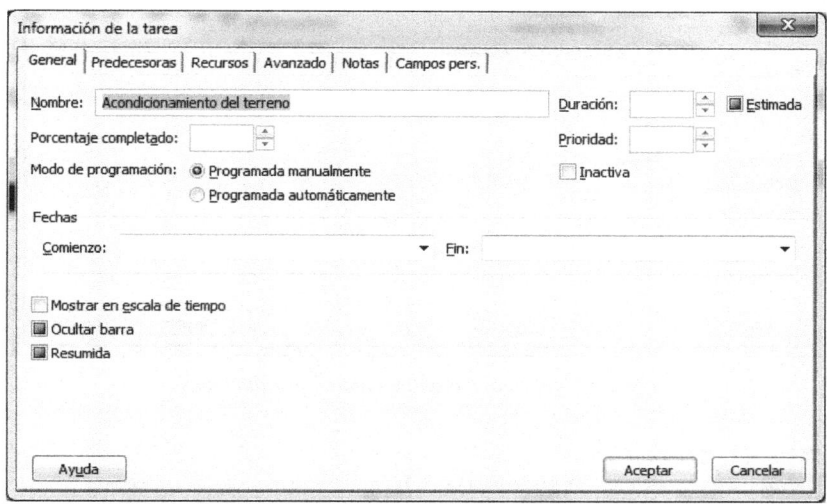

Figura F.47. Acondicionamiento del terreno

Se necesita habilitar una zona para montar las casetas de obra, Figura F.48, los aseos, almacén, generador autónomo, cuba de agua y fosa séptica. Además de unas zonas para almacenar los materiales eléctricos, de construcción y las partes de los aerogeneradores.

Figura F.48. Caseta de obra

En Project se crea la tarea *Acondicionamiento de instalaciones*, poniendo una duración de 15 días, Figura F.49, y se *Aplica sangría a la tarea*, tal y como puede verse en la Figura F.50.

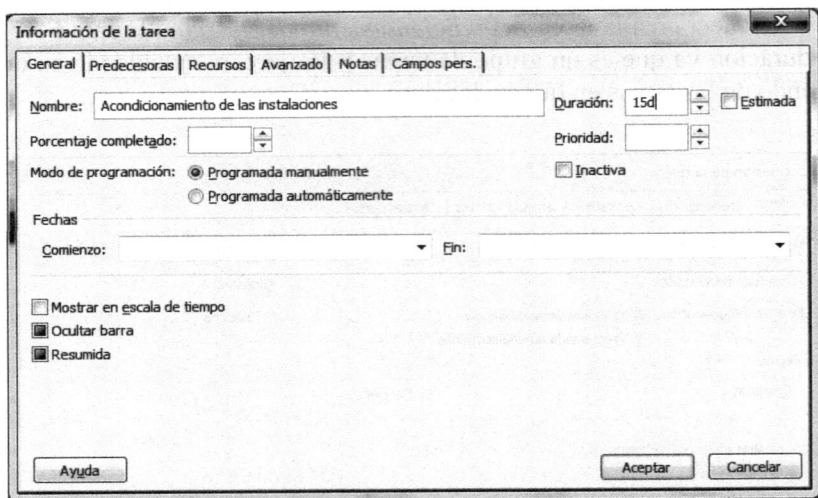

Figura F.49. Acondicionamiento de instalaciones

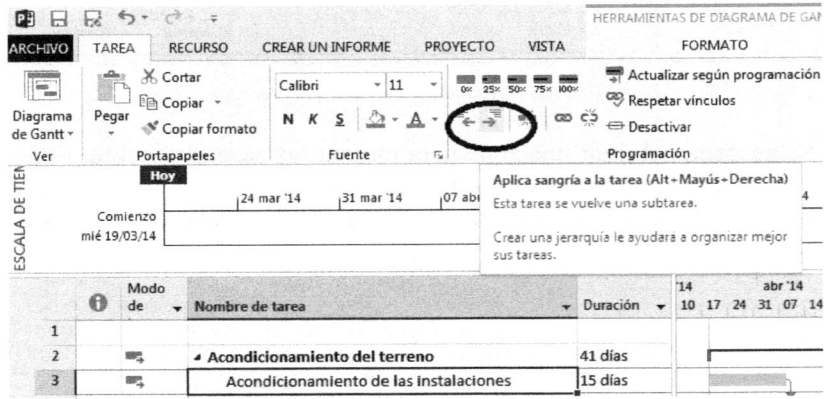

Figura F.50. Aplicar sangría a la tarea

Posteriormente se realizarán los caminos para acceder a los lugares donde se colocarán cada uno de los 20 aerogeneradores, así como las zanjas por donde discurrirán las líneas de conexión desde cada aerogenerador al centro de transformación que se habilitará a tal efecto.

En Project se crea la tarea *Construcción de caminos y zanjas*, poniendo una duración de 20 días, Figura F.51.

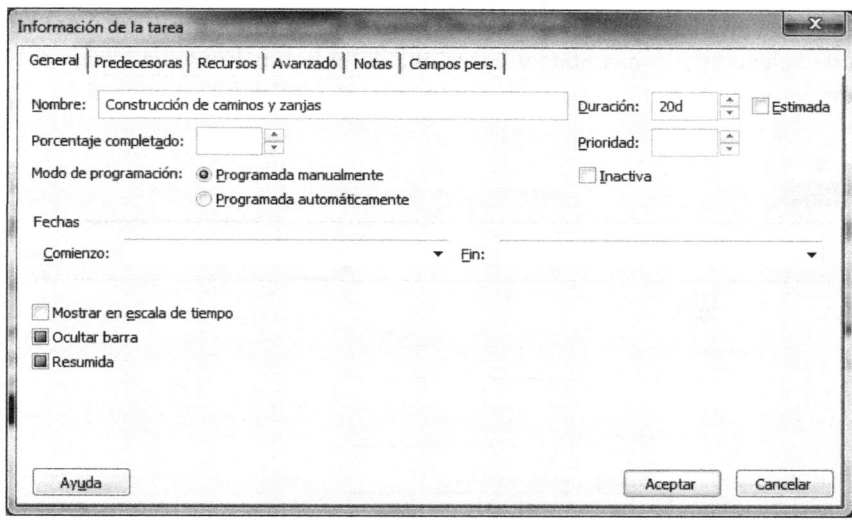

Figura F.51. Construcción de caminos y zanjas

Cuando terminen estas tareas se habrá completado la parte de **Acondicionamiento del terreno** que se representa con el hito *Acondicionamiento completado.*

En Project se crea la tarea *Acondicionamiento completado* y se pondrá duración 0 días para que sea un hito, Figura F.52.

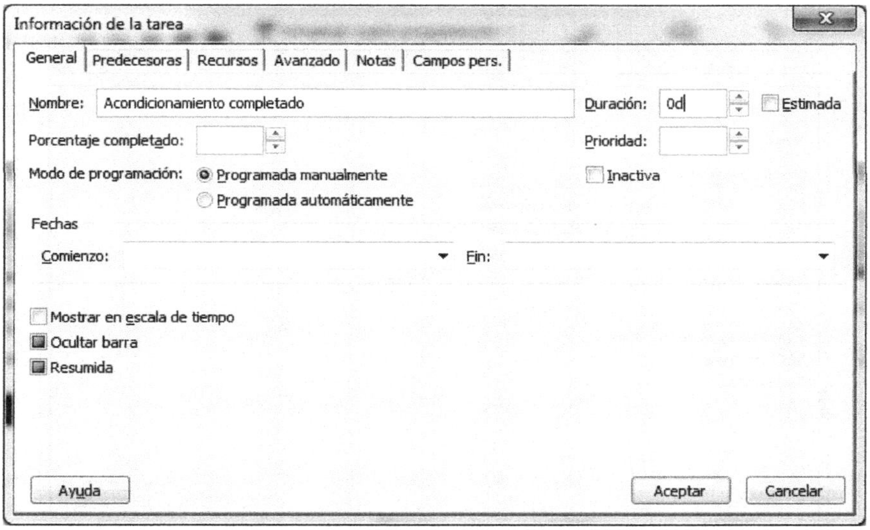

Figura F.52. Acondicionamiento completado

Para vincular entre sí el grupo de tareas **Acondicionamiento del terreno** se han de seleccionar todas ellas y hacer clic en el botón *Vincular tareas* del grupo *Programación* en la ficha *Tarea* (alternativamente **Ctrl + F2**). Figura F.53.

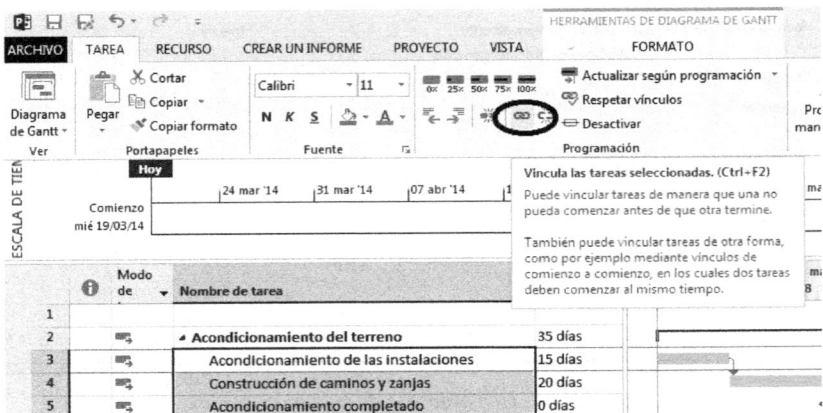

Figura F.53. Grupo de Acondicionamiento del terreno

En el grupo de tareas **Estructuras** se empieza con la construcción de las zapatas, el montaje y tapado de las canalizaciones y la construcción de la subestación eléctrica.

En Project se crea la tarea *Estructuras*, Figura F.54, y se *Anula sangría de tarea* para empezar un nuevo grupo de tareas, Figura F.55.

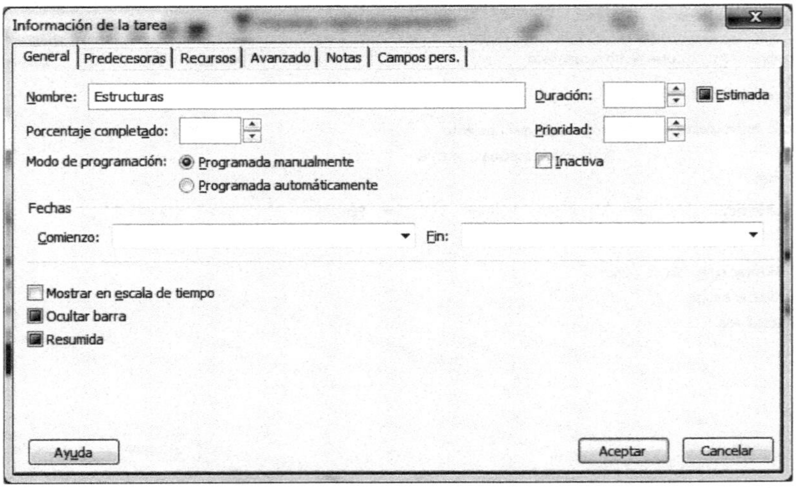

Figura F.54. Estructuras

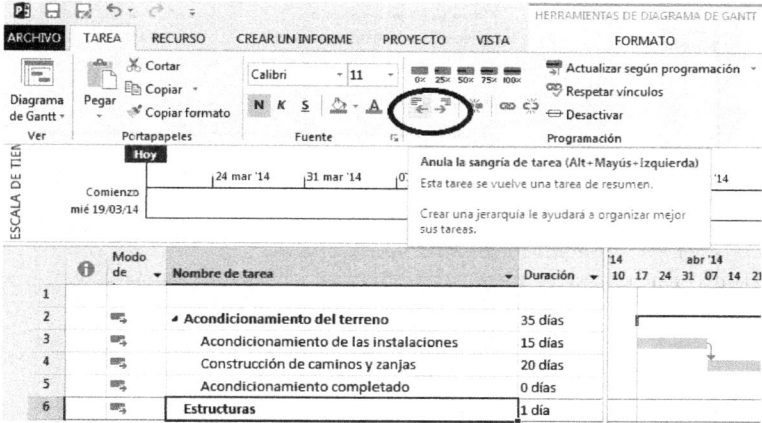

Figura F.55. Anular sangría

Se habrá observado que, por defecto, todas las tareas se crean programadas manualmente. Dado que lo que interesa en el ejercicio es que Project calcule automáticamente las fechas de las tareas, se darán los dos pasos descritos a continuación:

a) Se seleccionan todas las tareas incluidas en el proyecto hasta el momento y se pulsa el botón *Autoprogramar* del grupo *Tareas* de la ficha *Tarea*. Figura F.56.

b) Se pulsa en la barra de estado inferior en *Nuevas tareas: Programada manualmente* y aparece un desplegable del que se elegirá *Programada automáticamente*. Todas las tareas que se añadan a partir de este momento se programarán automáticamente, Figura F.57.

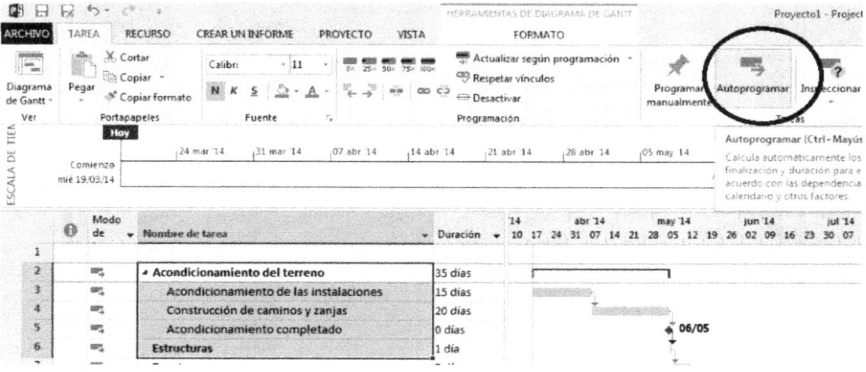

Figura F.56. Autoprogramar

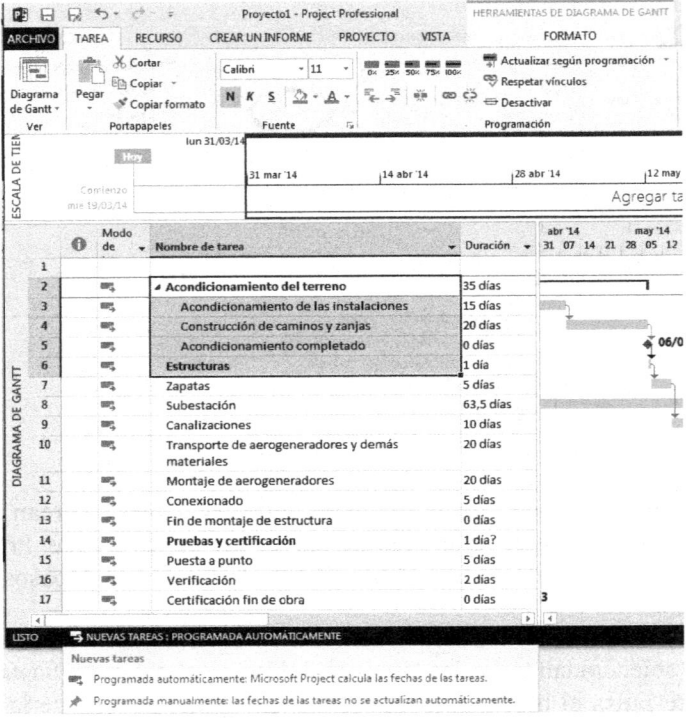

Figura F.57. Programar automáticamente nuevas tareas

En Project se crea la tarea *Zapatas* con una duración de 5 días, Figura F.58, y se *Aplica sangría a la tarea*, Figura F.5.

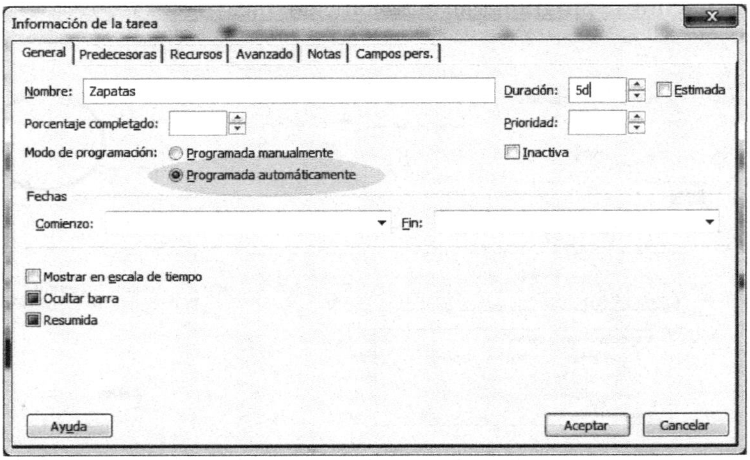

Figura F.58. Zapatas

Obsérvese que, por defecto, tal y como se comentó, se ha creado la tarea *Programada automáticamente*.

En Project se crea la tarea *Subestación* con una duración de 10 días, Figuras F.59 y F.60.

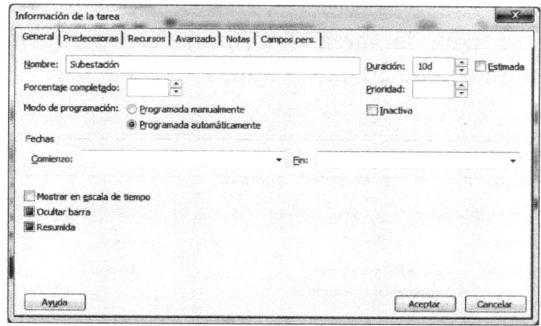

Figura F.59. Subestación

Figura F.60. Subestación eléctrica

En Project se crea la tarea *Canalizaciones* con una duración de 10 días, Figura F.61.

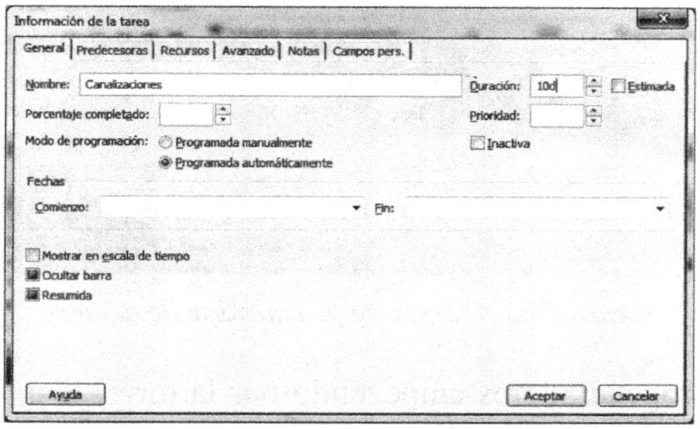

Figura F.61. Canalizaciones

Hay que esperar ahora 29 días desde el inicio de la construcción de las zapatas para empezar a montar los aerogeneradores para que la zapata esté endurecida.

Entre tanto irán llegando y se irán almacenando (el menor tiempo posible) las diferentes piezas para su posterior ensamblaje.

En Project se crea la tarea *Transporte de aerogeneradores y demás materiales* con una duración de 20 días, Figuras F.62 y F.63.

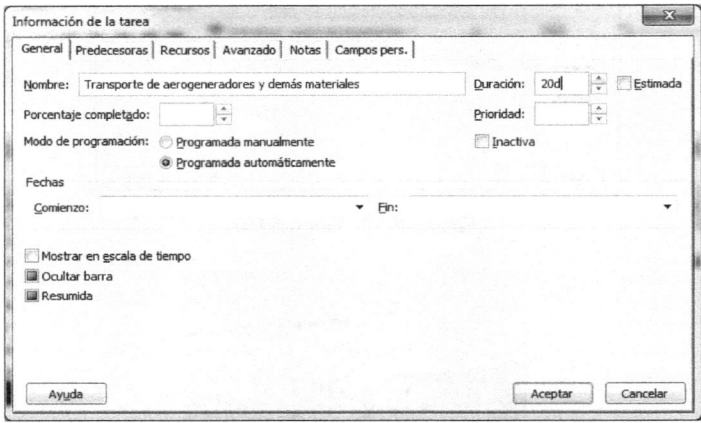

Figura F.62. Transporte de aerogeneradores y demás materiales

Figura F.63. Transporte de una parte de la torre

Se montarán los aerogeneradores empezando por la torre, la góndola que contiene el eje de baja velocidad, multiplicador, eje de alta velocidad con su freno mecánico, generador eléctrico, mecanismo de orientación, controlador electrónico, sistema hidráulico, unidad de refrigeración, anemómetro y la veleta. Después se montará el rotor del aerogenerador, es decir, las palas y el buje.

En Project se crea la tarea *Montaje de aerogeneradores* con una duración de 20 días, Figuras F.64, F.65, F.66 y F.67.

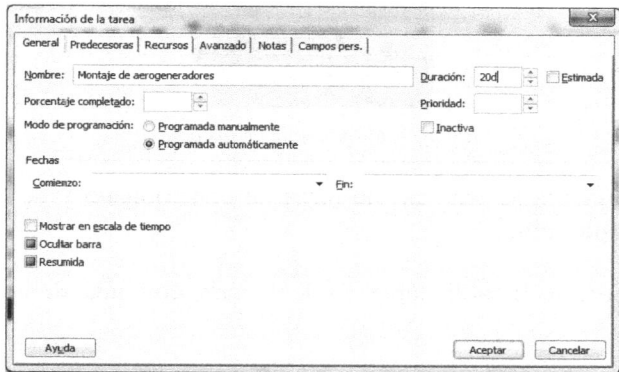

Figura F.64. Montaje de aerogeneradores

Figura F.65. Base de la torre

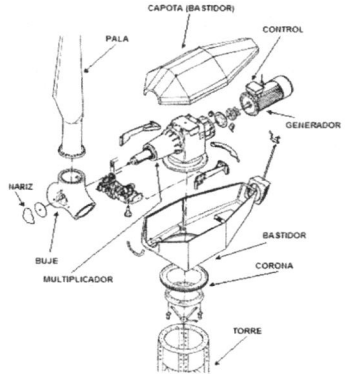

Figura F.66. Góndola y sus componentes

Figura F.67. Montaje de las palas

Posteriormente se realizará la tarea de conexionado y se llega al hito de **Estructura completada**.

En Project se crea la tarea *Conexionado* con una duración de 5 días, Figura F.68.

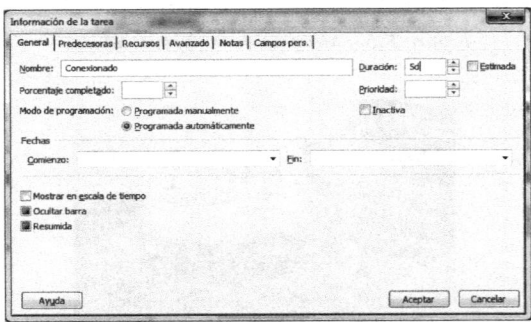

Figura F.68. Conexionado

En Project se crea la tarea *Estructura completada* y se pone duración 0 días para que sea un hito, Figura F.69.

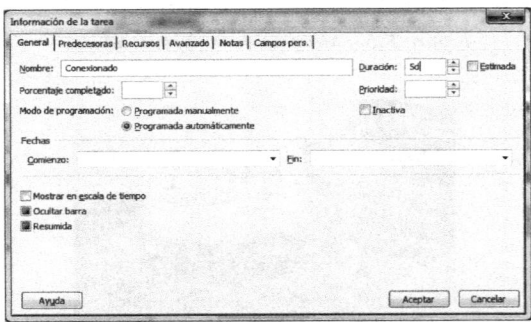

Figura F.69. Estructura completada

El grupo de tareas "Estructuras", ya vinculadas[13], se puede ver completo en la Figura F.70.

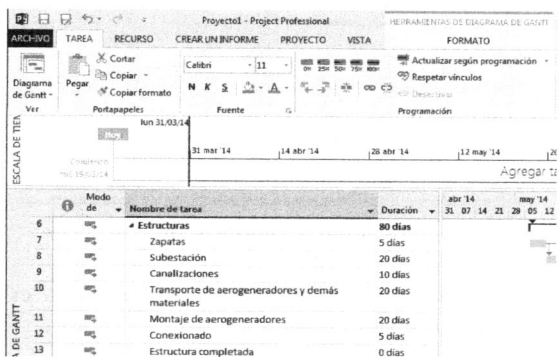

Figura F.70. Grupo de Estructuras

El tercer grupo de tareas **Pruebas y certificación** comenzará con la puesta a punto, es decir, con los ajustes de los parámetros de funcionamiento de los aerogeneradores y de la subestación y las posteriores pruebas de funcionamiento.

En Project se crea la tarea *Pruebas y certificación* y se anula la sangría, Figura F.39, para crear un nuevo grupo, Figura F.71.

En Project se crea la tarea *Puesta a punto* con una duración de 5 días y se pulsa sangría a la derecha.

A continuación se procede a la tarea de verificación de las instalaciones por parte de los organismos competentes y para finalizar el hito de **Certificación de fin de obra**.

En Project se crea la tarea *Verificación* con una duración de 2 días, Figura F.72.

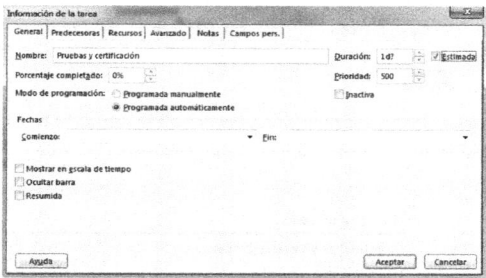

Figura F.71. Pruebas y certificación

---

[13] Recuérdese que en este apéndice se utiliza la programación automática.

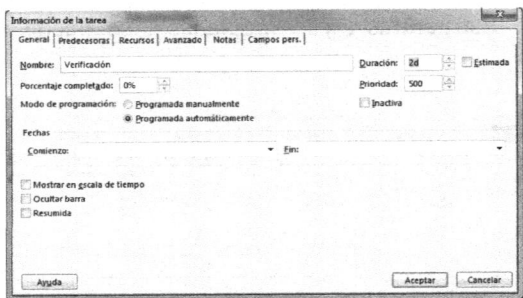

Figura F.72. Verificación

En Project se crea la tarea *Certificación fin de obra* con duración 0 días para que sea un hito, Figura F.73.

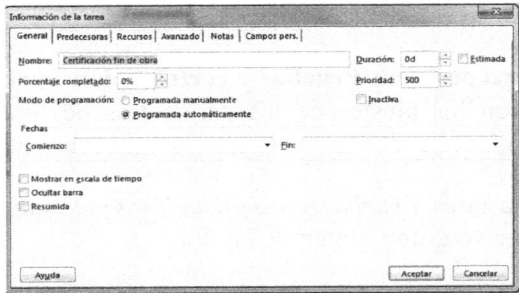

Figura F.73. Certificación fin de obra

El grupo de tareas **Pruebas y certificación**, ya vinculadas, se puede ver completo en la Figura F.74.

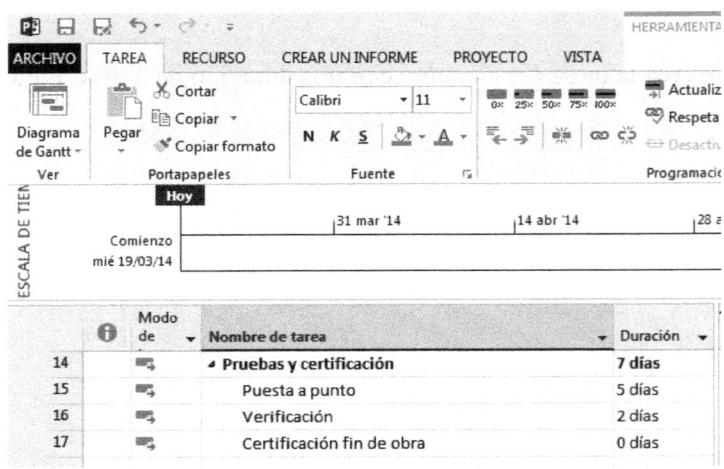

Figura F.74. Grupo Pruebas y certificación

Para asignar al proyecto una fecha de comienzo sólo hay que seleccionar *Información del proyecto* en el grupo *Propiedades* de la ficha *Proyecto*, Figura F.75, a continuación en el campo *Fecha de comienzo* se escribirá la fecha deseada, Figura F.76.

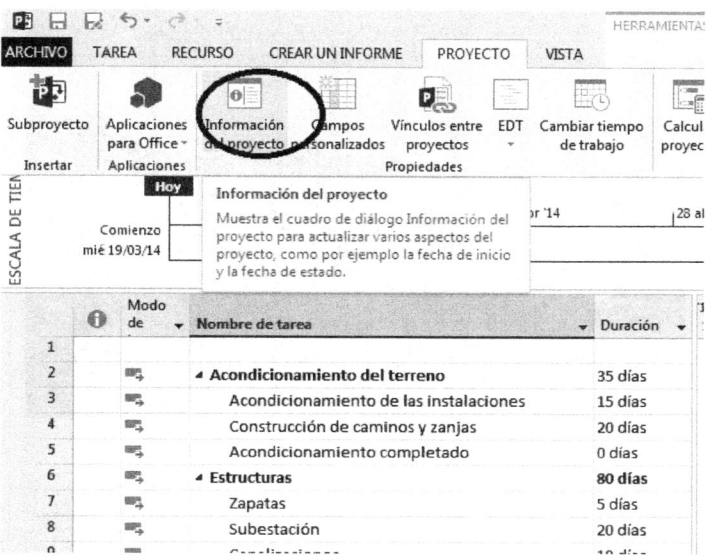

Figura F.75. Acceso a Información del proyecto

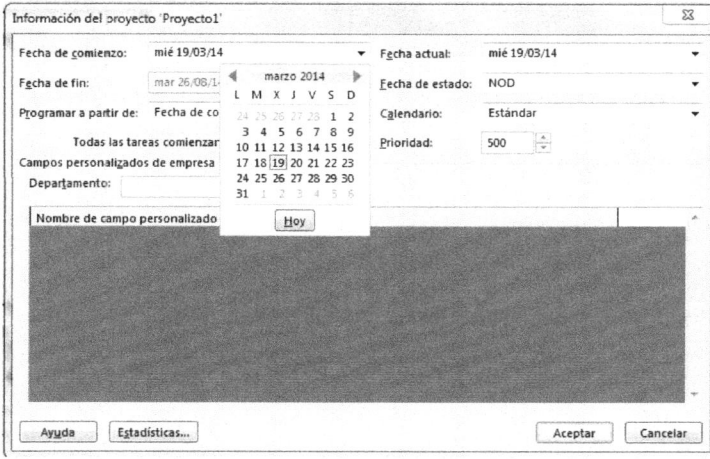

Figura F.76. Fecha de comienzo

Para terminar, en la Figura F.77 se puede ver una vista general del parque y en la Figura F.78 todas las tareas.

Figura F.77. Vista general del parque

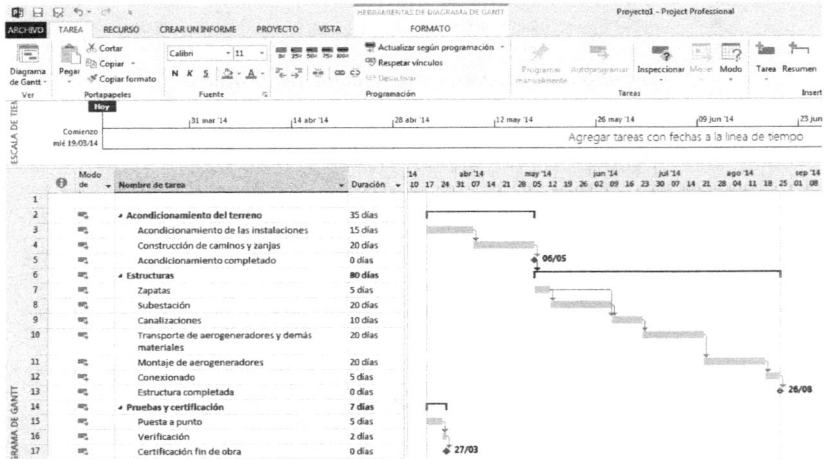

Figura F.78. Todas las tareas

EL EJEMPLO MÁS SENCILLO

Microsoft Project 2013 ofrece unas sólidas herramientas de administración de proyectos con la dosis adecuada de funcionalidad, potencial y flexibilidad, con el fin de administrar los proyectos con mayor eficacia y eficiencia.

Generalmente, y de manera especial en la fase de aprendizaje del programa, el lector avanza rápidamente a través del mismo, sorprendido incluso, por su tremenda facilidad de manejo.

Resulta muy fácil añadir nuevas tareas y su duración al proyecto, añadir recursos, asignar recursos a las tareas, añadir costes, etc.

A continuación, el lector procede a realizar la modificación de los datos inicialmente introducidos, lo que se corresponde perfectamente con la práctica real y habitual en la gestión de proyectos: inicialmente se plantearon una serie de tareas convenientemente vinculadas e interrelacionadas entre sí, quizás surjan incidencias, o el proyecto se alarga mucho en el tiempo y, entonces, se intenta acortar su duración, se comienzan a analizar con más detalle las vinculaciones entre tareas, asignar más unidades de algunos recursos a cada una de las tareas, añadir recursos distintos a los inicialmente asignados, hacer las tareas de *Duración fija* o de *Trabajo fijo*, etc.

La sorpresa para el lector es que el programa no hace, mejor dicho no "adivina", automáticamente todo lo que se pretendía o esperaba. Quizás se intentaba reducir la duración de la tarea y resulta que se duplica el trabajo, o la modificación realizada genera cualquier otra incidencia que no se alcanza a comprender. ¿Qué ha pasado? Seguramente, entusiasmados por la facilidad de manejo del programa se ha trabajado con un supuesto más complejo de lo que, mentalmente, el lector sea capaz de controlar, y no se consigue llegar a ninguna conclusión "razonable".

En la experiencia adquirida a lo largo de los años se ha detectado que éste es, quizás, el momento más "difícil" en el transcurso del aprendizaje.

Por ello se sugiere al lector que utilice el ejemplo de un tipo de proyecto con el que esté muy familiarizado, de forma que sepa identificar rápidamente los posibles errores[14].

En todo caso, a continuación, se propone un ejemplo muy sencillo que ayudará a clarificar algunos aspectos esenciales de cómo trabaja Microsoft Project 2013[15].

El ejemplo más sencillo

Lo primero de todo, nada más abrir un proyecto nuevo, será provocar que todas las nuevas tareas se programen automáticamente.

Para ello se pulsará en el desplegable *Nuevas tareas: Programada manualmente*, situada en la zona izquierda de la barra inferior de estado, y se selecciona *Programada automáticamente*, tal y como se indica en la Figura G.1. De este modo ya se está en disposición de comenzar el ejercicio.

El ejemplo es tan sencillo que las tareas ni siquiera se vinculan entre sí.

Todas las tareas tendrán una duración de 4 días y sus nombres serán los indicados en la Tabla G.1.

---

[14] Si se estuviera practicando, por ejemplo, con **Excel** y el ejercicio propuesto fuese la realización de una suma "larga" con muchos sumandos, se podría simular la suma del ticket de compra semanal en el supermercado. Estaría muy claro que si el resultado de la suma fuera 3.000 € habría algún error, fácil de detectar, en el ejercicio.
[15] En este apéndice se utilizará la programación automática. Evidentemente, si se programara de forma manual las opciones por defecto serían diferentes.

Elemento	Nombre tarea	Duración
1	Tarea base	4d
2	Tarea Unidades fijas/Cond. Esf/Mismo Rec	4d
3	Tarea Unidades fijas/Cond. Esf/Distinto Rec	4d
4	Tarea Unidades fijas/No Cond. Esf/Mismo Rec	4d
5	Tarea Unidades fijas/No Cond. Esf/Distinto Rec	4d
6	Tarea Duración fija/Cond. Esf/Mismo Rec	4d
7	Tarea Duración fija/Cond. Esf/Distinto Rec	4d
8	Tarea Duración fija/No Cond. Esf/Mismo Rec	4d
9	Tarea Duración fija/No Cond. Esf/Distinto Rec	4d
10	Tarea Trabajo fijo/Cond. Esf/Mismo Rec	4d
11	Tarea Trabajo fijo/Cond. Esf/Distinto Rec	4d

Tabla G.1. Datos utilizados en la resolución del ejercicio

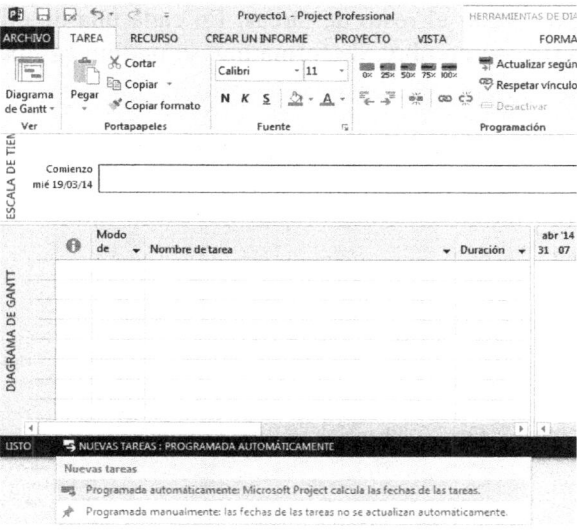

Figura G.1. Programación automática de las tareas

Una vez introducida la información se podrá visualizar el proyecto, que se guardará con el nombre "Ejemplo Modificación Recursos", tal y como se ve en la Figura G.2.

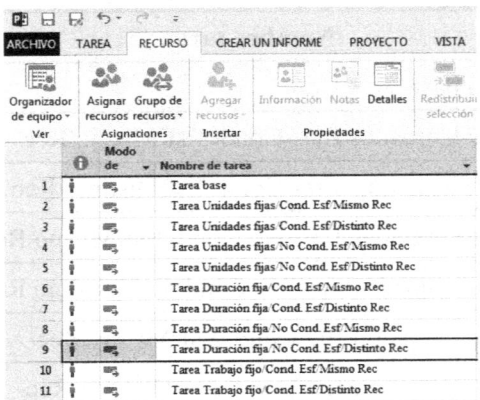

Figura G.2. Ejemplo de modificación de recursos

A cada una de las tareas se le asignará el recurso *fontanero*, con las opciones por omisión. Quedando entonces el proyecto tal y como se puede ver en la Figura G.3.

A continuación se creará el recurso *albañil*.

Obsérvese que no se han vinculado las tareas. Lo que se pretende es comparar la tarea base con el resto de tareas. En cada una de ellas se realizará la variación que describe su nombre, de forma que se podrán comparar entre sí todas ellas.

A título de ejemplo se describirá el método seguido en la tarea nº 9: "Tarea de duración fija, no condicionada por el esfuerzo, se añade una unidad de un recurso distinto" (de forma abreviada *Tarea Duración fija/No Cond. Esf/Distinto Rec*).

	Modo de	Nombre de tarea	Duración	Costo	Nombres de los recursos
1		Tarea base	4 días	320,00 €	Fontanero
2		Tarea Unidades fijas/Cond. Esf/Mismo Rec	4 días	320,00 €	Fontanero
3		Tarea Unidades fijas/Cond. Esf/Distinto Rec	4 días	320,00 €	Fontanero
4		Tarea Unidades fijas/No Cond. Esf/Mismo Rec	4 días	320,00 €	Fontanero
5		Tarea Unidades fijas/No Cond. Esf/Distinto Rec	4 días	320,00 €	Fontanero
6		Tarea Duración fija/Cond. Esf/Mismo Rec	4 días	320,00 €	Fontanero
7		Tarea Duración fija/Cond. Esf/Distinto Rec	4 días	320,00 €	Fontanero
8		Tarea Duración fija/No Cond. Esf/Mismo Rec	4 días	320,00 €	Fontanero
9		Tarea Duración fija/No Cond. Esf/Distinto Rec	4 días	320,00 €	Fontanero
10		Tarea Trabajo fijo/Cond. Esf/Mismo Rec	4 días	320,00 €	Fontanero
11		Tarea Trabajo fijo/Cond. Esf/Distinto Rec	4 días	320,00 €	Fontanero

Figura G.3. Todas las tareas tienen el mismo recurso asignado con valores por omisión

Cambio de la especificación del tipo de tarea (Figura G.4)

Inicialmente se cambiará la especificación del tipo de tarea del valor por omisión de *Unidades fijas* a *Duración fija*.

- En el grupo *Ver*, de la ficha *Tarea*, pulsar el desplegable *Diagrama de Gantt* y, a continuación, *Más vistas*, seleccionar *Entrada de tarea* y, a continuación, hacer clic en el botón *Aplicar*.

- En la sección superior de la vista combinada, *Entrada de tarea*, seleccionar la tarea nº 9: *Tarea Duración fija/No Cond. Esf/Distinto Rec*.

- En la sección inferior comprobar que no está activada la marca *C. por el esfuerzo*[16].

- En la sección inferior hacer clic en la flecha que despliega el cuadro *Tipo de tarea*.

- Seleccionar el tipo *Duración fija* y, a continuación, hacer clic en el botón *Aceptar*.

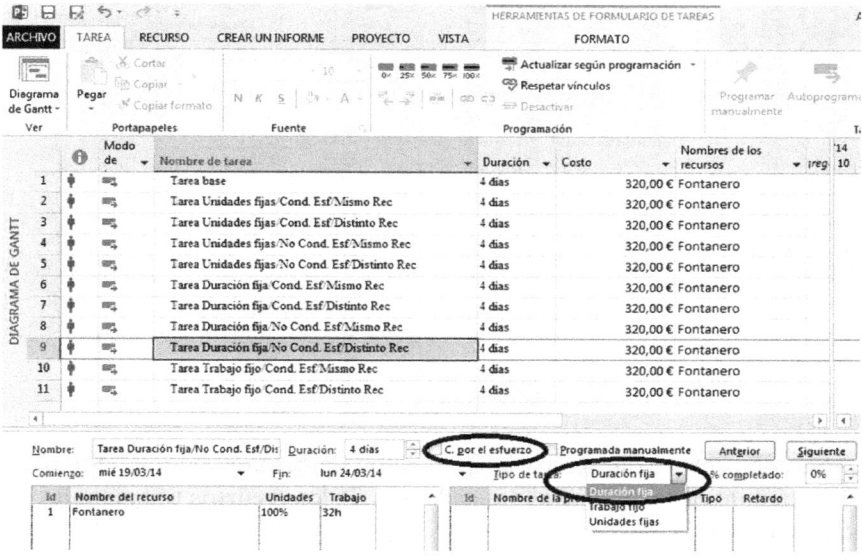

Figura G.4. Asignación de un nuevo recurso a una tarea de Duración fija No condicionada por el esfuerzo (1)

---

[16] Recuérdese que, como en la mayor parte de lo que se explica en este libro, se está utilizando la programación automática. Si la casilla *C. por el esfuerzo* y el campo *Tipo de tarea* no están habilitados (se visualiza en video inverso) habrá previamente que desmarcar la opción *Programada manualmente* y pulsar *Aceptar*.

Asignación de una unidad de un nuevo recurso a una tarea de Duración fija y No condicionada por el esfuerzo (Figura G.5)

A continuación, se asignará una unidad de un nuevo recurso adicional a una tarea *No Condicionada por el esfuerzo* y de *Duración fija*.

- Teniendo seleccionada la tarea deseada (nº 9), hacer clic en el botón *Asignar recursos* en el grupo *Asignaciones* de la ficha *Recurso*.

- Seleccionar el recurso adicional *albañil* que se desea asignar también a la tarea, hacer clic en el botón *Asignar*, y chequear el efecto conseguido.

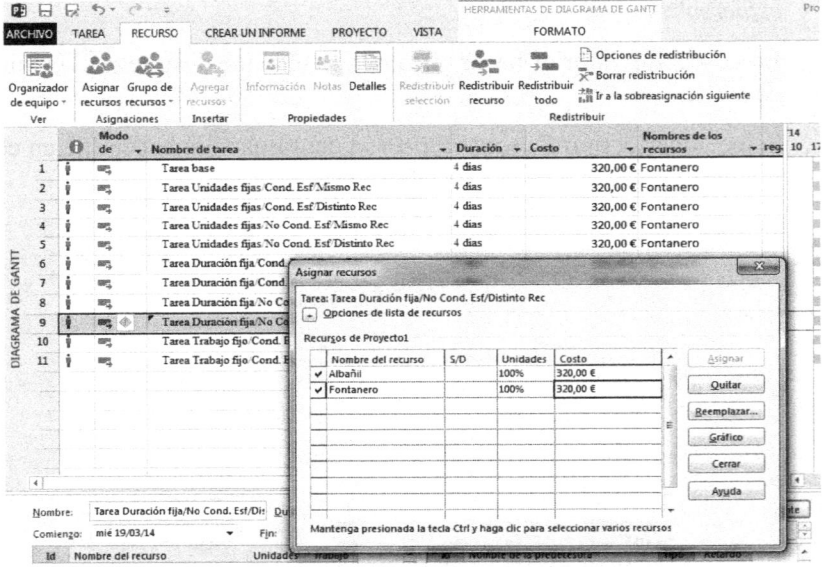

Figura G.5. Asignación de un nuevo recurso a una tarea de Duración fija
No condicionada por el esfuerzo (2)

Se comprobará que no varía la duración de la tarea, pero sí el trabajo total, que se habrá duplicado, ya que ahora cada uno de los recursos trabajará las mismas horas que antes hacía un solo recurso (en el ejemplo 32 h, equivalente a 4 días).

También se puede observar el cambio en el *Diagrama de Gantt*, donde aparecerá una nota que, al hacer clic sobre ella, avisa del cambio realizado y sus implicaciones (Figura G.6).

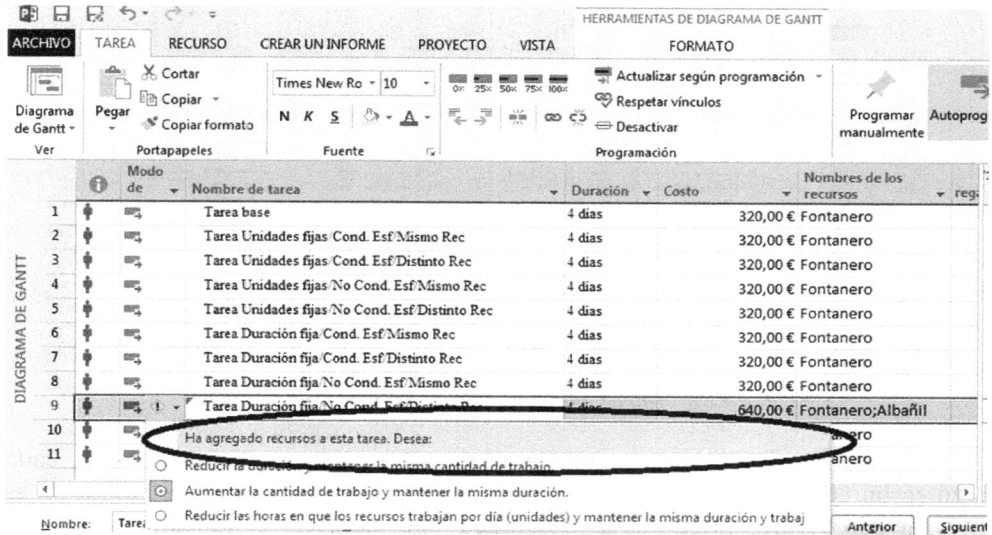

Figura G.6. Asignación de un nuevo recurso a una tarea de Duración fija
No condicionada por el esfuerzo (3)

Incidencia de la adición de unidades del mismo o diferente recurso a los diferentes tipos de tareas (Figura G.9)

De igual forma se modificarán el resto de las tareas, cada una de ellas seleccionando las variantes que describe su propio nombre (duración fija, unidades fijas, condicionada o no por el esfuerzo, etc. En los casos *Mismo Recurso* se aplica al albañil un 200%, equivalente a dos albañiles).

Cuando se hayan realizado todas ellas la vista del proyecto sería similar a la Figura G.7[17].

Compárese cada una de las tareas con la tarea base y se extraerán las pertinentes conclusiones.

---

[17] La única matización a la figura es que debiera aparecer en la tarea 7 fontanero [50%]; albañil [50%]. En la configuración por defecto de la visualización no queda reflejado, pero puede desprenderse del detalle de que cada uno de los recursos trabaja únicamente 16 horas en 4 días, equivalente a media jornada diaria [50%].

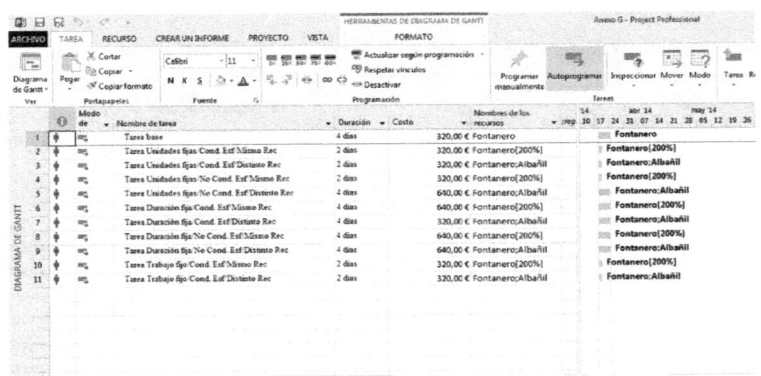

Figura G.7. Vista de todas las tareas del proyecto modificadas

Para ratificar las mencionadas conclusiones se sugiere asignar a cada recurso un coste por hora de, por ejemplo, 10 € (lo importante del ejemplo no es trabajar con valores próximos a la realidad sino clarificar el funcionamiento del programa). Se asignará, desde la *Hoja de recursos* (ficha *Tarea* → grupo *Ver* → desplegable *Diagrama de Gantt* → *Hoja de recursos*), en el campo tasa estándar el valor de *10 €/hora* para los dos recursos disponibles (Figura G.8).

Se retornará a la vista *Entrada de tarea* (ficha *Tarea* → grupo *Ver* → desplegable *Diagrama de Gantt* → *Más vistas*). A continuación, se situará el cursor en la parte superior de la vista y se seleccionará en ficha *Vista* → *Datos* → *Tablas* → *Costo*.

Situando el cursor en los títulos de las columnas de la parte superior se pulsará el botón derecho del ratón y se seleccionará *Insertar columna*, aparecerá el cuadro de diálogo *Definición de columna*. En el campo *Nombre del campo* se seleccionará, con la ayuda de la barra vertical de desplazamiento, la opción *Duración* (Figura G.9).

Figura G.8. Modificación Tasa estándar de recursos

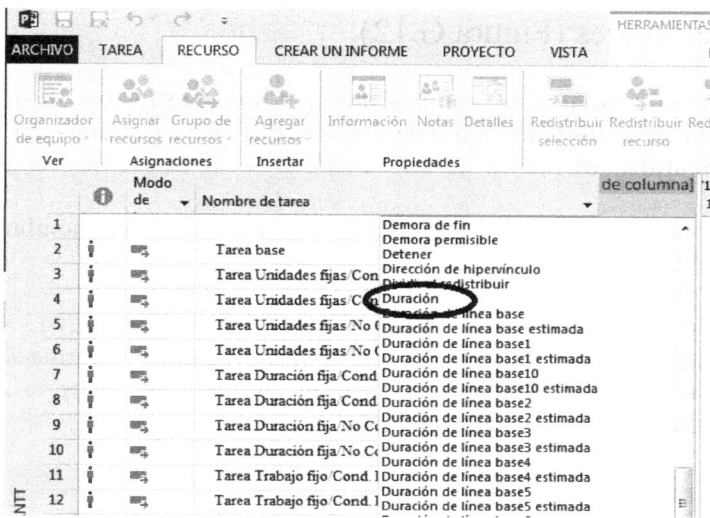

Figura G.9. Insertar columna Duración

Así se llega a la vista de la Figura G.10 que, con ayuda de las columnas *Duración* y *Coste total*[18], permite clarificar con mayor detalle que la Figura G.6 el efecto conseguido en cada caso y que se resume en la Tabla G.2.

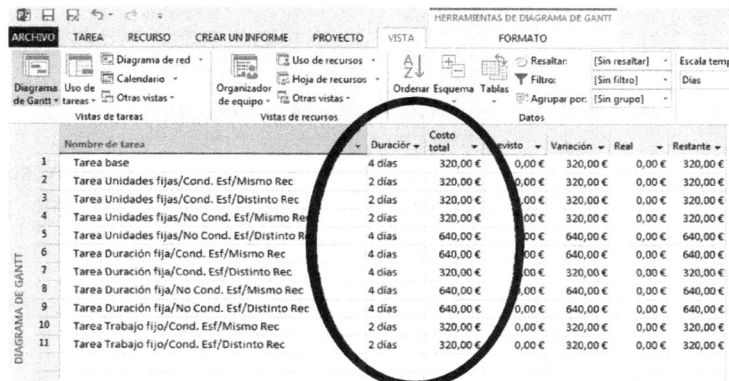

Figura G.10. Incidencia de la adición de unidades del mismo o diferente recurso a los diferentes tipos de tareas

Guardar el ejercicio realizado con el nombre "Ejemplo Modificación Recursos".

_____

[18] Con una sencilla división del coste total por 10 €/hora se obtendrá el número total de horas trabajadas en cada tarea. Se vuelve a observar que en la tarea 7, pese a tener asignados dos recursos durante cuatro días, el coste es el correspondiente a cuatro horas diarias de cada uno de ellos [50% de actividad].

Análisis de costes (Figura G.12)

En este apartado se comprobará que los *Costes por uso* son costes asociados a un recurso de trabajo o de material que se cargan una sola vez en cada tarea que son utilizados.

Para ello se abrirá el ejercicio realizado con el nombre "Ejemplo Modificación Recursos".

Como se ha indicado a lo largo de este libro en Project 2013 se incorpora como novedad la posibilidad de realizar informes detallados de forma sencilla. Para realizar un análisis de costes vaya a *Crear un informe → Costes → Información general de costes de la tarea*, Figura G.11.

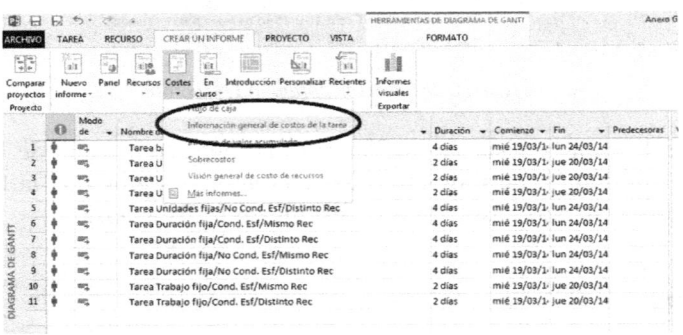

Figura G.11. Creación de un informe de costes de la tarea

Una vez que haya seleccionado la creación de este informe se obtiene la información de costes tanto a nivel gráfico como en tablas que pueden ser exportadas, Figura G.12.

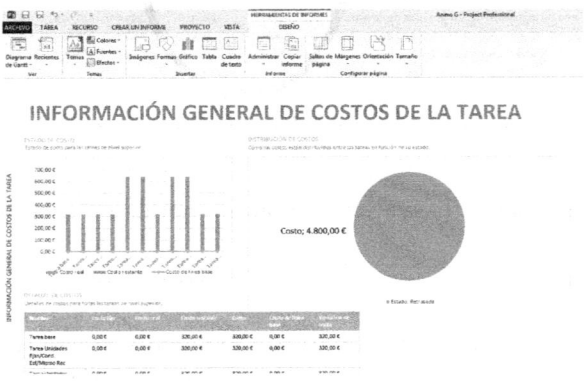

Figura G.12. Generación de Informe de costes

Obsérvese que el coste total del proyecto actualmente es de 4.800 €. Este valor será el punto de comparación para los ejercicios siguientes.

Guardar el ejercicio y, a continuación, volver a guardar con un nuevo nombre, se sugiere: "Ejemplo Modificación Recursos 1". De este modo se tendrá un proyecto base para futuras modificaciones.

A continuación, en el nuevo proyecto "Ejemplo Modificación Recursos 1", en la Hoja de recursos se hará doble clic sobre el recurso albañil. En la pestaña Costes se añadirá en el campo Coste por uso 1 € (Figura G.13).

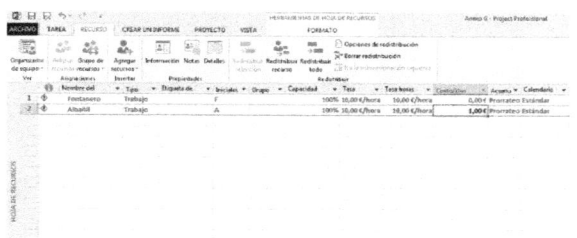

Figura G.13. Coste por uso para un recurso

Se podrá comprobar, por ejemplo, en el *Diagrama de Gantt* con la *Tabla Costo* que el *Coste por uso* solo se carga una vez en cada tarea que es utilizado, independientemente de su duración (Figura G.14).

Si a continuación se añade un coste por uso de 3 € para el *fontanero*, se observará que se añaden 3 € por cada unidad de recurso. Podrá observarse en la Figura G.15 que, en los casos en que haya dos unidades de recurso (200%), el incremento de coste de la tarea será de 6 €.

Finalmente se volverá a visualizar el "Informe general de costes" para ver los cambios respecto del anterior. Actualmente asciende a 4.853 € (Figura G.16).

Por último, se salvará el proyecto.

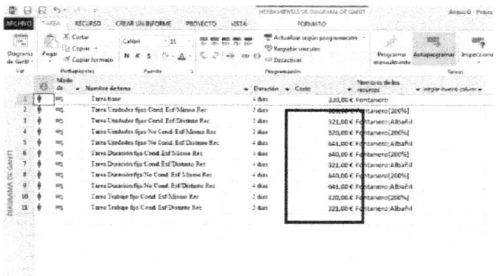

Figura G.14. Incidencia del coste por uso en las tareas (1)

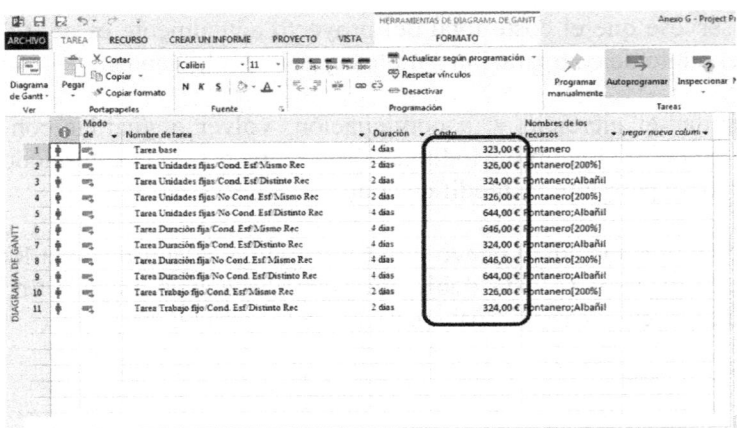

Figura G.15. Incidencia del coste por uso en las tareas (2)

INFORMACIÓN GENERAL DE COSTOS DE LA TAREA

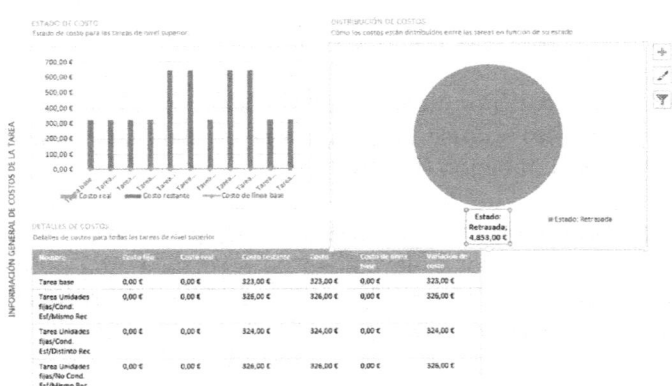

Figura G.16. Informe presupuestario

Redistribución automática y manual de los recursos

En este apartado se redistribuirán los recursos de forma automática y manual y se compararán los resultados.

Para ello, se abrirá el proyecto "Ejemplo Modificación Recursos 1" y se volverá a guardar con un nuevo nombre, se sugiere: "Ejemplo Modificación Recursos 2". De este modo se tendrá un proyecto base para futuras modificaciones.

En la vista *Hoja de recursos*, accesible desde el desplegable *Diagrama de Gantt* en el grupo *Ver* de la ficha *Tarea*, se pueden observar unas notas sobre los dos recursos de nuestro proyecto advirtiendo que "Este recurso está sobreasignado y debe redistribuirse" (Figura G.17).

La razón es que, tal y como está planteado en este momento, la capacidad máxima de cada uno de los recursos es del 100%, equivalente a un *fontanero* y un *albañil* cada día. Se da la circunstancia de que se han planificado todas las actividades para los mismos días. Esto genera un conflicto en la programación y Microsoft Project lo pone de manifiesto.

Para intentar solucionar el conflicto se asignará a cada recurso una capacidad máxima de 400%, equivalente a disponer de cuatro albañiles y de cuatro fontaneros cada día.

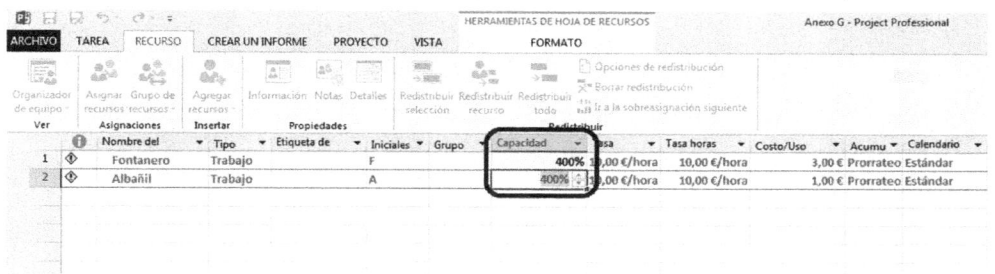

Figura G.17. Reasignación de la capacidad máxima de los recursos

Pese a la modificación los mensajes de advertencia no desaparecen. Desde la vista *Uso de recursos* se podrá ver que los recursos siguen sobreasignados ya que su capacidad máxima diaria, aunque ahora es de 32 horas, continúa resultando insuficiente (Figura G.18).

En este punto se guardará el proyecto "Ejemplo Modificación Recursos 2" y se volverá a guardar con un nuevo nombre, se sugiere: "Ejemplo Modificación Recursos 3". De este modo se tendrá un proyecto base para futuras modificaciones.

Microsoft Project puede redistribuir automáticamente los recursos pulsando *Redistribuir recurso* en el grupo *Redistribuir* de la ficha *Recurso* y, una vez seleccionado el recurso, hacer clic en *Redistribuir ahora*.

Volviendo a la vista *Diagrama de Gantt* se verá el resultado (Figura G.19). Algunas tareas se habrán retrasado en el tiempo, otras incluso se habrán dividido, de modo que no se sobrepase la capacidad máxima de cada recurso.

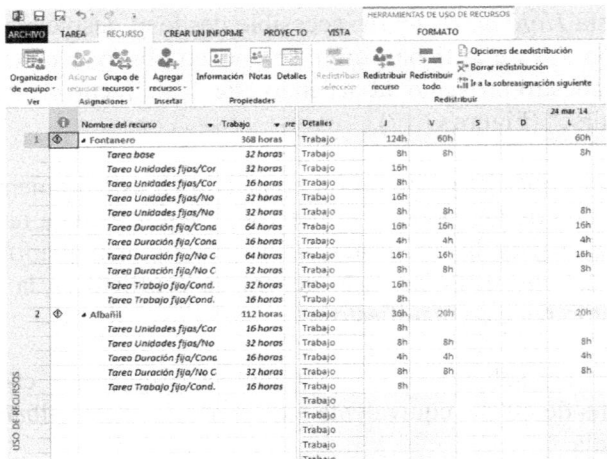

Figura G.18. Sobreasignación de los recursos

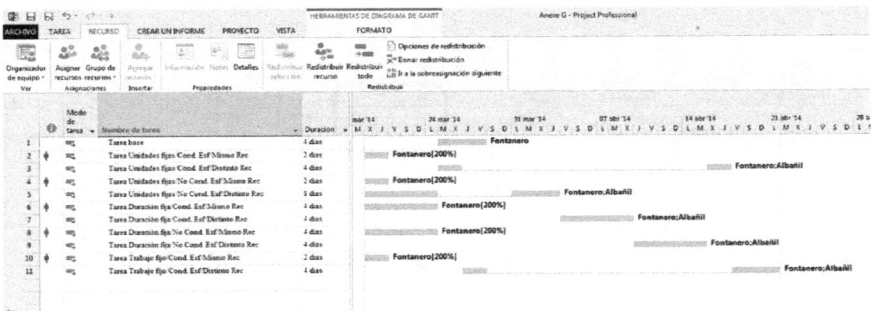

Figura G.19. Proyecto después de la redistribución

Si se vuelve a editar la vista previa del *Informe presupuestario inicial* se observará que el coste del proyecto sigue siendo de 4.853 €, lo que confirma que la redistribución automática ha funcionado correctamente.

Finalmente salvar el proyecto.

Ahora supóngase que la redistribución automática propuesta por Microsoft Project no se adecúa a sus necesidades, por ejemplo no resulta viable realizar las tareas 4 y 11 tal y como se propone. En este caso habrá que rehacer la programación de forma manual.

Para realizar este ejercicio se volverá a abrir "Ejemplo Modificación Recursos 2" y, tal y como se muestra en la Figura G.20, desde la vista *Uso de recursos*, accesible desde el desplegable *Diagrama de Gantt* en el grupo *Ver* de la ficha *Tarea*, se redistribuirán los recursos teniendo en cuenta que la capacidad máxima de cada uno de ellos es de 32 horas diarias (capacidad máxima 400%).

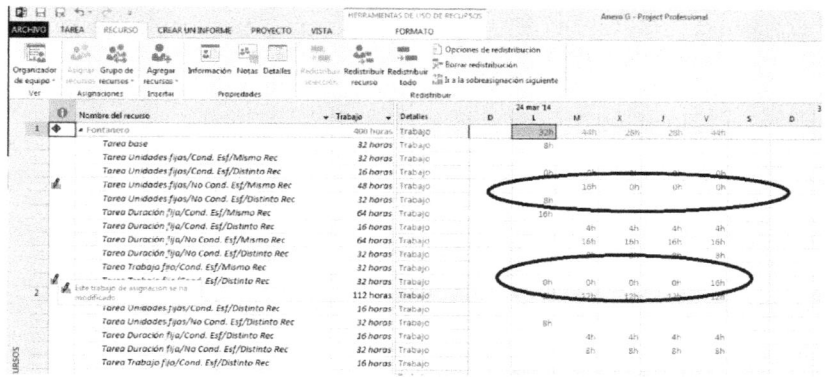

Figura G.20. Redistribución manual de los recursos

Cuando se termine la redistribución se editará nuevamente la vista previa del *Informe presupuestario inicial*. Muy probablemente el coste del proyecto ya no sea de 4.853 €. ¿Qué ha pasado? Presumiblemente se habrá cometido algún error variando el número total de horas asignadas al proyecto. Se ha de tener muy presente que, desde la vista *Uso de recursos*, las modificaciones se realizan de modo manual y, en consecuencia, Microsoft Project no realiza correcciones automáticas.

BIBLIOGRAFÍA

A continuación se incluye la bibliografía básica recomendada para reforzar algunas de las ideas y conceptos incluidos en este libro, así como para ampliar algún tipo de conocimiento en el área de la gestión de proyectos y en una de las herramientas informáticas más utilizada para ello, Microsoft Project.

[1]   Colmenar, A. y otros, *Gestión de proyectos con* Microsoft Project 2010, RA-MA, 2010.

[2]   De Cos, M., *Teoría General del Proyecto, Dirección de Proyectos/Project Management*, Síntesis, 1997.

[3]   Domingo, A., *Dirección y Gestión de Proyectos: Un enfoque práctico.* RA-MA, 2000.

[4]   Marmel, E., Microsoft Project 2002 Bible, Hungry Minds, mayo 2002, 704 páginas, libro + CD.

[5]   Microsoft Press, Microsoft Project Version 2002 Step by Step, Microsoft Press International.

[6]   Microsoft Press, *Project 2002 Inside Out,* Microsoft Press International, Agosto 2002, 563 páginas.

ÍNDICE ALFABÉTICO

A

Ámbito de redistribución 161
Aplicar filtro 195
Asignar recursos 64, 160

C

Calendario 24 horas 135, 140
Calendario base 135, 136, 140
Calendario de recurso 136, 138
Calendario estándar 135, 136
Calendario turno de noche 135
Camino crítico 58, 119
Conflicto de recursos 155
Costes de recurso 128
Costes fijos 128, 321

D

Delimitación 172
Delimitación flexible 172
Delimitación inflexible 172
Dependencias entre tareas 115, 117
Diagrama de Gantt.....57, 68, 94, 96, 117, 120
Diagrama de PERT............................. 58, 67
Días laborables 166
Días no laborables 137
División de tareas 187, 252
Duración de la tarea................................. 102
Duración fija............................ 144, 147, 313

E

Esquema jerárquico 109
Esquematizar 109

F

Fecha de comienzo 100
Fecha efectiva... 131
Filtro personalizado 193
Filtros predefinidos.................................. 191
Formulario de tareas 120

H

Hoja de recursos 125
Horas extras 165
Horas laborables 166

I

Identificador de tarea 103
Información del recurso 128
Inserción de tareas 103
Introducir duración de tarea..................... 102
Introducir una tarea.................................. 102

L

Línea de base 178
Lista de recursos 65
Lista de tareas 101, 102

N

Notas de tarea 98
Número identificador de tarea 101

P

Período no laborable 137, 140
Planes provisionales 180

R

Recurso sobreasignado 155
Recurso sobrecargado 155
Recursos individuales 138
Redistribución 160
Restricción flexible 172
Restricción inflexible 172
Restricciones 172
Ruta crítica 119

S

Sobreasignaciones 160
Subtarea 110, 113

T

Tabla de costes 132
Tabla personalizada 197

U

Unidad de tiempo transcurrido 101
Unidades fijas 144, 145, 147, 313
Uso de recursos 159

V

Vincular tareas 61
Vistas conmbinadas 199, 261
Vistas individuales 199, 260, 261
Vistas personalizadas 199
Vistas predefinidas 95, 199

W

Work Breakdown Structure 53

Tablas predefinidas 197
Tarea crítica 58
Tarea de resumen 109
Tarea periódica 106
Tarea predecesora 62, 63, 115
Tarea sucesora 62, 115
Tareas críticas 120
Tareas no contiguas 117
Tasas de coste 131
Tiempo de adelanto 61, 118
Tiempo de posposición 61, 118
Trabajo fijo 144

SÍGUENOS EN INSTAGRAM Y ACCEDE GRATIS A NUESTRA BIBLIOTECA DIGITAL DURANTE 30 DÍAS.

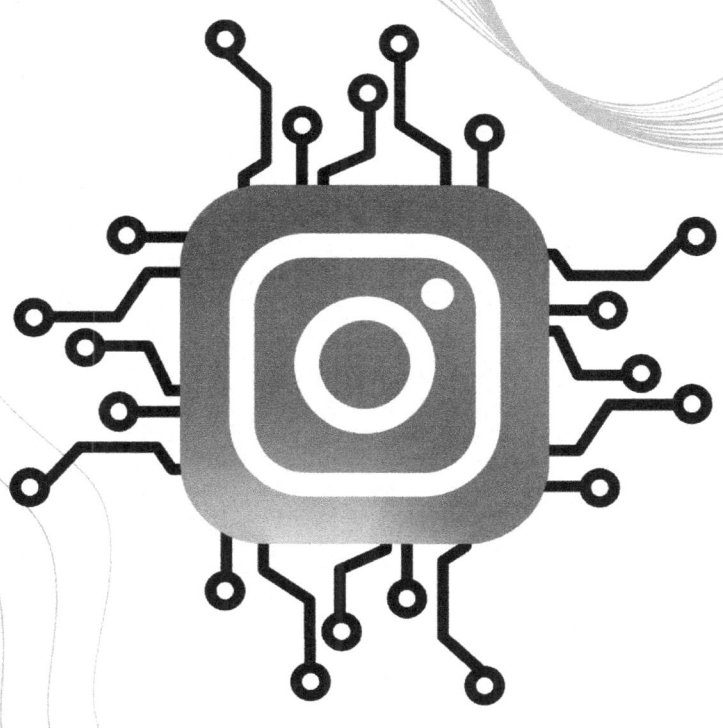

@grupoeditorialrama

¡ENVIANOS TU MAIL POR PRIVADO!

Grupo Editorial
ra-ma

40 ANIVERSARIO